Klages: Geschichte der Soziologie

Grundfragen der Soziologie
herausgegeben
von Dieter Claessens

Band 3

Helmut Klages

Geschichte der Soziologie

Juventa Verlag

Redaktion: Dr. Wolf Lepenies

ISBN 3-7799-0105-6 (Leinen)
ISBN 3-7799-0106-4 (Broschur)

2. Auflage 1972

Einbandentwurf: Gerhard M. Hotop
Printed in Germany
Druck: Buchdruckerei August Busch, Bad Tölz

INHALT

VORWORT DES HERAUSGEBERS

Was das zunehmende Interesse an der Geschichte einer Wissenschaft für diese bedeutet, vermag abstrakt nicht bestimmt zu werden. Verantwortlich sein kann dafür einmal die relative Abgeschlossenheit einer Disziplin, die es nahelegt, ihren Gang zu verfolgen, um ihre gegenwärtige Verfassung besser zu verstehen; verantwortlich sein kann auch die Polemik um ein Fach, innerhalb derer aus der Geschichte Apologeten wie Angreifer sich ihre Argumente holen. Das letzte scheint bei der Soziologie der Fall zu sein. Auch jene, die ihr keine historische Analyse zutrauen, berufen sich zur Begründung dieses Urteils auf die Soziologie-Geschichte. Das ist nichts Neues in der Geschichte der Soziologie, und Helmut Klages wird im folgenden zeigen, wo die Vorläufer eines solchen »Streits« überall zu finden sind. Heute scheint die Polemik um eine Soziologie, die in gleichem Maße Reaktionären wie Revolutionären für nutzlos gilt, mehr widerzuspiegeln als einen akademischen Streit. Vielmehr verweist diese Auseinandersetzung auf politische Konflikte, die sich naturgemäß in einer »Gesellschaftslehre« am deutlichsten artikulieren. Daß die Soziologie davon in so starkem Maße betroffen wird, spricht für ihre Nähe zum Objekt. Eine Geschichte der Soziologie einzuleiten, kann daher nicht bedeuten, einen nur historischen Kontext zu bestimmen, aus dem die Entwicklung des Faches sich erklären soll. Vielmehr geht es darum, die unterschiedlichen Spannungen anzudeuten, in die ein Fach »Soziologie« notwendigerweise geraten muß. Denn letztlich kann auch eine Geschichtsschreibung der Soziologie nur dazu führen, die Rolle der Soziologie in der Gegenwart begründeter zu verstehen.

Quellen der Soziologie: ihr prinzipielles Dilemma

Die Soziologie hat drei Quellen: neben dem Gerechtigkeitsgefühl und dem Bedürfnis nach Erhaltung des Status quo die Tendenz zum Messen, Übersichtlichmachen, Vorhersagenkönnen und Regulieren. Diese letzte Quelle, das Meßbedürfnis, macht sich zuerst als Erkenntnisbedürfnis geltend und wird dann als Tendenz zur Beherrschung der Natur die typisch abendländische Wissenschaftshaltung. In der Phase, in der sich diese Haltung am Phänomen »Gesellschaft« orientiert, zeigt sie sich daher analog als Bedürfnis, Übersicht zu gewinnen, Gesellschaft genau kennenzulernen, um ihre Entwicklung voraussagen und dann bestimmen zu können. Hinter dieser Meßtendenz ist prinzipiell unschwer eine Herrschaftstendenz zu erkennen.

Hier zeigt sich das Dilemma der Soziologie. Während andere Disziplinen sich mit dem Herrschaftsanspruch über Teilbereiche des natürlichen und sozio-ökonomischen Kosmos begnügen und sich zu diesem Anspruch auch ohne Skrupel bekennen können, ohne damit ihre wissenschaftliche Redlichkeit aufzugeben, darf sich eine Wissenschaft, die die »Gesellschaft« zum Gegenstand hat, also denjenigen Bereich, der prinzipiell den Mitmenschen, Kollegen und Untersucher selbst umfaßt, zu einem solchen Herrschaftsanspruch kaum bekennen. Gegenüber einer Aufdeckung von Herrschaftstendenzen wird sie viel empfindlicher reagieren. Sie wird sich gerade dann, wenn solche Tendenzen am deutlichsten sich zeigen, besonders vorsichtig zurückziehen, um nicht dem Vorwurf der Parteilichkeit ausgesetzt zu sein.

Die Soziologie ist hier in einer schwierigen Lage. Allen ihren Quellen kann nämlich ein Herrschaftsbedürfnis unterlegt werden. Das *Gerechtigkeitsgefühl* verabscheut zwar Gewalt und deren Kaschierung, die sich in Macht ausdrückt. Aber es zielt auf die Veränderung ungerechter Herrschaftsverhältnisse. So stellt es sich nur relativ ungern den klaren Fragen nach den konkreten Möglichkeiten solcher Veränderung, insbesondere den dabei einzusetzenden Praktiken. Auch im Marxismus ist diese Frage mit bemerkenswerter Undeutlichkeit behandelt worden. Die Soziologie des *Status quo* verbrüdert sich sowieso mit den bestehenden Herrschaftsverhältnissen. Sie stellt sie zwar gern als elastisch, sich selbst verändernd, »jedem eine Chance gebend« dar, benutzt dazu aber derart abgegriffene ideologische Instrumente, daß die Tendenz, zumindest an den bestehenden Machtverhältnissen zu partizipieren, nur mühsam verhüllt wird.

Am bescheidensten gibt sich jene soziologische Richtung, die die *Meßtendenz* allein zum Motiv zu haben scheint. Aber ihr hoher Genauigkeitsanspruch schränkt den untersuchbaren Bereich derart ein, daß ihre Praxis auf die Erhaltung des Status quo hinausläuft; weil in der Gesellschaft mit naturwissenschaftlichem Meßanspruch kaum etwas zu untersuchen, zu »verifizieren« oder »falsifizieren« ist.

Wir haben auch heute noch in den Exponenten einer kritischen, einer stark empiriebezogenen und schließlich einer, meist gegen ihren Willen, »neopositivistisch« genannten Soziologie die Vertreter dieser drei Quellen. Nur langsam arbeitet sich neben diesen Strömungen, die sich in der Soziologie »versäult« haben, eine neuere, vermittelnde durch, von der wir in der vorliegenden Reihe mehrere Vertreter präsentieren, darunter den prononciertesten, Norbert Elias. Hier wird Gesellschaft zum Gegenstand einer gleichzeitig engagierten und distanzierten Betrachtung gemacht, die vielleicht in den Spuren Simmels, ganz sicher nicht in denen Parsons' erfolgt. Hier wird versucht — Cohen, Tumin und Mills sind Beispiele dafür —, das Dilemma der Soziologie zu überwinden. Der Eigendynamik der Strukturen wird dieselbe Aufmerksamkeit geschenkt wie den Chancen des Individuums.

Die drängende Frage stellt sich, warum ein solcher Prozeß der innerdisziplinären Klärung so lange dauert und noch so unentschieden ist. Die Antwort, daß das in der Gegenstandswahl der Disziplin selbst liege, ist bereits gegeben worden. Klages verweist auf den historischen Hintergrund. Auf engem Raum liefert er eine Übersicht der Abhängigkeit soziologischen Denkens von alternierenden Phasen, in denen jeweils die Eigendynamik der Strukturen oder die Durchsetzungskraft der Ideen zu überwiegen schien.

Entschlossenheit zur Kategorie

Mit dem Ende der zwanziger Jahre gerät die Soziologie in eine Sackgasse. Unter dem Druck einer massiv geforderten und endlich vollzogenen Hinwendung zur gesellschaftlichen *Praxis* entdeckt die Soziologie, daß ihr Kategorien-System zu unausgereift und disparat ist, um eine stringente *Theorie,* geschweige deren praktische Umsetzung, zu erreichen. Zu diesen inner-disziplinären Schwierigkeiten treten massive politische Behinderungen. Die Stagnation des Faches resultiert in gleichem Maße aus seiner Unterdrückung im faschistischen Deutschland, seiner rigorosen Pragmatisierung in der Periode des »New Deal« und den Beschränkungen der großen, heute weitgehend in ihren Wirkungen unterschätzten, ökonomischen Krisen der dreißiger Jahre. Der Zweite Weltkrieg vollendet diese Entwicklung.

Nach 1945 setzt soziologisches Forschen daher neu an. Ein »Chassé-croisé« der Forschungstendenzen bildet sich heraus: Der pragmatische Druck verlagert sich in die europäischen Länder, und die Bemühungen um eine stringente Theorie-Bildung findet man nun vor allem in den USA, wofür das Werk von Talcott Parsons das hervorragendste Beispiel ist. Die Herausarbei-

tung eines »sozialen Systems« aber, die Durchkategorisierung gesellschaftlicher Phänomene und der Gesamtgesellschaft mit Hilfe von Dichotomien erweist sich als verhängnisvoll, weil der gesellschaftlichen Entwicklung nicht adäquat. Die Konstruktion eines soziologischen Kategorien*systems* erfolgt in einer Phase, in der die Gesellschaften sich in unerhörtem Ausmaß unter technologischem Druck, durch das Bevölkerungswachstum und nicht zuletzt aufgrund zunehmender Emanzipationschancen mit dem Abbau der alten Kolonialsysteme in *Bewegung* setzen.
Aus verschiedenen Gründen, die man längst noch nicht alle erforscht hat, sind die Soziologen nicht bereit, den kategorialen Apparat von Parsons, und sei es auch nur heuristisch, zu übernehmen, ihn zu einem einheitlichen Instrumentarium zu entwickeln und so vielleicht die Möglichkeit einer relevanten Analyse gesellschaftlicher Strukturen und gesellschaftlicher Wandlungen zu entwickeln. Die empirische Forschung andererseits erfordert einen Aufwand, der zu seinem praktischen und d. h. umsetzbaren gesellschaftlichen Nutzen immer noch in einem krassen Mißverhältnis steht. Der Auf- und Ausbau der Soziologie als allgemeines Lehrfach trägt weiter dazu bei, die Soziologie der fünfziger Jahre als Forschungsinstrument zu paralysieren. Mit den politischen Wandlungen der sechziger Jahre beginnt eine erneute Dynamisierung der Soziologie, die nun freilich das Fach selbst in Frage zu stellen scheint. Die gesellschaftlichen Konflikte reproduzieren sich in der Soziologie.

»Methoden«-Streit als Ausdruck von Wissenschaftsproblematik

Zeitlich sich überschneidend mit der skizzierten Phase und sicher in einem inneren Zusammenhang mit ihr, entwickelt sich der neue Methodenstreit zwischen den »Dialektikern« oder Vertretern »kritischer Theorie« (Adorno, Habermas, Negt) und den »Neo-Positivisten« und Wissenschafts-Pragmatikern (Popper, Albert, Scheuch, Topitsch), dessen Funktion angesichts der fast gleichen Einstellung aller dieser Wissenschaftler etwa zum Faschismus und ihrer kritischen Haltung gegenüber der gegenwärtigen Industriegesellschaft nicht ohne weiteres deutlich wird. Verbindend ist die mehr oder minder deutlich ausgesprochene Abweisung eines Kategoriensystems Parsonsscher Prägung. Erbittert gerungen wird dagegen um die Beweisführung in der Soziologie, um ihren »wissenschaftlichen« Status. Der Vorsicht in der Annahme glaubwürdiger, nämlich bewiesener soziologischer Thesen auf der Seite der »Empiriker« steht der Mut zum spekulativ wertenden Vorgriff bei den »Dialektikern« gegenüber. Es findet sich ein unausgesprochener Optimismus in die Weiterentwicklungsfähigkeit dieser Gesellschaft bei den Empirikern, bei den Dialektikern ein — oft deutlich ausgesprochener — Pessimismus. Hier ist offenbar die Auffassung vorherrschend, daß in der Auseinandersetzung mit unvernünftigen Entwicklungstendenzen gegenwärtiger Gesellschaft keine Zeit mehr zu versäumen sei, daß vielmehr die Soziologie wertende Einsichten — ihren Gerechtigkeitsimpuls — unmittelbar in Praxis umzusetzen habe. Wird dabei jene »Objektivität«, auf die noch Max Weber die Soziologie (in der Verteidigung gegen eben jene Wissenschaften, die einen Teil der gefürchteten Strukturen mit dem besten Gewissen unterstützten und dabei noch beanspruchen konnten, »echte« Wissenschaften zu sein) festzulegen versuchte, zugunsten wertender Parteilichkeit aufgegeben, so zieht solche Absicht (die in den gegenwärtigen nicht nur inneruniversitären Auseinandersetzungen bereits in Praxis umschlug) den Vorwurf der anderen Seite nach sich, Soziologie als Wissenschaft zu verraten und Spekulation gegen Unglaubwürdigkeit einzutauschen.

Vielleicht ist es nicht ganz abwegig, zu vermuten, daß auch mit diesem »Methoden«-Streit sich eine Diskussion angebahnt hat, die in der Geschichte der Soziologie, d. h. mit der Entwicklung und Veränderung des kapitalistischen Systems, periodisch auftrat: nicht so sehr eine Auseinandersetzung über den Charakter einer wünschenswerten Gesellschaft oder »Wissenschaft«, sondern viel mehr über das sinnvolle, »vernünftige« und damit wünschenswerte Tempo emanzipatorischer Veränderungen.

Schwierigkeiten einer marxistischen Soziologie

Aus vielen Gründen kommt dem Werk von Marx und Engels in der Geschichte der Soziologie eine hervorragende Bedeutung zu. Das betrifft etwa im Bereich von Theorie und Methodologie den Versuch, historische und strukturelle Analysen miteinander zu vereinen, wie zahlreiche Anregungen in Einzelbereichen der soziologischen Forschung, die von der Religions- und Wissenssoziologie bis zur Industriesoziologie reichen. Zweifellos am entscheidendsten aber wurde die Konstruktion eines bestimmten Theorie-Praxis-Verhältnisses, das gleichzeitig eine Betrachtung der Beziehungen von Theorie und Empirie einschließt. Was das

Marxsche Denken von seinen Vorläufern in Ökonomie und Philosophie trennt, ist der Versuch, die Analyse einer bestimmten Gesellschaftsformation *systematisch* zu betreiben und als integrales Moment dieser Analyse ihre *praktischen* Konsequenzen zu postulieren. In weitaus stärkerem Maße, als das sonst der Fall ist, ergibt sich für eine derart konzipierte Wissenschaft die Notwendigkeit, Analysen, die das System konstituieren, auch empirisch abzusichern, weil erst dadurch die Chance des Übergangs zum praktischen Handeln gegeben ist. Der Notwendigkeit empirischer Forschung sind Marx und Engels sich bewußt gewesen. Wenn ihre Versuche auch meist auf deskriptiver Ebene liegen, so sind sie von nicht zu unterschätzender Bedeutung und haben Marx schließlich zur »Enquête Ouvrière« geführt.

Der Zusammenhang von Empirie und Theorie nun ist aber verschränkt: Zwar kann empirisches Forschen nicht theoriefrei vor sich gehen, umgekehrt beeinflußt aber die empirische Analyse das theoretische Konstrukt, das prinzipiell veränderbar sein muß. Das heißt, auch für die Empirie im Rahmen einer marxistischen Soziologie können deren Prämissen nicht für sakrosankt gelten. Die »Gesellschaftslehre des sowjetischen Marxismus« (Marcuse) hat aber — aus Gründen, die im Bereich von Politik, Ökonomie und Ideologie liegen — zu einer Petrifizierung des Marxismus geführt, die ihren Höhepunkt in der Stalinschen Konstruktion der Gesetze des dialektischen Materialismus erreichte, aus denen auch die Prinzipien des historischen Materialismus bruchlos deduziert werden sollten. Man erkennt leicht, wie sich das Verhältnis zwischen Theorie und Empirie im Rahmen eines solchen historischen Materialismus, aus dem heraus später eine »allgemeine Soziologie« sich entwickelte, verändern mußte. Zur Funktion der Empirie konnte nurmehr die Bestätigung der Theorie, die Gesetzes-Charakter annahm, gehören. Man vergaß dabei zunächst Marx, der betont hatte, daß sich das allgemeine Gesetz nur als »beherrschende Tendenz«, als »nie festzustellender Durchschnitt ewiger Schwankungen« durchsetzt, und unterband alle Versuche, den historischen Materialismus selbst historisch zu betrachten, wie Karl Korsch etwa es programmatisch gefordert hatte.

So veränderte sich in dem Moment, da der Marxismus »praktisch« geworden war, das Verhältnis von Empirie und Theorie. Die von der Marxschen Prognose durchaus abweichende Entwicklung des Kapitalismus schuf dabei ähnliche Schwierigkeiten wie Konflikte innerhalb der sozialistischen Gesellschaften, an deren offener Analyse und Darstellung schon aus machtpolitischen Gründen kein Interesse bestehen konnte. Mit den Änderungen nach der Periode des Stalinismus sind jedoch die Chancen zu einer empirischen Forschung, die als Korrektiv der theoretischen Ausgangsbasis wirken kann, verbessert worden. Mit welcher Heftigkeit die Diskussionen hier geführt werden, zeigen etwa die Auseinandersetzungen zwischen der Leningrader und der Moskauer soziologischen Schule in der UdSSR. Daß sich dennoch der Analyse von Großbürokratien z. B. oder von Entscheidungsprozessen in der Produktionssphäre große Schwierigkeiten entgegenstellen, liegt auf der Hand. So ergibt sich das Paradox, daß die fruchtbarsten Weiterentwicklungen der marxistischen Theorie in nicht-sozialistischen Ländern erfolgt sind — frei vom Druck, empirische Forschung nach Maßgabe einer strikten Theorie zu begrenzen, aber mit dem Dilemma behaftet, sozialistische Programme nur als Appell, nicht in der Praxis verwenden zu können. Eine fruchtbare marxistische Soziologie, die von ihrem Ursprung her den Vorteil der interdisziplinären Perspektive besitzt, wird sich im Laufe einer Entwicklung herausbilden, innerhalb derer in den sozialistischen Ländern Empirie nicht auf Theorie-Bestätigung, in den nicht-sozialistischen Ländern nicht auf praktische Folgenlosigkeit beschränkt bleiben muß.

Nachholbedarf: Soziologie in der dritten Welt

Von besonderer Bedeutung wird Soziologie in der dritten Welt: nicht nur als Mittel der Selbstverständigung, sondern auch als Chance zu Selbstbewußtsein und Selbstbewußtheit. Soziologie, begriffen als intellektuelle und rationale Ordnung der Gesellschaft — wenn auch meist auf Theorie beschränkt —, vermag hier in vielen Fällen bereits so »revolutionär« zu wirken wie die Rationalisierungen von Herrschaft in den frühen westlichen Bürokratien. Der Kontakt etablierter Soziologien mit der sich neu entwickelnden Disziplin in der dritten Welt zeigt dabei interessante Phasenverschiebungen. So überrascht es kaum, daß in Ländern, die sich mit den Problemen eines spezifischen und in seiner Legitimation noch weithin behaupteten Traditionalismus auseinanderzusetzen haben, in der soziologischen Theoriebildung viel stärker auf Parsons zurückgegriffen wird, als das heute in den großen Industrienationen der Fall ist. Dieses Beispiel zeigt aber deutlich, welch eminent politische Rolle der Soziologie-Export zu spielen vermag. Auf der Ebene direkter imperialistischer Politik mag es sich dabei um den Einsatz von Soziologie als »crisis management« handeln, der indirekte Einfluß durch die Übernahme politisch vorgeprägter Theorie-Ansätze und Forschungs-Strategien kann auf die Dauer weiter gehen. Eine emanzipatorische Rolle wird hier nur eine Soziologie spielen können, die den spezifischen Bedingungen der jeweiligen Gesellschaft gerecht wird und immer mehr von Mitgliedern dieser Gesellschaft selbst betrieben wird. Daß eine solche Entwicklung nicht nur für die betreffenden Länder von Nutzen ist, sondern auch die innere Entwicklung des Faches deutlich und fruchtbar zu beeinflussen vermag, hat das Beispiel der Ethnologie schlagend bewiesen. Der Selbstkritik der Soziologen kann es ohnehin nur förderlich sein, ihre eigene Gesellschaft demnächst als Objekt fremder Soziologen zu sehen und so an der Umwandlung aller Soziologie in Ethnologie, und umgekehrt, als Betroffene teilzunehmen.

Soziologie in der Verteidigung

Emanzipationsstreben, Praxisdrang und Politisierung heben den Bedarf an realitätsgerechten Kategorien und Informationen nicht auf. Die breite emanzipatorische politische Bewegung der letzten Jahre hat die Soziologie also in einer disparaten Situation getroffen. Die Soziologie wird aufgefordert, *unmittelbar* zu werden. Diese Forderung ist aber in sich kontrovers. Revolutionäre Praxis kann aus einem bestimmten Geschichtsverständnis und Sendungsbewußtsein heraus unmittelbar sein, auch wenn sie sich als »direkte Soziologie« versteht; sie muß aber, solange sie »Wissenschaft« bleiben, d. h. einen generalisierten oder generalisierungsfähigen Aussageapparat bereitstellen will, eben diesen Aussageapparat als Medium oder Mittel erst schaffen: Auch ihr direktes Anzielen zu verändernder Wirklichkeit kann daher nicht anders als indirekt vorgehen. An einer solchen direkten *und* vermittelnden Soziologie arbeiten heute viele zumeist junge Gelehrte. In neuen integrativen Bemühungen, in denen informationstheoretische, linguistische, rollen- und organisationstheoretische Ansätze zusammengefaßt werden, soll Soziologie wieder in jenen emanzipatorischen Zustand versetzt werden, der mit dem Begriff der zweiten Aufklärung bezeichnet worden ist.

D. Claessens und W. Lepenies

1. KAPITEL

WAS IST »SOZIOLOGIEGESCHICHTE«?

Das Unternehmen einer Soziologiegeschichte bedarf, so scheint es, keiner Rechtfertigung und Erklärung. Weder scheint es einen Zweifel darüber geben zu müssen, was »Soziologie« ist, noch darüber, was »Geschichte« bedeutet. »Geschichte«, so könnte man meinen, ist ganz einfach die Information über das, was sich nicht mehr in der Offenheit des Geschehens und Werdens befindet, bereits geworden ist und somit auch »getrost nach Hause getragen« werden kann. Ebenso scheint sich die Frage, was Geschichte der Soziologie ist und warum man sie betreibt, mit einer einfachen Formel unproblematisch beantworten zu lassen. Man betreibt, so könnte man sagen, Soziologiegeschichte aus ursprünglichem historischem Interesse heraus, oder auch deshalb, weil das Informiertsein über die Geschichte der Disziplin zu deren professionellen Erwartungsstandards gehört. Mit dieser einen Auffassung läßt sich dann auch die andere leicht vereinbaren, daß die Soziologiegeschichte einen in festen Konturen vorgegebenen, somit ohne weitere Schwierigkeit erkennbaren und entlang der Zeitachse beschreibbaren Gegenstand hat, der im wissenstechnischen Sinne erlernbar ist.

Gegenüber einer derartigen Auffassung scheint nun allerdings der deutliche Hinweis angebracht zu sein, daß jeder wissenschaftsgeschichtlichen Darstellung ein Stück Selbstverständigungsgehalt anhaftet. Zumindest in der Art und Weise, in der ein Autor die Vergangenheit beleuchtet, kommt unweigerlich seine Vorstellung darüber, was Wissenschaft — und insbesondere seine eigene Wissenschaft — ist, was ihre Aufgaben und Möglichkeiten in der Welt sind und in welche Richtung ihre künftige Entwicklung verläuft und verlaufen sollte, mit zum Ausdruck. Wissenschaftsgeschichte ist, um es anders auszudrücken, subjektivitätshaltig. In ihren Aussagen schlagen sich Norm- und Wertbildungstrends nieder, welche die wissenschaftliche Gegenwarts- und Zukunftssituation betreffen. Wer Wissenschaftsgeschichte museal begreift, mißversteht sie also. Wissenschaftsgeschichte repräsentiert — jedenfalls im Bereich der Geisteswissenschaften — eine echte und unverkürzte Art der Wissenschaftsaneignung. All dies betrifft auch die Soziologiegeschichte. Je schneller und klarer man diesem Sachverhalt ins Auge sieht, desto besser.

Zur näheren Erläuterung dessen, was gemeint ist, sei auf ein Dokument zurückgegriffen, in dem die Verknüpfung unterschiedlicher Wissenschaftsstandorte mit unterschiedlichen Auffassungen über die Soziologiegeschichte in einer gewissen Drastik zum Ausdruck kommt. Es handelt sich um ein Symposium, das 1932 unter dem Titel »Soziologie von heute« von Richard Thurnwald herausgegeben wurde und das in einer Reihe von in- und ausländischen Beiträgen wesentliche Aspekte des Selbstverständnisses der damaligen Soziologie enthüllt. Hier findet sich unter anderem unter dem Titel »Die Soziologie als positive Spezialwissenschaft« ein Aufsatz, der von dem Holländer Rudolf Steinmetz stammt und in der folgenden Feststellung endet:

»Zum Schluß möchte ich mir noch die Frage an Hans Freyer erlauben, ob es wirklich noch nötig ist, zu sagen, es sei ›ein offener Blick für die wissenschaftliche Arbeit der anderen Länder ebenso wie ein sicheres Gefühl für die geschichtlichen Traditionen der Soziologie‹ nötig. Das erste scheint mir selbstverständlich und im Prinzip allgemein anerkannt ..., aber das zweite kommt mir eher unerwünscht vor. Es ist nicht bloß eine akademische Frage, ob in der Wissenschaft die Tradition überhaupt eine so große Beachtung verdient, und erst recht in einer so jungen und ungefestigten wie der Soziologie.«[1]

Steinmetz macht, so zeigt sich, aus seiner Geringschätzung der Soziologiegeschichte kein Hehl. Dahinter steht nun allerdings eine ganz bestimmte Auffassung des Entwicklungsschicksals, das die Wissenschaft im allgemeinen und die Soziologie im besonderen im Laufe der Zeit erfahren haben. Es ist dies eine Auffassung, derzufolge sich die Entwicklung der Wissenschaft als kumulativer Fortschritt zu immer vollkommeneren Zuständen vollzieht, eine Auffassung also, der sich konsequenterweise beim Rückblick nichts anderes als überwundene Irrtümer und Beschränktheiten darbieten können. Für diese Auffassung ist alles das, was an der Vergangenheit einer Wissenschaft wertvoll ist, an ihrem aktuellen Entwicklungsstand ablesbar. Dieser aktuelle Entwicklungsstand verkörpert nämlich angeblich das bisherige Ergebnis eines Reinigungsvorgangs, in dem eine stete Verminderung irrationaler und eine stete Vermehrung rationaler Elemente des wissenschaftlichen Handelns stattgefunden haben. Was an der Vergangenheit für die Gegenwart bedeutungsvoll ist, das sind, dieser Auffassung zufolge, somit höchstens die persönlichen Eigenschaften derjenigen Menschen, die Wissenschaft getrieben haben, ihr Mut, ihre Entsagungsfähigkeit und ihr Spürsinn. Aus diesem Blickwinkel heraus kann Wissenschaftsgeschichte also sinnvoll nur im biographischen Sinne getrieben werden. Es sei denn, daß man sich der Hoffnung hingibt, mittels der Wissenschaftsgeschichte seine Vorstellungen vom typischen Entwicklungsschicksal der Wissenschaft positiv belegen zu können, in ihr also Waffen zu finden zum Kampf gegen die Auffassungen, für die Wissenschaftsgeschichte etwas anderes ist als ein Vorgang der kumulativen Wissensrationalisierung.

Nehmen wir z. B. das Buch »The Nature and Types of Sociological Theories« von Don Martindale (Boston 1960) zur Hand, dann können wir sehen, daß eine solche Auffassung der Soziologieentwicklung und der Soziologiegeschichte heute keinesfalls ganz ausgestorben ist. »Sociology«, so schreibt Don Martindale, »is a part of that great evolution of thought in Western Civilization which passes from religion through philosophy to science« (op. cit., S. 4). Der ganze Aufbau seines Buches zielt darauf ab, diese These zu erhärten und die sehr verschiedenen Soziologieansätze der Vergangenheit und Gegenwart in ein Ordnungsschema einzufügen, das einen immanenten Fortschritt vom Spekulativen und Ideologischen zum Empirischen und Rationalen hin erkennen läßt. Gleichzeitig leitet sich aus dem Martindaleschen Ansatz ganz konsequent die Erwartung ab, die Vielzahl unterschiedlicher und teils einander widersprechender Soziologien, die es in der Geschichte gab und die den nach Klarheit und Einfachheit suchenden Geist auch heute noch verwirren, werde in Zukunft, dann nämlich, wenn der Entwicklungsgang der Soziologie zur voll ausgebildeten analytisch-empirischen Wissenschaft abgeschlossen sei, einer einzigen soziologischen Theorie weichen, ganz ähnlich, wie die Spekulationen der Alchimisten später »der« Chemie wichen.

Sicherlich wird sich nun kaum jemand dazu bereit finden, dieser in ihrem Optimismus sympathischen Auffassung rundweg jede Existenzberechtigung abstreiten zu wollen. Andererseits scheint sie aber doch an einigen wesentlichen Punkten allzu schlicht zu sein, um eine tragfähige Basis für eine Soziologiegeschichte abzugeben, die es sich nicht versagt, auf die Soziologie selbst das Erkenntnisinstrumentarium der Soziologie anzuwenden, die ihr Objekt also wissenssoziologisch reflektiert. Eine Auffassung, wie wir sie hier von Steinmetz und Martindale gehört haben, kann insbesondere insofern nicht voll befriedigen, als sie entweder eine introvertierte, unabhängig von den realen gesellschaftlichen Lagen erfolgende Wissenschaftsentwicklung der Soziologie, oder aber eine nach dem Modell kumulativer Rationalisierung ablaufende Entwicklung der realen gesellschaftlichen Lagen selbst voraussetzen muß. Beide Voraussetzungen sind in sich hochspekulativ und werden durch die empirischen Verhältnisse nicht gedeckt. Insbesondere seit dem Einbruch des »Geschichtlichkeits«-Bewußtseins um die letzte Jahrhundertwende wissen wir, daß ganz allgemein gesehen »der Inhalt des geschichtlichen Geschehens nicht völlig in allgemeine Gesetze gepreßt, kausal erklärt und vorausberechnet werden kann«.[2] Über diese Erkenntnis trägt auch nicht die traditionsreiche Vorstellung einer kontinuierlichen Wissensakkumulation hinüber. Gleichzeitig würde es aber auch eine erhebliche Abstumpfung des soziologischen Selbstbewußtseins bedeuten müssen, wenn man die bis tief in die wissenschaftstheoretischen Grundlagen der Soziologie hineinragenden Einflüsse ihrer jeweiligen gesellschaftlichen Umgebung übersehen wollte. Wir haben insofern dem von Steinmetz angegriffenen Hans Freyer zuzustimmen, wenn er schreibt:

»Alles sozialwissenschaftliche und sozialphilosophische Denken ist von der gesellschaftlichen Wirklichkeit, aus der es hervorgeht, entscheidend bestimmt. Reale Kräfte der Gesellschaft sprechen sich in ihm aus, formulieren, deuten oder rechtfertigen sich in ihm. Dieser Zusammenhang gilt für die Systeme des sozialwissenschaftlichen Denkens in viel stärkerem Maße als für andere geistige Werke. Auch philosophische Ideenbildungen, auch Dichtwerke, sogar Systeme der exakten Wissenschaften sind ›Symbol‹ der geschichtlichen Lagen, in denen sie hervorgetreten sind; und eine rückschauende Betrachtung vermag deren Wesenszüge in der Lineatur der geistigen Gebilde aufzuweisen. Aber viel fester sind die sozialwissenschaftlichen Ideenbildungen auf ihren geschichtlichen Ursprungsort bezogen. Der Weg von der gesellschaftlichen Wirklichkeit zu ihnen ist gleichsam viel kürzer und viel direkter als zu den übrigen geistigen Werken; ihr Realitätsgehalt muß also viel deutlicher spürbar sein. Denn das sozialwissenschaftliche Wissen ist ja doch das Wissen, in dem die soziale Realität sich selbst weiß. Das Bewußtsein, das sie über ihr eigenes Sein, über ihren Sinn, über ihre Entwicklungstendenz hat. Nicht nur vermittelte Beziehungen und analytische Entsprechungen zwischen der geschichtlichen Substanz eines Zeitalters und der Struktur seines Denkens werden hier also aufweisbar sein. Sondern der Willensgehalt einer geschichtlichen Epoche wird sich ganz direkt, in wissenschaftliche Termini umgesetzt, dokumentieren.«[3]

Der mögliche Einwand, eine derartige Subjektivitätshaltigkeit bestehe zwar typischerweise bei den älteren Soziologen, werde jedoch durch einen Vorgang der Rationalisierung der Soziologie, durch ihre stete Anreicherung mit empirischen Verfahrens-

weisen und Kontrollen zunehmend beseitigt, vermag keineswegs zu überzeugen. Denn einmal ist in allen Wissenschaften derjenige Bereich, der subjektivitätsfrei gestaltbar ist, von einer ganzen Reihe unvermeidlicher Wertentscheidungen des Forschers umgeben, in denen sich seine Seinsgebundenheit niederschlägt, so insbesondere von Entscheidungen hinsichtlich der Themenwahl und der Auswahl unter alternativen Arbeitshypothesen.[4]
Weiter aber ist dieser Bereich selbst überall von Mikrostrukturen der Subjektivität durchsetzt, da nämlich, wo es sich um die Wahl der konkreten Beobachtungsgegenstände, der zu verwendenden Meßinstrumente, der Beobachtungsmethode, der einzuhaltenden Beobachtungs- und Meßgenauigkeit und des Umfangs der Beobachtungsaktionen oder der Experimente, die man im Hinblick auf die Überprüfung einer Hypothese unternehmen will, handelt. Dieselbe Unabgesichertheit taucht nochmals beim sogenannten »Basisproblem« auf, d. h. bei der Formulierung und intersubjektiven Mitteilung von Beobachtungs-, Protokoll- oder Basissätzen, die in der Forschung verwendet werden.[5]
Sieht man dies alles ein, dann vermag man sich kaum mehr mit der Auffassung zu befreunden, in der Geschichte der Soziologie spiegle sich nichts anderes als eine allmähliche Überwindung prärationaler Irrtümer und Schwächen zugunsten einer kontinuierlichen Ausweitung und Vertiefung der rationalen Durchdringung des gesellschaftlichen Gegenstandsfeldes. Vielmehr öffnet sich von hier her der Blick auf eine wesentlich komplexere Beziehung zwischen Soziologie und sozialer Wirklichkeit. Wir sehen einerseits, wie geschichtliche Motiv- und Ideenströmungen mit mehr oder weniger starker Durchschlagskraft in die Soziologie hineinwirken und wie sich den Soziologen ihr Wirklichkeitsbild, ihr Theoriemodell und ihr Methodenbewußtsein verwandelt, je nachdem, in welcher gesellschaftlich-historischen Situation sie sich befinden und in welcher Richtung sie Partei ergreifen. Wir entdecken andererseits den Soziologen auch als eine aktiv in die Wirklichkeit eingreifende, sie mitgestaltende Größe. Insbesondere in der Gegenwart scheint — im Zusammenhang des allgemeinen Trends zu einer zunehmenden »Verwissenschaftlichung der Kultur« — diese zweite Seite des Zusammenhangs zwischen Soziologie und Gesellschaft an Gewicht zu gewinnen. Wir bemerken, um es kurz zu sagen, eine enge, vielschichtige und offenbar auch keinesfalls abnehmende wechselseitige Verknüpfung zwischen der Soziologie und ihrem Gegenstand, der Gesellschaft.

Wenn man diese Einsicht nun sehr grundsätzlich nimmt, dann scheint man hinsichtlich der Standortbestimmung der Soziologiegeschichte notwendig zu einer Position gelangen zu müssen, die der von Steinmetz und Martindale völlig entgegengesetzt ist. Während diese gewissermaßen die Idee einer *»Fortschrittsgeschichte«* der Soziologie entwickeln, scheint sich hier die Perspektive einer *»Existentialgeschichte«* der Soziologie zu ergeben. Beide Ansätze müssen offensichtlich dann, wenn sie prinzipienrein zur Anwendung gebracht werden, von völlig verschiedenen Systematisierungsvorstellungen und Thesenverknüpfungen ausgehen und von daher auch zu gänzlich unterschiedlichen Feststellungen gelangen. Auf der einen Seite wird dem »Fortschrittshistoriker« der Soziologie alles das nur als Störung, Abweichung, Verzögerung oder Verirrung erscheinen, was mit der existentiellen Seinsgebundenheit der Forscherarbeit zusammenhängt. Umgekehrt wird der »Existentialhistoriker« der Soziologie dazu neigen, diejenigen Spurenelemente einer kumulativen Weiterentwicklung fachwissenschaftlicher Standards, auf die er bei seiner Arbeit vielleicht doch da und dort treffen wird, zu vernachlässigen. So betrachtet ergibt sich uns aber insgesamt, daß beide Standpunkte jeweils für sich genommen sowohl inhaltlich ungenügend und ergänzungsbedürftig als auch in ihrem Anspruch, die ganze Wahrheit der Soziologieentwicklung zu repräsentieren, überdimensioniert sind. Eine Soziologiegeschichte, die sich nicht von Anfang an dieser oder jener Einseitigkeit verschreiben will, muß, so scheint es also, jenseits beider Standpunkte angesetzt werden.

Es geht dabei darum, die Soziologiegeschichte gewissermaßen von zwei Hauptfaktoren her zu analysieren: einerseits von der kumulativen Entwicklung innerwissenschaftlicher Standards her; zum anderen von der mitbestimmenden Kraft außerwissenschaftlich-gesellschaftlicher Einfluß- und Formungskräfte her.

In der Tat beruht die Anlage der hier in Angriff genommenen Arbeit auf einer Zusammenführung von »Fortschrittsgeschichte« und »Existentialgeschichte« der Soziologie. Allerdings wird dabei den außerwissenschaftlich-gesellschaftlichen Bestimmungsmomenten der Primat eingeräumt. Diese Entscheidung beruht auf dem Eindruck, daß die Soziologieentwicklung jedenfalls bisher viel stärker von exogenen Bestimmungskräften getragen und geformt worden ist als von Prozessen immanenter Rationalisierung. Die Darstellung geht dabei immer wieder von kurzen Abschilderungen realgesellschaftlicher Situationen aus, die in ihrer

Aufeinanderfolge insgesamt die Umrisse einer soziologisch konzipierten Entwicklungsgeschichte der modernen Gesellschaft abgeben. Zugunsten der Bemühung, die Entwicklung der Soziologie auf diesem Hintergrund verstehbar werden zu lassen, ist auf sehr viele Details der Beschreibung von Einzelstandorten verzichtet worden. Der Leser, dem es darum geht, diese oder jene individuelle Position näher kennenzulernen, sei daher auf die Ergänzungslektüre der zur Verfügung stehenden umfangreicheren Soziologiegeschichten verwiesen.[6]

2. KAPITEL

EUROPÄISCHE SOZIOLOGIE BIS ZUR FRANZÖSISCHEN REVOLUTION

Entstehungsgeschichte: Politisierung des Naturrechts

Die Welt des europäischen Mittelalters war, pointiert ausgedrückt, eine Welt der »Stände« und der »Dynastien«. In ihrem Zentrum standen Herrschaftsstrukturen, die sich durch eine intensive Vereinigung von Personalität und Traditionalität charakterisierten. Diese Herrschaftsstrukturen waren in einer stark auf örtliche Sonderverhältnisse abstellenden und vielfach in der Form der immer neuen Lehens- und Privilegienvergabe gekleideten Weise sehr komplex und unübersichtlich. Sie befanden sich stets am Rande der Gefahrenzone des Verfalls. Angesichts dieser Gefahr war das System allenthalben auf Stereotypisierung einmal entstandener Verhältnisse aus (Tradition), kultivierte aber auch die Potenzen charismatischer Erneuerung auf der Basis überragender Qualifikationen einzelner Individuen. Da innerhalb oder außerhalb der durch Lehens- und Privilegienvergabe begründeten Treueverhältnisse immer ein Pluralismus konkurrierender Raumeinheiten gegeben war, waren die Qualifikationen, die zur charismatischen Herrschaftserneuerung führten, vorwiegend kriegerischer Natur. Die Exponenten des Systems waren — von der Kirche abgesehen — Adelsgeschlechter, welche die Tugenden kriegerisch-heldischen Lebens pflegten und einander in der Herrschaft konkurrierten, unterstützten und ablösten. Alles was mit Arbeit im alltäglichen Sinne des Wortes und mit »Wirtschaft« zu tun hatte, konnte von dort her nur als dienende Funktion ohne substantielle Eigenbedeutung gewertet werden.

Für West- und Mitteleuropa gilt nun insgesamt, daß die »frühkapitalistische Verkehrswirtschaft und der Aufschwung der Städte seit dem 13. Jahrhundert ... die gebundene Wirtschaft des Mittelalters und ihre feste ständische Gesellschaftsordnung allmählich zerstörten. Das *Bürgertum*, der Träger der neuen Wirtschaft, als ... Stand, der sich gegen Adel und Geistlichkeit einerseits und gegen das unfreie Bauerntum andererseits abgrenzt, ist in starkem politischen und kulturellen Aufstieg begriffen. Im 15. und 16. Jahrhundert steht es auf dem Gipfel seiner Macht.«[7]

Dieses Bürgertum, das in der Daseinsordnung des ständischen Systems nicht mehr recht unterzubringen war, trat im ganzen als Träger einer neuen Wirtschaftsgesinnung auf, die den Nachdruck auf freie Initiative und auf den Abbau der mittelalterlichen Gewerbeschranken legte und die insofern auch notwendig in eine oppositionelle Grundhaltung gegenüber dem ständischen System ausmündete. In dieser Opposition gegen das ständische System fand das Bürgertum zunächst einen mächtigen Verbündeten auf der Herrschaftsseite selbst. Die größeren Landesherren versuchten, ihre nur auf Treueversprechen ihrer Lehensleute gegründete labile Herrschaft dadurch zu festigen, daß sie immer zahlreichere Funktionen an eine bürokratisch organisierte und zu unbedingter Treue verpflichtete Beamtenschaft übertrugen. Gleichzeitig waren sie darum bemüht, die Produktivität des Wirtschaftskörpers zu steigern. Um den Massenbedarf der großen Höfe und der aufkommenden stehenden Heere zu decken und um die Handelskraft des Landes nach außen hin zu erhöhen, förderten sie diejenigen initiativefreudigen Unternehmertypen innerhalb des Bürgertums, die den engen organisatorischen Rahmen des Handwerksystems zu sprengen und von sich aus zur rationalisierten Großproduktion im Rahmen des Manufaktursystems überzugehen wünschten.

Der Trend zur absoluten Monarchie begünstigte somit zumindest eine Zeitlang die Entfaltung des Bürgertums. Schon im 17. Jahrhundert wurde es jedoch allenthalben deutlich, daß die auf bürokratische Rationalität gegründete und die Wirtschaft nur als Mittel zum politischen Zweck einsetzende absolute Monarchie den immer stärker werdenden dynamischen Aktions- und Expansionsinteressen des Bürgertums ausschließlich innerhalb von verhältnismäßig eng gezogenen Grenzen folgen konnte und wollte. Für die absolute Monarchie ging es zwar um die Erhöhung des Reichtums und der militärischen Schlagkraft. Dabei handelte es sich jedoch nicht etwa um die Erhöhung des »Volkswohlstandes« im Sinne der späteren Entwicklung, sondern um die Vermehrung eines weitgehend nur repräsentativen Reichtums. Gleichzeitig hatte man die Möglichkeit, die militärische Schlagkraft durch immerwährende Ausdehnung und Weiterentwicklung des technischen Mittelinstrumentariums zu verstärken, noch nicht entdeckt.

Zu den dadurch bedingten Beschränktheiten der Wirtschaftsgesinnung der absoluten Monarchie gesellte sich ihre mangelnde Bereitschaft, dem selbstbewußter werdenden Bürgertum politische Mitbeteiligung zu gewähren. Für sie war das Bürgertum eine Ressource des eigenen Reichtums, die man zu pflegen hatte, der man aber keineswegs ein »Recht auf die Erträge eigener Arbeit« im späteren Sinne zuerkannte. So konnte es dazu kommen, daß sich das konzessionierte Wirtschaftsbürgertum des 17. Jahrhunderts unfrei und ausgebeutet zu fühlen begann. Die Träger der politischen Herrschaft und der Wirtschaft gerieten auf Kollisionskurs. Die ursprüngliche Interessengemeinschaft in der Opposition gegen das ständische System schlug in Opposition des Bürgertums gegen die absolute Monarchie um, in eine Opposition, die nun allerdings auf der Basis einer fortgeschrittenen geistigen und sozialen Reife erfolgte und deren weiter entwickeltes Selbstbewußtsein sich in sehr grundsätzlichen sozialphilosophischen Selbstverständigungs- und Selbstdefinierungsprozessen niederschlug.

Im Zentrum dieses Prozesses stand zunächst eine soziale »Wiederentdeckung« des *Naturrechts*, die mit seiner Politisierung Hand in Hand ging. Das Selbstbewußtsein des Bürgertums suchte sich mit dieser Wiederentdeckung vorerst einmal einen *rechtsphilosophischen* Artikulierungsweg.

Die Hauptaussage des »Naturrechts«, die nämlich, daß hinter den bestehenden Ordnungen dieser Welt eine andere, göttliche und somit auch bessere »natürliche« Ordnung der Dinge stehe, war schon von der Stoa vorentworfen worden und hatte über *Augustinus* (354 - 430) Eingang in das Denken der Kirche gefunden. Auf der Grundlage der Naturrechtsvorstellung hatte die Kirche durch das ganze Mittelalter hindurch immer wieder Auseinandersetzungen mit der weltlichen Herrschaft geführt, die dann zu Kompromißlösungen wie der Zwei-Reiche- oder Zwei-Schwerter-Theorie führten und die endlich mit der Konstruktion des Königtums von Gottes Gnaden zur metaphysischen Rechtfertigung der absoluten Monarchie hinleiteten.

Im Rahmen der kirchlichen Tradition hatte sich also eine Bewegung von der fundamentalen Relativierung zur Stabilisierung gegebener Herrschaftsstrukturen durch die Naturrechtsidee ergeben. Nunmehr griff jedoch das Bürgertum gewissermaßen auf die »unerledigten Reste« der älteren Auseinandersetzungen zurück und setzte das Naturrecht in einer situationsentsprechenden Umgestaltung als Berufungsinstanz gegen das Königtum von Gottes Gnaden ein. Das Naturrecht schien ihm eine Basis für die Geltendmachung seiner eigenen Interessen zu liefern. Ein »ordre naturel«, demzufolge alle Menschen frei, gleich und grundsätzlich auch herrschaftsunabhängig sind, entsprach genau dem bürgerlichen Selbstbewußtsein gegenüber der absoluten Monarchie und schien dazu prädestiniert, zur politischen Theorie des Bürgertums zu werden.

Die historisch fällige Politisierung des Naturrechts vollzog sich zunächst in den Lehren einer Reihe von Staatsrechtlern wie *Hugo Grotius* (1583 - 1645), *Johannes Althusius* (1557 - 1638), und *Samuel von Pufendorf* (1632 - 1694). Diese entwickelten die sogenannte »Vertragstheorie«, der zufolge die Existenz eines »ordre positif«, d. h. insbesondere das Gegebensein einer weltlichen Herrschaft über die an und für sich freien und gleichen Menschen, damit erklärt wurde, daß die Menschen sich aus Zweckmäßigkeitsgründen irgendwann einmal in der Vergangenheit dazu entschlossen hätten, einen Vertrag zu schließen, in dem sie — vorbehaltlich der jederzeit möglichen Widerrufung — einen Teil ihrer unveräußerlichen Rechte an besondere Regierungsorgane abgetreten hätten.
Es bedarf keiner langen Erwägung, um einzusehen, daß diese Theorie gegenüber der metaphysischen Rechtfertigung, auf die sich das Königtum von Gottes Gnaden stützte, schlechthin revolutionär war. Grob gesagt erschienen hier nicht mehr die Untertanen als das schutzbefohlene Eigentum des Herrschers. Vielmehr war es nun die Herrschaft, die umgekehrt als Eigentum der Untertanen erschien. Wie sehr diese neue Theorie auf das Interesse des besitzenden Bürgertums zugeschnitten war, läßt sich daran erkennen, daß z. B. bei Grotius das Grund- und Urrecht des Menschen mit dem Recht auf sein Eigentum zusammenfiel. »Die Notwendigkeit des Staates«, so schreibt Erich v. Aster, »entsteht für Grotius zusammen mit dem Privateigentum und dem Bedürfnis seines Schutzes. Freilich hat der einzelne auch ein Recht auf sein Leben, auf die Unversehrtheit seines Körpers, allein auch dieses Naturrecht wird bezeichnenderweise dem Recht auf Eigentum begrifflich unterstellt: der eigene Körper ist sozusagen das angeborene, das Ureigentum des Menschen.«[8]
War das politisierte Naturrecht somit bürgerlich bestimmte revolutionäre Theorie der politischen Institutionen, so war es gleichzeitig auch die Grundlage für ein revolutionäres politisches Ideal, für das der »bürgerlichen Gesellschaft« (»civil society«, »société civile«), nämlich als eines in der Zukunft liegenden Entwicklungszustands der Menschheit, in dem die Gesamtheit der

im Sinne der Industrie produktiv und fortschrittlich Arbeitenden (der »Bürger« eben) die entgleisten Herrschaftseinrichtungen des »ancien régime« beseitigt und dafür die ihren Bedürfnissen und Fähigkeiten entsprechenden Institutionen geschaffen haben würden. »Gesellschaft« war hier gewissermaßen der nach vorn, in Richtung der menschlichen Zukunft und des bürgerlichen Fortschritts geworfene Urzustand der unveräußerlichen Rechte. Sie war zugleich die von dem Ziel der Verwirklichung menschlichen Glücks bestimmte Legitimationsinstanz des Staates, der nunmehr nichts anderes mehr sein sollte als dienender Apparat eben dieser Gesellschaft. Die Souveränität ging bei den sogenannten »Monarchomachen«, jenen Staatsrechtslehrern also, die aus der revolutionären Idee verfassungsrechtliche Konsequenzen zogen, unmittelbar auf das »Volk« über, dem gleichzeitig das Recht zuerkannt wurde, den abtrünnigen Monarchen, der seine Herrschaft zum Selbstzweck pervertiert hatte, zu stürzen. Konsequenterweise wurde das »Volk« auch als das eigentliche Subjekt des Reichtums angesehen. Die Entwicklung der Theorie hatte im Prinzip bereits hier diejenige Schwelle erreicht, an der sie die praktische Revolution — nicht nur die der Besitzenden, sondern auch die der Bedürftigen — aus sich entlassen konnte.

Vertrauen auf die evolutionäre Selbstdurchsetzungskraft des Fortschritts (England)

Die Schatten von 1649: Thomas Hobbes

Die erste große Revolution, die mit dem Pulver des politisierten Naturrechts geladen ist — die »englische Revolution« von 1641 —, ist im Hinblick auf die Weiterentwicklung des »Gesellschafts«-Denkens zugleich eine der bedeutsamsten. Diese Revolution, die aus einer intensiven Verbindung von bürgerlichem Autonomiebedürfnis, monarchomachischem Idealismus und protestantischer Forderung nach Glaubensfreiheit entstand, hatte einen starken Wirtschaftsaufschwung zur Folge und schien insofern auch zunächst ihre düstere Seite, die Hinrichtung des Königs Karl im Jahr 1649, voll zu rechtfertigen. Im Seekrieg gegen Holland errang England endgültig die Herrschaft über die

Meere, und das Kolonialreich weitete sich unter der Fahne der Republik innerhalb weniger Jahre außerordentlich stark aus. Nichtsdestoweniger hatte der Gegenschlag der legitimistischen Kräfte, die das Königtum zurückkehren lassen wollten, schon im Jahr 1660 einen vollen Erfolg. Angesichts des Hin und Her auf der politischen Bühne griffen Revolutionsmüdigkeit und Friedenssehnsucht um sich, und aus dieser Stimmung erwuchs das Werk von *Thomas Hobbes* (1588 - 1679), das einen außerordentlichen Einfluß entfaltete.

Hobbes übernahm zwar die Grundidee der naturrechtlichen Vertragstheorien, daß es in früheren Abschnitten der menschlichen Geschichte einen herrschaftsfreien Urzustand gegeben habe und daß diesem ein vertragsgebundener Zustand gefolgt sei, der auf einen gemeinsamen Beschluß aller einzelnen zurückgeführt werden könne. Gleichzeitig befreite Hobbes jedoch unter dem Eindruck der englischen Vorgänge und der Enttäuschung, die sich inzwischen über die gescheiterte Revolution mitsamt ihren Bluttaten ausgebreitet hatte, das Naturrecht von seinen revolutionären Konsequenzen. Der herrschaftsfreie Urzustand, so erklärte er, sei ein bellum omnium contra omnes, ein Krieg aller gegen alle gewesen, und die Menschen hätten sich nicht aus Zweckmäßigkeitsgründen, sondern vielmehr aus bitterer Not und Notwendigkeit heraus zum vertragsgebundenen Zustand bequemt. Die gängige Vorstellung, bei diesem Vertragsschluß sei es gewissermaßen nur um die Einrichtung einer Staatsanstalt zur Beförderung der allgemeinen Wohlfahrt gegangen, sei, so meinte Hobbes, eine Verniedlichung, die nur zur Selbsttäuschung hinsichtlich der bestehenden menschlichen Möglichkeiten führe. In Wirklichkeit sei es darum gegangen, gegenüber den negativen und asozialen Grundtrieben des Menschen, insbesondere gegenüber seinem unausrottbaren Egoismus, ein Bollwerk zu errichten, eine Gegenkraft gewissermaßen, die als eine Art von Übermensch oder »Leviathan« dazu bestimmt gewesen sei, gewaltsam Ordnung zu sichern und dadurch eine positive menschliche Entwicklung zu garantieren. Dieser Leviathan (nämlich der Staat) sei, so meinte Hobbes, wie der Blick auf die vergeblichen Bluttaten und Zerstörungen der englischen Revolution beweise, auch in der Gegenwart und für die Zukunft erforderlich. Wo der Mensch die »Freiheit« begehre, da tue er das in idealistischer Verkennung der wahren Gründe, die zur Einrichtung von Herrschaftsinstitutionen führten. Wo dieses sein Begehren erfolgreich sei, da trete die Anarchie und mit ihr der ursprüngliche bellum omnium contra omnes wieder in Erscheinung. Anthropologisch gesehen sei der Mensch eben auf starke politische Institutionen von unbestrittener Autorität und Ordnungsmacht angewiesen. Diese müßten nicht unbedingt monarchischen Charakter haben, was aber verhältnismäßig belanglos sei.

Diese Hobbessche Lehre, die hier nur in gröbsten Umrissen skizziert ist, bedeutete in der gegebenen Situation Englands eine ungeheure Herausforderung an das bürgerliche Selbstbewußtsein wie auch an alle diejenigen, die an der theoretischen Fundierung dieses Selbstbewußtseins arbeiteten.

Allerdings war die Frage, wie dieser Herausforderung begegnet werden könne, gar nicht leicht zu beantworten. Einmal war die Aufeinanderfolge von Revolution und Restauration eine historische Tatsache, die sich nicht aus der Welt schaffen ließ. Zum anderen aber war dem Hobbesschen System schon deshalb auf der Basis des bisherigen Naturrechtsdenkens schlecht beizukommen, weil es dieses Denken nicht nur inhaltlich modifiziert, sondern gleichzeitig auch im Sinne eines methodologischen Umsturzes auf eine neue Basis gesetzt hatte. Kurz gesagt war in diesem System nämlich der Übergang von der rechtsphilosophischen zu einer erfahrungswissenschaftlichen Gesellschafts- und Staatslehre vollzogen worden, die den modernsten Entwicklungen in den zeitgenössischen Naturwissenschaften nicht nachstand. Hobbes' Analyse »des naturwüchsigen Zustandes der Menschengattung vor aller Vergesellschaftung ist überhaupt nicht ethisch, sondern physikalisch: sie hat es mit dem Sinnesapparat, den Triebreaktionen, den animalischen Bewegungen von Lebewesen zu tun; mit der physischen Ausstattung der Menschen und ihren kausal bestimmten Reaktionsweisen«. Die »Ethik des Naturrechts« wird hier von einer »modernen Physik der menschlichen Natur« abgelöst, die am Ende auch noch die Normen des vertragsgebundenen Zustands einschließt. Seine Lehre liefert eine »Mechanik der gesellschaftlichen Beziehungen, wie Galilei die der natürlichen Bewegungen« geliefert hat.[9] Jede Theorie, die Hobbes aus dem Sattel heben wollte, hatte also eine doppelte Hürde zu überspringen: Sie mußte aus der Perspektive des bürgerlichen Fortschritts die Aufeinanderfolge von Revolution und Restauration in ein sinnvolles Erklärungsschema einfügen und sie mußte gleichzeitig den von Hobbes vorexerzierten Sprung zur modernen Erfahrungswissenschaft nachvollziehen.

In der Tat wurde in der zeitgenössischen Reaktion auf Hobbes der erforderliche Doppelsprung auf breiter Front vollzogen, und zwar in der Umsetzung der bürgerlichen Fortschrittsperspektive vom rechtsphilosophischen in das *»geschichtsphilosophische« Theoriemodell.* In dieser Umsetzung, die zugleich eine Weiterentwicklung der von Hobbes ins Spiel gebrachten erfahrungswissenschaftlichen Motive bedeutete, gelangte das, was man gemeinhin als »Aufklärung« zu bezeichnen pflegt, zur vollen Ausprägung. Gleichzeitig erwies sich das Grundmodell der Theoriebildung, das hier zur Ausarbeitung kam, aber über mehr als ein Jahrhundert hinweg auch noch für diejenigen Positionen als verbindlich, die sich weltanschaulich und sozial als antiaufklärerisch verstanden. Die von der rechtsphilosophisch begründeten Naturrechtslehre über Hobbes zur Geschichtsphilosophie des 18. Jahrhunderts hin reichende Entwicklungslinie repräsentiert somit eine Dialektik der Theoriemodelle, die für die Entstehungsgeschichte der modernen Soziologie konstitutiv ist. Es ist, wie wir jetzt schon hinzufügen können, völlig zutreffend, wenn Werner Sombart einmal schreibt, daß sich im Kampf um Hobbes diejenigen neuen Ideen entwickelten, »die bestimmt sein sollten, der Soziologie zum Leben zu verhelfen«.[10]

Glorious Revolution und Geschichtsphilosophie

Wie eng der Zusammenhang zwischen den realgeschichtlichen Entwicklungen und den uns zentral interessierenden theoriegeschichtlichen Vorgängen ist, wird deutlich, wenn wir uns einige Daten aus dem Leben von *John Locke* (1632 - 1704) vor Augen führen, den wir als einen der entscheidenden Schrittmacher der Geschichtsphilosophie des 18. Jahrhunderts anzusehen haben.
John Locke hatte zunächst unter Jakob II., dem Bruder desjenigen englischen Königs, der im Anschluß an die Revolution die Monarchie wiederherstellte, in England Staatsämter ausgeübt. Da er mit dem scharfen Restaurationskurs der Stuarts nicht übereinstimmte, ging er jedoch in die Emigration, um 1688 mit Wilhelm III. von Oranien nach England zurückzukehren, dem ohne Schwertstreich die sogenannte »Glorious Revolution« gelang. Diese Quasi-Revolution brachte gegenüber der Restauration der Stuarts dem englischen Bürgertum die mittlere Lösung der konstitutionellen Monarchie und mit ihr einen raschen Zuwachs an politischen Rechten und Mitgestaltungsmöglichkeiten. Was in ihr also vor aller Augen manifest wurde, war die Tatsache, daß die absolutistische Restauration

den Aufstieg des Bürgertums zwar kurzfristig aufgehalten, nicht jedoch wirksam verhindert hatte. Dieser Aufstieg erschien somit plötzlich — jenseits des Widerspruchs von Revolution und Restauration, der noch den Gesichtskreis von Hobbes bestimmt hatte — als ein übermächtiger Prozeß, der mit gleichsam naturgesetzlicher Notwendigkeit im Vormarsch war, ungeachtet aller Gegenkräfte, durch die er äußerstenfalls nur vorübergehend gestaut oder in die Latenz verdrängt werden konnte. Die »Glorious Revolution«, so schreibt Jürgen Habermas, »bezieht ihren Sinn als eine Art naturgeschichtliche Umwälzung ohne menschliche Willkür und Gewalt gerade aus dem definitiven Gegensatz zur Great Rebellion des Königsmordes und des Bürgerkriegs vorangegangener Jahrzehnte«.[11] Das Zeitalter besaß ein Grunderlebnis, das sich — jedenfalls im englisch bestimmten Bereich — als *Glaube an die evolutionäre Selbstdurchsetzungskraft des Fortschritts* bis in die Basisvorstellungen der amerikanischen Unabhängigkeitserklärung hinein fortsetzen konnte und das allgemein dem »geschichtsphilosophischen« Selbstverständnis der Sozialtheorie den Weg ebnete. Die »bürgerliche Gesellschaft« war, so glaubte man nun zu sehen, kein bloßes Ideal mit ausschließlich rechtsphilosophisch-ethischer Verbindlichkeit, sondern das der geschichtlichen Bewegung selbst eingezeichnete Ziel der menschlichen Entwicklung. Die »natürliche Ordnung« konnte, so schien es nun, in den »Kategorien der Bewegungsgesetze dieser civil society, der société civile selbst begriffen werden«.[12] Fortschritt und Notwendigkeit konvergierten. Die bürgerliche Fortschrittsidee hatte eine Möglichkeit erhalten, sich als Theorie der sozialen Bewegungsgesetze auf eben derjenigen Verwissenschaftlichungsebene zu etablieren, die sich Hobbes erschlossen hatte und die den durch die Entwicklung der modernen Naturwissenschaften geprägten zeitgenössischen Erwartungsstandards entsprach.

Wesentliche Elemente des geschichtsphilosophisch angelegten Theoriemodells waren schon im Raum der christlichen Theologie auf einer von Augustin über *Joachim von Floris* (1131 - 1202) bis zu *J. B. Bossuet* (1627 - 1704) hin reichenden Linie vorentworfen worden. »Die christliche Geschichtsdeutung richtet«, wie sich bei Nachverfolgung dieser Linie zeigt, insgesamt »ihren Blick auf die Zukunft als den zeitlichen Horizont eines bestimmten Zieles und einer letzten Erfüllung. Alle modernen Versuche, die Geschichte als ein sinnvoll gerichtetes Fortschreiten auf eine innerweltliche Erfüllung hin darzustellen, gründen in diesem theologischen, heilsgeschichtlichen Schema.«[13]

Im Bereich der Theologie war allerdings immer vorausgesetzt worden, daß sich in der Gerichtetheit des geschichtlichen Ablaufs das Walten göttlicher Vorsehung offenbare. Im Bereich der bürgerlichen »Aufklärung« erfolgte an diesem Punkt des Modells eine Säkularisierung. Zwar stand die neu entstehende Theorie der sozialen Bewegungsgesetze noch insofern fest in der biblisch-christlichen Tradition, als auch hier die gesamte Weltgeschichte als ein einheitlicher und in sich schlüssig aufgebauter Geschehenszusammenhang verstanden wurde, »als eine einzige Linie aufeinander folgender, einander ablösender Kulturen« nämlich, »von den Ägyptern bis zum Europa des 18. Jahrhunderts, Kulturen, die jeweils den Stand des Menschengeschlechts repräsentieren, welches selbst ebenfalls noch als wesenhafte Einheit aufgefaßt« wurde.[14] Auf der anderen Seite versuchten die bürgerlichen Theoretiker des 18. Jahrhunderts jedoch, »diesen Zusammenhang nicht mehr als einen theologischen, sondern als einen ›natürlichen‹ zu begreifen. Es ist die in allen Menschen anwesende *Natur des Menschen,* deren Entwicklung sich in der Geschichte vollzieht und auf die alle geschichtlichen Phänomene reduziert werden müssen, um verstanden werden zu können. Mit dem Begriff der Natur soll« nunmehr »der geschichtliche Zusammenhang auf eine Weise interpretiert werden, die ihn zu einem prinzipiell sinnvollen und darum *erforschbaren* Zusammenhang werden läßt«.[15] Der »geheime Mechanismus«, der den »Plan der Natur« steuere, lasse sich, so meinte z. B. Kant, durchschauen, sofern die Geschichtsphilosophie nur die geeigneten Mittel der empirischen Analyse entwickle, Mittel, wie sie insbesondere die naturwissenschaftliche »Himmelsbeobachtung« schon aufgewiesen habe.[16] Im wesentlichen war es Sir *Isaac Newton* (1643 - 1727), dessen geniale Fähigkeit der Reduzierung komplex erscheinender Naturphänomene auf einfache Elementargesetzmäßigkeiten den Baumeistern des neuen geschichtsphilosophischen Theoriemodells dabei die Hoffnung vermittelte, auch die Zusammenhänge der menschlichen Welt auf nur wenige elementare Gesetze oder gar auf das einzige Universalgesetz einer »physique sociale« zurückführen zu können.

Zu den Merkmalen des neuen Theoriemodells gehört auch das völlige Abgehen von der alten naturrechtlichen Ableitung bestehender nichtbürgerlicher Herrschaftsinstitutionen aus Vernunftsentschlüssen früherer Menschheitsgenerationen. Wenn nunmehr die gesamte Geschichte als ein mehr oder weniger kontinuierlicher Prozeß der Entwicklung des Menschen verstanden wurde, dann bedeutete das gleichzeitig, daß man sich mit zunehmendem Eindringen in die Vergangenheit immer mehr den noch kindlichen und unreifen Anfangszuständen des Menschen näherte. Von daher gesehen erschienen diejenigen Herrschaftseinrichtungen, welche den sozialen und politischen Entfaltungsprozeß des Bürgertums hemmten, weder als Ergebnisse eines Machtmißbrauchs der Herrschenden noch, wie bei Hobbes, als

notwendige Gegenkräfte gegenüber der asozialen menschlichen Natur. Vielmehr erschienen sie als Relikte früherer Entwicklungszustände des Menschen, der nunmehr weltgeschichtlich gesehen ins Erwachsenenstadium eintrat, d. h. zunehmend die Fähigkeit der autonomen Selbstgestaltung entwickelte und daher solche Institutionen künftig entbehren zu können glaubte.
Die geschichtsphilosophische Position wurde in einer für die Soziologie belangvollen Weise in England nach John Locke insbesondere von Männern wie *David Hume* (1711 - 1776), *Joseph Priestley* (1733 - 1804), *Edward Gibbon* (1737 - 1794), *Adam Ferguson* (1723 - 1816), *Adam Smith* (1723 - 1790) und *John Millar* (1735 - 1801) vertreten. Allen diesen Denkern war das aus dem historischen Grunderlebnis des englischen 17. Jahrhunderts herauswachsende Vertrauen in die evolutionäre Selbstdurchsetzungskraft des Fortschritts gemeinsam, das, wie wir nachher noch sehen werden, für die »Aufklärung« im ganzen keineswegs typisch war. Keiner von ihnen glaubte, seinen Zeitgenossen irgendwelche härteren Eingriffe in den gegebenen Trend der Dinge empfehlen zu müssen. »Die englische Verfassung stellte die Nation zufrieden, und die bestehenden Mißstände, die uns heutzutage als unerträglich erscheinen würden, reichten nicht aus, um die Leidenschaften in Richtung möglicher Reformen aufzuwühlen.«[17] Grundsätzlich war man optimistisch gestimmt und erwartete von der Zukunft — gleichsam in einem »organischen naturhaften Wachstumsprozeß«[18] — eine kontinuierliche Weiterentwicklung. Im wesentlichen war man deshalb auch in politischen Dingen liberalistisch eingestellt.
Weniger einig war man sich im Hinblick auf die Beschaffenheit derjenigen Grundkategorien, von denen man auszugehen hatte, um die gesuchten elementaren Gesetze der gesellschaftlichen Bewegung aufzufinden. Es gab, um mit Sombart zu sprechen, im England des 18. Jahrhunderts eine »geographische«, eine »technisch-ökonomische« und eine »psychologische« Gesellschaftstheorie, d. h. den Versuch, die Entwicklung des Menschen und seiner gesellschaftlichen Einrichtungen — damit gleichzeitig auch die beim Vergleich zwischen verschiedenen Völkern ins Auge fallenden Unterschiede — durch die Einwirkung äußerer geographischer Faktoren, durch den Einfluß der jeweiligen Arbeitsformen und -techniken oder auch durch die Entfaltung so oder so gearteter Triebstrukturen zu erklären.
Sehr typisch und wesentlich erscheinen innerhalb des ausgedehnten Schrifttums insbesondere zwei Werke: Fergusons »Essay on

the History of Civil Society« von 1767 und Adam Smiths »Inquiry into the Nature and Causes of the Wealth of Nations« von 1776. Ferguson beginnt mit einer Darstellung der »Grundzüge der menschlichen Natur« und des »Naturzustandes«, d. h. mit genau demjenigen Schema der »natürlichen« Entwicklungsgeschichte des Menschen, das wir bereits kennen. Es folgt konsequent eine Darstellung der großen Menschheitsepochen, die von der »Wildheit« und »Barbarei« bis zur modernen bürgerlichen Gesellschaft reichen. Die geographischen Bedingungen, wie auch die Entwicklung der Wirtschafts-, insbesondere der Eigentumsverhältnisse, der Kunstfertigkeit und der Arbeitsteilung werden zur Erklärung mit herangezogen. Berühmt ist das kurze Kapitel »Über die Unterordnung als Folge der Teilung der Künste und Berufe«, in dem das Thema der sozialen Schichtung, ähnlich wie schon kurz vorher bei John Millar, im Sinne einer funktionalistischen Schichtungstheorie angegangen wird.

Smiths etwas später erschienenes Werk baut auf derselben Grundlage eines ethisch gebundenen Individualismus und Liberalismus auf. Schon in seiner »Theory of Moral Sentiments« von 1759 hatte er sich allerdings die Voraussetzungen für ein noch wesentlich weiter gehendes Vertrauen in die evolutionäre Selbstdurchsetzungskraft des Fortschritts geschaffen. Dieser Theorie zufolge, die insbesondere von Shaftesbury, Hutcheson und Hume beeinflußt war, sollten die für die gesellschaftliche Gesamtentwicklung erforderlichen bürgerlichen Tugenden zur natürlichen Antriebsausstattung des Menschen gehören. Jeder normale Mensch, so hatte es in der »Theory of Moral Sentiments« geheißen, besitzt die natürliche Bereitschaft, mit der Verfolgung seines Eigeninteresses ein fundamentales Mitgefühl mit den Empfindungen anderer zu verbinden. Eigennutz und Sympathie tendieren da, wo der einzelne von äußeren Herrschaftsregulativen entbunden wird, zu einer Synthese. Die Tugend als Korrektiv individueller Enthemmung ist dem zu unbevormundetem Handeln freigesetzten Menschen immanent. Die Verfolgung des individuellen Eigeninteresses läuft so per Saldo auf die Förderung des gesamtgesellschaftlichen Interesses hinaus (»private vices make public benefits« sagt in ganz ähnlichem Sinne schon Bernard de Mandeville in seiner 1714 erschienenen »Fable of the Bees«). Im Menschen selbst sind angesichts der wohltätigen Vorsorge einer göttlich-natürlichen »invisible hand« alle Voraussetzungen für eine harmonische soziale Ordnung angelegt. Der im einzelnen wirksame Antrieb, seine eigene Lage zu verbessern, ist Triebkraft des Fortschritts der Gesellschaft im Ganzen. In der »Inquiry into the Nature and the Causes of the Wealth of Nations« werden diese anthropologisch-psychologischen Prämissen nun in die direkte Analyse der gesellschaftlichen Entwicklung und der in ihr auffindbaren Gesetzesmechanismen übertragen. Der Antrieb, seine eigene Lage zu verbessern, tritt dabei, historisch gesehen, insbesondere als Neigung zum Tausch in Erscheinung, aus dem sich wiederum die Entwicklung der gesellschaftlichen Arbeitsteilung ableitet. Die Arbeitsteilung — die wesentliche Voraussetzung des gesellschaftlichen Wohlstands — entwickelt einerseits eine immanente Fortschrittsdynamik und trägt andererseits zur Entstehung weiterer sozialer Institutionen bei, die die Gesamtbewegung vorantreiben. So läßt sie das Geld entstehen, das seinerseits die Basis für eine progressive Ausbildung des Spartriebs und damit der Kapitalbildung darstellt, die ihrerseits wiederum fördernd in die weitere Entfaltung der produktiven sozialen Fähigkeiten und Einrichtungen eingreift. Mit der Arbeitsteilung und dem Kapital entwickelt sich der Markt als Zentralinstitution des gesellschaftlichen Tauschverkehrs. Das harmonische Zusammenspiel der individuellen Interessenstrebungen kommt, nach Smith, insbesondere an dem vom Bürgertum erstrebten »freien« Markt in einer geradezu idealen Weise zum Ausdruck. In der natürlichen Bewegung des Preises, der sich für Güter und Kapitalien am freien Markt bildet, vollzieht sich nämlich eine automatische Ausbalancierung von Angebot und Nachfrage. Der freie Markt vermittelt in seinen völlig ungesteuerten Bewegungen somit eine in qualitativer und quantitativer Hinsicht exakte gegenseitige Abstimmung zwischen den Interessen und Bedürfnissen der Individuen. Der »natürliche Preis« reguliert von daher als eine absolut herrschaftsfreie Instanz auch die Verteilung der produktiven Energien der Gesellschaft auf die einzelnen Felder wirtschaftlicher Aktivität. Gleichermaßen reguliert er die Bevölkerungsgröße. Denn wenn die Nachfrage nach Arbeitskraft und damit der Preis für die Arbeitskraft, der Lohn, steigen, werden die arbeitenden Schichten im vergrößerten Ausmaß zur Familiengründung und zur Erzeugung von Nachwuchs befähigt. Dasselbe gilt, nach Smith, auch für die umgekehrte Richtung. Smith sieht nicht, daß »die gesellschaftliche Nachfrage ... nicht notwendigerweise mit dem gesellschaftlichen Nutzen übereinzustimmen« braucht.[19] Er blickt großzügig über die von Malthus nachdrücklich erörterte Möglichkeit hinweg, daß unter den von ihm vorausgesetzten sozialen Bedingungen eine Anpassung des Arbeitskraftangebots nach unten unter Umständen nur über eine durch Krankheit und Hunger bedingte Verkürzung der individuellen Lebensdauer erfolgen kann. Es stört ihn auch nicht, daß in der auf dem Prinzip der Autoharmonie der individuellen Interessenstrebungen aufbauenden herrschaftsfreien civil society im ganzen die historisch gewachsenen Unterschiede zwischen Besitzenden und Besitzlosen weiterbestehen. So kann er festhalten, daß das Resultat seiner gesamtgesellschaftlichen Analyse die Bestätigung seiner anthropologisch-psychologischen Prämissen ist, daß also die Untersuchung der im gesellschaftlichen Entwicklungsvorgang wirkenden Gesetzlichkeiten den Glauben an die im einzelnen Menschen selbst angelegte evolutionäre Selbstdurchsetzungskraft des Fortschritts voll bestätigt. Die sich im Zeichen der fortschreitenden bürgerlichen Emanzipation verwirklichende civil society ist für ihn die beste aller nur denkbaren Gesellschaften. Der faktisch schon geschehende Fortschritt ist der einzige, der realistischerweise erhofft und angestrebt werden kann. Der theoretisch abgeklärte und abgesicherte bürgerliche common sense steht sowohl jenseits des ancien régime wie auch jenseits des Sozialismus und aller sozialen Utopik. »Laissez faire, laissez aller« ist die praktische Konsequenz, die das Bürgertum aus der »geschichtsphilosophischen« Selbstverständigung in Übereinstimmung mit der englischen Geschichtserfahrung und mit seinen eigenen in den Auseinandersetzungen mit der absolutistischen Obrigkeit ausformulierten Grundimpulsen zieht.

Krisenbewußtsein und Revolutionserwartung (Frankreich)

Ungeachtet der Übereinstimmungen, die hinsichtlich der wesentlichen Grundmerkmale des »geschichtsphilosophischen« Theoriemodells bestehen, weist die Entwicklung, die sich im selben Zeitraum auf dem europäischen Kontinent und insbesondere in Frankreich vollzieht, beträchtliche Unterschiede zu England auf. Dies gilt sowohl für die theoretische Reflexion als auch für die gesellschaftlichen Verhältnisse. Zwar hatte auch im west- und mitteleuropäischen Festlandsbereich das Bürgertum eine starke kulturelle und wirtschaftliche Entwicklung erlebt. Seine Stellung gegenüber der absoluten Monarchie war jedoch im allgemeinen viel schwächer, teilweise auch konflikt- und spannungsgeladener. Hippolyte Taine hat bei seinem Versuch, die französische Revolution zu erklären, insbesondere auf die starke soziale Entfremdung hingewiesen, die sich während des 18. Jahrhunderts zwischen der adligen Führungsschicht und den übrigen Bevölkerungsteilen ergab. Der Hof von Versailles demonstrierte einerseits den Erfolg der Bemühungen der französischen Könige, die Adelselite des Landes aus ihren dezentralen Funktionsbereichen abzuziehen und damit ihre ständisch-feudal begründete Herrschaftsposition zu neutralisieren. Er demonstriert aber auch den großen Preis, der für diese Umstrukturierung gezahlt werden mußte: den Aufbau eines unerhört kostspieligen kompensatorischen Befriedigungssystems, das dem entmachteten Adel das Leben im Umkreis des Herrschers begehrenswert erscheinen lassen sollte, die Ermöglichung einer von Luxus, Lust und repräsentativem Müßiggang gekennzeichneten Ausnahmeexistenz von geschichtlich einmaligem »Pomp«.[20] Mit der strahlenden Lustkultur der höfischen Welt von Versailles, die — als Großherrschaftssymbol — von vielen großen und kleinen Potentaten im übrigen kontinentalen Europa kopiert wurde, wurde jedoch eine Selbstdarstellung der Herrschaft gegenüber der übrigen Gesellschaft herbeigeführt, welche die faktisch bestehenden Distanzen der Verfügung über Güter und Rechte eher unterstrich als verkleinerte. Der Kontrast zu der weithin bestehenden Armut wurde ins Riesenhafte gesteigert. Gleichzeitig trugen viele weitere Einzelereignisse dazu bei, die Stellung des »ancien régime« zu erschüttern. »Die Kriege der vierziger/fünfziger Jahre, das sich vergrößernde Defizit der Staatskasse, der Widerstand der Provinzen, des Adels und des Klerus gegen die Steuerpolitik Machaults, der Streit der Krone mit den Parlamenten und deren große Remonstrance* von 1753, die Verbannung und die triumphale Wiederkehr des Pariser Parlaments — dies, um nur einiges Wichtige zu nennen, in Verbindung mit einer Reihe von Skandalen, mit der Korruption in Verwaltung und Justiz, hat das Ansehen und die Autorität des Staates stark erschüttert. Die Opposition, getragen von der frondierenden Aristokratie, dem Amtsadel und dem nach sozialer Geltung und politischer Gleich-

* Die französischen *Parlamente* entschieden über die juristische Gültigkeit der vom König erlassenen Gesetze, d. h. über deren Anwendung. Ihr Machtzuwachs bedeutete zunächst eine Entwicklung vom Königtum weg, wirkte sich aber später — gegenüber den absolutistischen Reformbestrebungen — reaktionär aus. Die *Remonstranzen* »waren eigentlich Botschaften des Parlaments an die Krone im Stile der Parlamentsadressen der späteren Volksvertretungen«. Vgl. E. W. *Eschmann:* Die Führungsschichten Frankreichs, Berlin 1943, S. 162 ff.

berechtigung strebenden Bürgertum, formiert und versteift sich.«[21] In der zweiten Hälfte des Jahrhunderts beginnt sich in Frankreich ein *Krisenbewußtsein* auszubreiten, das sich zunehmend in die *Erwartung einer großen Revolution* hineinentwikkelt, durch die der Stand und Gang der Dinge gewaltsam und mit elementarer Plötzlichkeit geändert werden.

Verhältnismäßig gemäßigt und in starker Verwandtschaft zum Geist der englischen Aufklärung findet sich dies alles vorbereitet bei einem Denker wie *Montesquieu* (1689 - 1755). Er, der wie alle »Aufklärer« des 18. Jahrhunderts nach der »natürlichen Geschichte« der Menschheit fragt, beschäftigt sich mit großer Subtilität mit den Einflüssen der geographischen und klimatischen Gegebenheiten auf die jeweiligen Volkscharaktere. Er ist deshalb später oft als einer der Väter der geographischen Schule der Soziologie angesprochen worden.[22] Nichtsdestoweniger wird seine Position mit einer derartigen Zuordnung nicht zureichend charakterisiert. Eine seiner Hauptthesen lautet, daß sich das Gewicht der geographisch-klimatischen Bestimmungsmomente mit zunehmender Entwicklungshöhe des Menschen abschwächt, daß sich der Mensch also zunehmend aus der Umklammerung der äußeren Natur emanzipiert und sich in wachsendem Maße durch selbstgeschaffene Institutionen zu gestalten und zu wandeln vermag. In dieser Perspektive ist natürlich der Gedanke einer rationalen Selbstgestaltungspolitik und -wissenschaft mitenthalten. Montesquieu entwickelt ihn in erster Linie im Hinblick auf die politischen Institutionen, wobei er sich darauf konzentriert, Relationen zwischen verschiedenen möglichen Verfassungstypen und den jeweils aus ihnen resultierenden typischen Verhaltensweisen der Menschen aufzustellen. Er vergleicht Despotie, Monarchie, Aristokratie und Republik und stellt fest, daß die auf der Gleichheit aller einzelnen beruhende Republik die günstigste Entwicklung des Gemeinwesens ermöglicht. Montesquieu hat dabei durchaus das Hobbessche Problem, wie ein bellum omnium contra omnes zu vermeiden und ein Minimum gesellschaftlicher Ordnung zu sichern sei, im Auge. Er ist keineswegs so optimistisch wie Adam Smith, diese Frage mit dem Hinweis auf eine bei totaler Liberalisierung sichtbar und wirksam werdende harmonisch ausbalancierte Individualität beantworten zu wollen. Er glaubt vielmehr, daß auch die republikanisch verfaßte Gesellschaft politische Gewalten nötig habe, die allerdings angesichts der Gefahren, welche der Herrschaft von Menschen über Menschen innewohnen, in Entsprechung zu ihren Hauptfunktionen voneinander abgetrennt und in das Verhältnis gegenseitiger Kontrolle gebracht werden sollten.

Mit diesem Gedanken, den er insbesondere in seinem großen Werk »De l'esprit des lois« von 1748 entwickelte, hat sich Montesquieu einen Platz als Klassiker der modernen Demokratietheorie gesichert. Das »geschichtsphilosophische« Theoriemodell der Aufklärung gelangte allerdings mit wesentlich stärkerem Nachdruck bei Denkern

wie *Voltaire* (1694 - 1778) und *R. J. Turgot* (1727 - 1781) zum Ausdruck, die sich Montesquieu durchaus verpflichtet wußten. Insbesondere bei Turgot wird dabei mit der Grundlegung der sogenannten »Drei-Stadien-Theorie« ein dem Modell der »natürlichen Geschichte« folgendes geschichtsphilosophisches Interpretationsschema entwickelt, dessen Nachwirkungen bis an die Schwelle des 20. Jahrhunderts spürbar bleiben. Die Menschheit durchläuft, so besagt diese Theorie, während ihrer Entwicklung drei große Epochen, die sich scharf voneinander absetzen und die — möglicherweise unter revolutionären Umwälzungserscheinungen — über mehr oder weniger schmerzhafte Übergangsstrecken hinweg aufeinanderfolgen: Die theologische Epoche, die metaphysische Epoche und die unmittelbar bevorstehende Epoche des positiven Denkens. »Der Mensch«, so erläutert Hans Freyer diese Theorie, »denkt zunächst personifizierend; er legt göttliche Kräfte und Wesen in die Dinge hinein, um sie zu erklären; Erkennen heißt ihm, die Erscheinungswelt durch Mythen deuten. Er schreitet dann weiter zu einem Denken, das sich metaphysischer Substanz- und Kraftbegriffe bedient; Erkennen heißt ihm nun, ein System aus metaphysischen Allgemeinbegriffen bauen. Er gelangt endlich zur Einsicht in die Grenzen, in die wahren Aufgaben und in die wahre Natur der Erkenntnis und diszipliniert sich zu positiver Wissenschaft. ... Der Fortschritt vom theologischen über das metaphysische zum positiven Denken macht aber den inneren Gehalt der Menschheitsgeschichte aus. Denn alle Bereiche der Kultur werden von den Ideen, die die Menschen beherrschen, mitbestimmt und schichten sich um, wenn diese sich ändern.«[23]
Gegenüber den englischen Konzeptionen der »natürlichen Geschichte« repräsentiert diese »Drei-Stadien-Theorie« nun einen dezidiert *kontinentalen Typus*, der die vorhin charakteristische Realsituation des festländischen Europas im 18. Jahrhundert widerspiegelt. Wo die englischen Konzeptionen evolutionär sind und die Vorstellung des allmählichen und gewissermaßen stufenlosen Wandels kultivieren, da taucht hier nun die ausdrückliche Vorstellung einer über Krisenschwellen hinweg erfolgenden und Zerstörungen älterer sozialkultureller Bestände einschließenden Veränderung auf. In dieser Theorienkonzeption des zeitweiligen Finanzministers Ludwigs XVI. findet das vor allem in Frankreich ausgeprägte zeitgenössische Gefühl, vor einer großen, bis an die Wurzeln der Gesellschaft greifenden Revolution zu stehen, seinen Niederschlag. Unabhängig davon, daß Turgot selbst reformerisch eingestellt war und eine konstitutionelle Monarchie befürwortete, ist hier das »ancien régime«, die im Pomp von Versailles gipfelnde Pyramide des absolutistischen Herrschaftssystems, prinzipiell und aus der Perspektive weltgeschichtlicher Nemesis heraus in Frage gestellt. Die unerbittliche Härte, mit der später die Französische Revolution mit den Repräsentationen des alten Regimes ins Gericht ging, wird hier bereits geschichtsphilosophisch begründet und vorbereitet.

Die aggressive Stoßkraft der französischen Aufklärung gelangt am eindeutigsten in den Schriften der sogenannten *»Enzyklopä-*

disten« zum Ausdruck, eines vorrevolutionären Intellektuellenzirkels, dem auch Montesquieu, Voltaire und Turgot lose verbunden waren. Zu nennen sind hier in erster Linie die beiden Herausgeber der »Encyclopédie«, *Denis Diderot* (1713 - 1784) und *Jean d'Alembert* (1717 - 1783). Daneben aber auch noch *C. A. Helvétius* (1715 - 1771), *J. O. de Lamettrie* (1709 - 1751), *d'Holbach* (1723 - 1789) und *Condorcet* (1743 - 1794).
Es ist natürlich nicht leicht, für eine derart große Gruppe von Denkern unter Absehung von allen individuellen Besonderheiten eine einheitliche Standortsignatur formulieren zu wollen. Einiges läßt sich jedoch in dieser Richtung verhältnismäßig problemlos feststellen. Sie neigen alle zu einem positivistisch-erfahrungswissenschaftlichen Standpunkt, für den »Begriffe ... Bezeichnungen für klassenmäßig zusammengefaßte Erfahrungstatsachen« sind.[24] Sie glauben, die »physique sociale« ebenso betreiben zu können, wie Chemie oder eine andere exakte Naturwissenschaft betrieben wird. Gesellschaftliche Prozesse können, so meinen sie, genauso beobachtet, gemessen und experimentell erschlossen werden wie irgendwelche Prozesse im Bereich der außermenschlichen Natur. Dieser methodologische Positivismus setzt sich bei der Mehrzahl der Enzyklopädisten nun allerdings in einen inhaltlichen Materialismus fort, der den Menschen auch substantiell auf außermenschliche Natur reduzieren und von daher in seinen Handlungen erklärbar machen will. Diese Tendenz kommt besonders drastisch in »L'homme machine« von Lamettrie (1747) zum Ausdruck. Hier wird »die Mechanistik der Maschinentheorie Descartes' ... auf den Menschen« übertragen.[25] Konsequenterweise wird jeglicher Wesensunterschied zwischen dem Menschen und dem Tier verneint. Die empirisch bestehenden weiten Abstände zwischen dem in der Kultur lebenden Menschen und dem naturverfallenen Tier werden allein auf den Einfluß der Erziehung zurückgeführt. Wendet man diesen Materialismus nach vorn, in Richtung auf die Weiterentwicklung des Menschen, dann setzt er einen unbeschränkten aktivistisch-pädagogischen Fortschrittsoptimismus frei.[26] Der Glaube an die Allmacht der Erziehung führt zu der Folgerung, daß die empirisch gegebenen Unterschiede zwischen den Menschen nur auf die ungleiche Gunst der historisch-sozialen Verhältnisse zurückzuführen seien und daß sich somit ein Programm der Gleichheit aller Menschen nur über diese Verhältnisse hinwegzusetzen habe, um sich zu verwirklichen. Die Enzyklopädisten vertreten diesen Standpunkt mit dem größten Nachdruck. Sie neigen aber

darüber hinaus auch zu der Auffassung, daß der Mensch ganz unabhängig von der sozialen Verallgemeinerung bereits erreichter Spitzenniveaus zu einer unabsehbaren Weiterentwicklung befähigt sei. Auch diese Weiterentwicklung sei, so meinen sie, durch die Schaffung der geeigneten pädagogisch-institutionellen Arrangements zu bewerkstelligen oder doch zumindest stark zu beeinflussen.

Es ist schon an dieser letzten Standortsangabe ohne weiteres ableitbar, daß die Enzyklopädisten dem »ancien régime« und seinen nachdrücklichen Selbstbehauptungstendenzen voller Ungeduld und mit Feindschaft gegenüberstehen. Ihnen fehlt der optimistische Glaube der Engländer an die Selbstdurchsetzungskraft des Fortschritts. Für sie gibt es vielmehr gewaltige Spielräume der Fortschrittsgeschwindigkeit, die sich aus der Beschaffenheit und Wirkungsweise der gesellschaftlichen Institutionen ableiten, deren Wandel aber selbst keiner eindeutig gesicherten Fortschrittsautomatik unterliegt. Für sie rückt somit der Gedanke des Eingriffs in das Geschehen, der Wahrnehmung von »Geburtshelferfunktionen« zugunsten des Fortschritts, in den Vordergrund des Interesses. Sie sind an der Revolution aus tiefster Überzeugung von ihrer geschichtlichen Notwendigkeit engagiert. Das »geschichtsphilosophische« Theoriemodell wird hier aktivistisch-voluntaristisch aufgeladen und mit der Vision humaner Sozialtechnik verknüpft. Nach wie vor enthüllt zwar das Studium der Gesellschaftsgeschichte den Fortschrittskurs, den die Menschheit bisher genommen hat und der für sie im Hinblick auf die Zukunft vorentworfen ist. Zu dieser Art von Theorie muß jedoch eine spezifisch fortschrittsorientierte Praxis kommen. Praxis verifiziert Theorie — diese Position ist hier bereits vorformuliert.

Die Vorstellung von der Ungarantiertheit des Fortschritts durch die empirischen Verhältnisse gelangt in noch wesentlich zugespitzterer Form bei *Jean-Jacques Rousseau* (1712 - 1778) zum Ausdruck, der in seiner Preisschrift von 1750 die Frage nach der Fortschrittlichkeit der gegebenen Kulturverhältnisse nicht nur verneint, sondern darüber hinaus geradezu eine »Theorie des geschichtlichen Rückschritts«[27] entwickelt. Auch in Rousseaus Denken korrespondiert mit dieser Vorstellung der Glaube an die Erziehungsbedürftigkeit und prinzipielle Erziehungsfähigkeit des Menschen. In seinem »Contrat Social« von 1762 zieht er daraus die politische Konsequenz, indem er auf der einen Seite die gewachsenen Herrschaftseinrichtungen zugunsten des Prinzips

der von allen Gesellschaftsmitgliedern gleichermaßen getragenen Volkssouveränität verwirft, indem er andererseits aber gleichzeitig als pädagogisch-institutionsschöpferische Vermittlungsinstanz zwischen das noch unerzogene und das erzogene Volk die »große Seele des Gesetzgebers« einschiebt.[28]
Habermas weist zu Recht daraufhin, daß Rousseau selbst »eine Verfassung nach Grundsätzen des Contrat Social nur bei kleinen Völkern eines primitiven Entwicklungsstandes für möglich« hielt und daß er in dem Augenblick, in dem seine Lehre auf große europäische Nationen übertragen werden sollte, »erst revolutionär interpretiert« werden mußte.[29] Diesen Schritt vollziehen Robespierre und die anderen Führer der französischen Revolution, denen die Frage nach der »Erzeugung einer nicht mehr selbst aus dem Boden eines unverdorbenen Volkes hervorsprießenden Tugend«[30] zur eminent praktischen Frage wird. Ihr Versuch, die aktivistisch-pädagogische Dimension der französischen Geschichtsphilosophie in politische Aktion umzusetzen, sieht sich aber alsbald in eine Situation verzweifelten Ernstes versetzt. Sie »inszenieren Brüderlichkeit und erzeugen revolutionsgerechte Gesinnung ... im Schatten der Guillotine.«[31] Die durch Terror und Manipulation produzierte Tugend markiert denjenigen Punkt, an dem historisch gesehen die Revolutionsbereitschaft der Zeit und die sie reflektierende »Geschichtsphilosophie« französisch-kontinentalen Typs zusammenliefen.

3. KAPITEL

ZWISCHEN FRANZÖSISCHER UND INDUSTRIELLER REVOLUTION

Allgemeine Situationskennzeichnung: im Zeichen des Terrors von 1792

Ebenso wie wir den »englischen« Typus des geschichtsphilosophischen Theoriemodells aus dem Ablauf und den Folgeerscheinungen der »Englischen Revolution« von 1641 und den »kontinentalen« Typus dieses Modells aus der »vorrevolutionären« Lage in großen Gebieten des europäischen Festlandes abgeleitet hatten, müssen wir die nunmehr zu betrachtenden Entwicklungen aus dem Ablauf der französischen Revolution seit 1789 erschließen. Die Revolution wurde von den meisten Zeitgenossen als die entscheidende Praxis der Aufklärung, als Selbstermächtigungsakt des Menschen gegenüber den naturwüchsigen Gewalten des Gewordenen und schlechthin Daseienden interpretiert. Vernunft schien nun gegen das Königsrecht des Faktischen, der Gedanke des Rechts gegen die schlicht hinzunehmende Rechtsrealität, menschliche Freiheit gegen das nur mythologisch reflektierbare Fatum verhängter und vorgegebener Geschichte gestellt. Die Revolution bedeutete, so betrachtet, den Sieg der Ratio über die Wirrnis des Naturwüchsigen, die Emanzipation des Menschen aus den von ihm vorgefundenen Umständen, den Beweis der Entwerfbarkeit der Zukunft aus dem intellektuell-moralischen Selbstverständnis gebildeter einzelner und mündig gewordener Gesamtheiten.

Nun aber kam der *Terror,* und auf den Blütenkranz der Freiheit fiel der Schatten der Guillotine. Daß die »absolute Freiheit und der Schrecken« (Hegel) zusammengehen konnten, wurde zum entscheidenden traumatischen Ereignis für das kontinentale Europa des ausgehenden 18. und des beginnenden 19. Jahrhunderts. Angesichts der Geschehnisse der Revolution überfiel nunmehr die Mehrheit der Beobachter das Gefühl, der Mensch habe mit dem Griff nach der unbeschränkten Selbstmacht an unüberschreitbare letzte Grenzen gerührt und unbeherrschbare Mächte wachgerufen, die nunmehr breit und tobend die Szenerie mit rasendem Eigenleben zu erfüllen begannen. Die Handelnden selbst neigten bald dazu, den Geschehensprozeß als solchen zu personifizieren und ihm eine von allen Intentionen einzelner abgelöste Eigendynamik zuzusprechen. Desmoulins sprach von dem *»torrent révolutionnaire«*, »von dessen gewaltigen Wogen die Handelnden getragen und mitgerissen werden, bis sie, von einer unterirdischen Strömung erfaßt, heruntergezogen werden, um zusammen mit ihren Feinden, den Agenten der Gegenrevolution, unterzugehen.«[32] Auch Robespierre redete von einem »reißenden Strom der Revolution« und einem »Strom fortschreitender Gewalt«, der »mit wachsender Geschwindigkeit in der einmal eingeschlagenen Richtung dahinrase«. Forster sprach von der »Lava der Revolution«, Vergniaud endlich führte das Bild von der Revolution ein, »die wie Saturn ihre eigenen Kinder« frißt.[33]

Hannah Arendt schließt aus diesen und vielen anderen ähnlichen Metaphern, daß die Revolutionäre, »wie trunken sie auch vom Wein der Freiheit theoretisch gewesen sein mochten, ... sich praktisch keine Illusionen darüber machten, daß sie längst aufgehört hatten, in Freiheit zu handeln«.[34] Dieses Selbsterlebnis der handelnden Revolutionäre war aber nun genau derjenige Punkt, an dem diejenigen, die als intellektuelle Beobachter am Geschehen teilnahmen, die theoretische Reflexion einsetzen ließen und einsetzen lassen mußten. Sicherlich, auch ein vorrevolutionärer Denker wie Rousseau hatte bereits von der Gefahr gesprochen, daß das »Volk« als »blinde Menge« in Erscheinung trete, »die meist nicht weiß, was sie will, weil sie selten weiß, was gut für sie ist«.[35] Das Problem schien ihm jedoch — innerhalb des von ihm betrachteten Rahmens — durch die Herstellung einer unmittelbaren Beziehung zwischen dem Volk und dem philosophisch instruierten großen Gesetzgeber gelöst zu sein. Daß »keiner der Mitwirkenden den Gang der Ereignisse in der Hand behielt, daß dieser in einer Richtung verlief, die mit den ursprünglichen Zielen und Zwecken der Handelnden so gut wie nichts mehr zu tun hatte, ja daß diese sich offenbar in allem, was sie nun wirklich taten, der anonym waltenden Kraft des revolutionären Prozesses unterwerfen mußten«,[36] war jedoch eine historisch neuartige Erfahrung, die das Geschichts- und Gesellschaftsdenken des vorrevolutionären Kontinentaleuropas infrage stellen mußte. Zwar hatte man da, wo man dem geschichtsphilosophischen Theoriemodell gefolgt war, vielfach eine innerhalb der Geschichte wirkende und in ihrem Ablauf

zum Ausdruck gelangende »natürliche« Entwicklungsenergie angenommen. Aber man hatte dann gleichzeitig auch immer vorausgesetzt, daß diese Energie auf Vernunftentfaltung hinziele und insofern auch ihre unmittelbare Repräsentanz in den aufgeklärten Trägern vernunftgemäßer Ideen und Handlungsansätze finde. Auch die Revolutionäre der französischen Revolution betrachteten sich als die handelnde Spitze der geschichtsimmanenten Entfaltungstendenzen der Vernunft. Jetzt aber zeigte sich plötzlich, daß eine derart uneingeschränkte Identifikation kaum möglich war, daß die Geschichte gerade in dem Augenblick, in dem man sich in die Rolle des aktiven Vollzugsorgans der in ihr wirksamen Kräfte und Motive begab, ihre eigenen unerwarteten Dimensionen enthüllte. Menschliche Freiheit und geschichtliche Notwendigkeit begannen auseinanderzuklaffen, ja der Begriff der geschichtlichen Notwendigkeit selbst erhielt eine neue Färbung. Notwendigkeit war nun nicht mehr mit der früheren Selbstverständlichkeit dasjenige, was sich auf dem Wege der gebildeten aufgeklärten Einsicht als das Wahre und Vernünftige erschließen ließ. Vielmehr begann sich die Erfahrung der geschichtlichen Notwendigkeit mit einem Gefühl menschlicher Ohnmacht übermächtigen Elementargewalten gegenüber zu verbinden, deren Ratio nur schwer zu entschlüsseln war.
Die Entwicklung der Soziologie gerät unter dem Eindruck dieser Lage nun gewissermaßen in eine Art Zwischenzone hinein, die sich im wesentlichen durch den Versuch der Vermittlung mit der neuen Notwendigkeitserfahrung charakterisiert. Dieser Versuch führt, wie wir jetzt schon sagen können, erst in der zweiten Hälfte des 19. Jahrhunderts und unter Bezugnahme auf die industrielle Revolution zur Entstehung eines neuen Theoriemodells, das dieselbe Prägnanz und Durchschlagskraft entfaltet wie das geschichtsphilosophische.

Sozialwissenschaftliche Konterrevolution

Zunächst aber stellt sich nun, wenn man an die Entwicklung in England denkt, die Frage, ob sich nach 1792 eine ähnliche Reaktion herausbildete wie nach 1649. In der Tat war den »ultramontanen Konterrevolutionären und der traditionalistischen Rechten ... die Französische Revolution eine Widerlegung der eigentlichen Revolutionsidee. Sie hatte« in ihren Augen »bewiesen, daß die Gesellschaft nicht durch Menschenverstand aus dem Fluß der Geschichte herausgehoben und ihrer endgültigen Bestimmung entzogen werden kann. Der Versuch, Vernunft gegen Geschichte zu setzen und zu beweisen, daß nicht das Geschichtliche, sondern das Vernunftgemäße das Natürliche sei, hat«, so stellen sie fest, »in Chaos und Unheil geendet. Anarchie, Tyrannei, Terror und ungesetzliche Regierungen haben«, so meinen sie, »die Hoffnung, der Mensch könne sein eigener Gesetzgeber, das alleinige und letzte Kriterium für Gut und Böse sein, Lügen gestraft; ebenso den Glauben, die autonome individuelle Vernunft sei fähig, anstatt Chaos zu gebären, ein System sozialer Harmonie von ausschließlicher und definitiver Gültigkeit zu errichten«.[37]

Eine gemäßigt konservative englische Stimme erhebt sich zunächst in *Edmund Burke* (1729 - 1797), der sich mit der Französischen Revolution in seinen »Reflections on the Revolution in France« von 1790 auseinandersetzt. Im Grunde genommen ist es der durchaus selbst »aufklärerische« englische Glaube an die evolutionäre Selbstdurchsetzungskraft des Fortschritts, der sich hier direkt mit dem französisch-kontinentalen Entwicklungsstrang der Aufklärung konfrontiert. Allerdings gerät diese Konfrontation, da sie an den Entgleisungsphänomenen der Revolution ansetzt, derart polemisch, daß sie ohne weiteres von den originären Konservativen des Kontinents adoptiert werden kann. Burke wendet sich mit heftiger Abwehr gegen den französischen Sprung nach vorn, gegen den ihm wahnwitzig erscheinenden Versuch, der geschichtlichen Eigenentwicklung in die Speichen greifen und sie in einen rein vernunftentworfenen Bewegungsmodus versetzen zu wollen. Die an diesem Spiel beteiligten Intellektuellen seien, so meint er, im Grunde genommen völlig unfähig, mit ihren verhältnismäßig einfach gehaltenen Theoremen der Komplexität des Menschen und der Gesellschaft gerecht zu werden und eine wirkliche Sozialwissenschaft zu entwickeln. »Hominem non sapiunt«, so schreibt er, sie kennen den Menschen nicht. Ein »bißchen flache Metaphysik«, »ein bißchen schlechte Geometrie« . . . »und eine falsche arithmetische Proportionalität sollen«, meint er, »in der Verfassung des Naturrechtsstaates das Problem der Sozialität des Menschen lösen«.[38]

Auf dem Kontinent entwickelt sich in Reaktion auf die Französische Revolution verschiedentlich ein romantisch orientierter Irrationalismus, der sich als radikal antiaufklärerisch im weitesten Sinne des Wortes versteht. *Joseph-Marie Comte de Maistre* (1753 - 1821) führt die Tatsache, daß die Revolution ihre Kinder gefressen hat, auf das Strafgericht des rächenden Gottes zurück. Für ihn sind alle negativen Erscheinungen der Welt einschließlich des Krieges nichts anderes als »Abrechnung Gottes mit der schuldbeladenen Menschheit«.[39] Und der Mensch braucht, wie er meint, auch eine derartige dauernde Geißel, denn Ungerechtigkeit, Gewalttätigkeit und Mord gehören zum Wesen des Menschen. Die Institution des Henkers signalisiert ihm sowohl die Eigenart des menschlichen Wesens als auch die Stellung des Menschen zu Gott. Ohne den Henker, so meint er, »würden alle Dämme, die die Wasserfluten der großen Tiefe zurückhalten, reißen«.[40] In der Tat ist hier eine »Rückkehr zu Hobbes« im Gange, die im Grunde noch weit über Hobbes hinausführt. Es ist angesichts des Vorstehenden eigentlich schon klar, daß de Maistre nichts von einer Emanzipation des Einzelmenschen aus bestehenden institutionellen Bindungen halten kann. Je stärker der einzelne zum ungehinderten Gebrauch seiner individuellen Vernunft freigesetzt wird, desto chaotischer und konfliktbelasteter entwickeln sich, so meint er, die gesellschaftlichen Verhältnisse. Vom Henker trennt den einzelnen im wesentlichen nur die Gläubigkeit. Schon seine »Wiege sollte von Dogmen umgeben sein, und wenn seine Vernunft erwacht, sollte er alle Meinungen fertig vorfinden«.[41] Es muß, so folgert de Maistre, eine »Staatsreligion« geben, die vom Schöpfer inspiriert ist und die insofern als »raison universelle et nationale« fungieren kann. Diese Staatsreligion hat keineswegs nur metaphysische, sondern gleichzeitig auch sehr massive soziale Funktionen. Sie soll gesellschaftliche Kohäsion sichern, indem sie den einzelnen ideologisch in die Welt der historisch gewachsenen nationalen Institutionen rückbindet und ihn gleichzeitig auf die großen und göttlich inspirierten schöpferischen Führer verpflichtet, die der Geschichte der Nationen ab und zu neue Impulse einhauchen. Jede Spontaneität kleinerer Geister ist vom Übel und muß möglichst schon im Keim erstickt werden. »Nichts ist wichtiger als eine Zensur über Bücher und vor allem über die Presse.«[42]

Ähnlich ist der Standpunkt von *Louis-Ambroise Vicomte de Bonald* (1754 - 1840). Auch er beruft sich auf eine universelle gesellschaftliche Vernunft, die in den historisch vermittelten Institutionen zur Geltung gelangt. Bonald liebt es, diese geschichts- und institutionen-immanente Vernunft mit dem Begriff der »volonté générale« anzusprechen und in diesem Zusammenhang

Rousseau zu zitieren. Ebenso wie bei de Maistre wird jedoch diese Vernunft religiös interpretiert und mit dem im wesentlichen auf Erhaltung gerichteten Willen Gottes gleichgesetzt. Bonald greift zwar auch den zeitgenössischen Fortschrittsbegriff auf, der jedoch, wie Spaemann ausführt, zum Fortschrittsbegriff der Aufklärung »in einem dialektischen Verhältnis« steht.[43] Fortschritt ist für ihn nämlich letztlich nichts anderes als die stete Annäherung an den auf Erhaltung gerichteten Willen Gottes, der durch die auf der Offenbarung aufruhenden Religion kundgetan wird. Die praktisch-politischen Konsequenzen, die er aus seiner Lehre zieht, liegen ganz ähnlich wie bei de Maistre. Er war von 1827 bis 1833, aufgrund einer Ernennung durch Karl X., Präsident der obersten französischen Zensurbehörde.

Fortschritt und Ordnung: Versuche zu einer Synthese

Es ist nun für die Tiefe des Einschnitts, den der revolutionäre Terror bedeutete, kennzeichnend, daß die Auffassungen dezidierter Konterrevolutionäre wie de Maistre und de Bonald auch in den Bereich der nachrevolutionären Aufklärung selbst überfließen konnten. Wir finden im Frankreich des beginnenden 19. Jahrhunderts einige markante und für die weitere Entwicklung der Soziologie höchst wichtige Positionen, die sich gerade dadurch charakterisieren, daß sie die Substanz des vorrevolutionären Fortschrittsdenkens mit dem von den Konservativen entworfenen Bild des ordnungsbedürftigen empirischen Menschen zu verbinden und zur Synthese zu bringen versuchen.
An erster Stelle ist hier *Claude Henri de Rouvroy, Comte de Saint-Simon* (1760 - 1825) zu nennen.[44] Saint-Simon konzipiert den Fortschritt szientifisch-industrialistisch, wie dies bei den Enzyklopädisten, vor allem bei Condorcet, schon vorgebildet ist. Er greift das Drei-Stadien-Gesetz Turgots auf und interpretiert die Geschichte als einen kumulativen »Fortschritt zu wissenschaftlicher Präzision, Gewißheit und der Herrschaft positiver Werte im Leben der Gesellschaft«[45], die auf die Förderung des gesellschaftlich Produktiven und Nützlichen ausgerichtet sein sollen. Auch bei ihm durchläuft die Menschheit in ihrer Entwicklung eine theologische, eine metaphysische und eine positive Epoche, die er zugleich als »industrielle« Epoche bestimmt.

Saint-Simon verbindet mit diesem Interpretationsschema nun allerdings ein zweites, in dem eine direkte inhaltliche Beeinflussung durch traditionalistische Konterrevolutionäre wie de Maistre und insbesondere de Bonald[46] deutlich sichtbar wird. Die Geschichte vollzieht sich für ihn nämlich gleichermaßen im steten Wechsel von »organischen« und »kritischen« Zeitaltern, d. h. von Zeitaltern, die einerseits von »Integration und Kohäsion«, andererseits von Relativität der Werte und Anschauungen, von Konflikt, Unsicherheit und Anarchie gekennzeichnet werden. Während das Drei-Stadien-Schema ein reines Fortschrittsschema ist, innerhalb dessen jede spätere Stufe zugleich ein höheres Niveau der Entwicklung anzeigt, läßt dieses zweite Schema die Geschichte im Licht der Aufeinanderfolge von positiv gewerteten Verfestigungs- und negativ gewerteten Auflösungsepochen erscheinen. Zusammengedacht ergeben die beiden Schemata ein sehr differenziertes Gesamtbewertungsschema, aus dem sich sowohl im Hinblick auf die Vergangenheit als auch für die Gegenwart ambivalente Stellungnahmen ableiten. Die mittelalterlich-theologische Vergangenheit erscheint nämlich jetzt positiv weil organisch und negativ weil unindustriell. Die Gegenwart erscheint demgegenüber positiv weil industriell und negativ weil kritisch. Die Zukunft soll und wird, Saint-Simon zufolge, demgegenüber industriell und organisch sein und damit alle Negativität der Vergangenheit und Gegenwart von sich abgestreift haben.

Die Vereinigung von Aufklärungsdenken und Konservatismus, die hier vor sich geht, besteht kurz gesagt darin, daß unter dem Eindruck des Schicksals der Revolution in einer für das kontinentale 18. Jahrhundert undenkbaren Weise »Fortschritt« und »Ordnung« zusammengedacht werden. Der Individualismus, der bislang eine der starken Säulen auch des französisch-kontinentalen Aufklärungsdenkens gewesen war, verlischt hier plötzlich zugunsten einer Synthese von Freiheit, Gleichheit und Organisation, die ihr Prinzip in der rational-industriell veranstalteten gesellschaftlichen Wohlfahrt findet. Die Zusammenführung von bürgerlich orientiertem Konservatismus und bürgerlicher Aufklärung erzeugt ein Fortschrittsdenken, das in der Härte und Kühle seiner Konsequenzen bereits postbürgerlich ist.[47] In der Tat ist es nicht mehr der besitzende Bürger, sondern der arbeitsteilig produzierende Arbeiter im weitesten Sinne des Wortes, der hier ins Zentrum rückt. Die Gesellschaft wird als ein von den Notwendigkeiten der modernen Arbeitsorganisation

bestimmtes rationales Funktionengefüge konzipiert, als »System« wenn man so will, in dem jeder einzelne die gleiche Freiheit hat, denjenigen Platz einzunehmen, an dem er seine Fähigkeiten am besten zur Geltung bringen kann, an dem er infolgedessen auch den größten Beitrag zur Gesamtwohlfahrt leistet.
Politik reduziert sich unter diesen Bedingungen zu Verwaltung und zur »Wissenschaft von der Produktion«. Dementsprechend bedarf es zum Vollzug der Politik auch keiner Politiker mehr. Vielmehr sind es (seit den »Lettres d'un habitant de Genève à ses contemporains« von 1803) die Naturwissenschaftler und Mathematiker und Künstler, später auch die Ingenieure und Fabrikanten (kurz alle »Industriellen«), die von Saint-Simon in immer neuen Entwürfen als die berufenen Spitzen der industriell-organischen Gesellschaft deklariert werden. In der im September 1819 erscheinenden ersten Nummer des von ihm herausgegebenen »Organisateur« konzipiert Saint-Simon ein Drei-Kammer-System, dem insbesondere die fortschrittsentscheidenden Funktionen der Erfindung, Testung und Durchführung von Innovationen obliegen sollen.
Saint-Simon hat die Hoffnung, daß vorrangig die Fabrikanten durch den freiwilligen Verzicht auf die Ausbeutung der Ausführenden das ihre zur Entstehung einer fundamentalen Solidarität der »industriellen« Teile der Gesellschaft beitragen werden. Ungeachtet dieser optimistischen Erwartung wird es jedoch insbesondere für den alternden Saint-Simon immer wichtiger, über die »moralischen« Voraussetzungen der gesellschaftlichen Organisation nachzudenken. »Die notwendige moralische Ordnung kann«, so glaubt er zu erkennen, »nur durch eine Reglementierung der Meinungen geschaffen werden, welche das ganze System der Ideen und Gebräuche (bestimmt), das notwendig ist, um die Einzelnen in die soziale Ordnung einzuführen, unter der sie leben müssen.«[48] Unter dem Eindruck dieser ständig dringlicher werdenden Fragestellung verfaßt er sein letztes Werk: »Nouveau Christianisme« (1825). Hier wird in die Konstitution der positiven und organischen Gesellschaft eine »geistliche Macht« eingeführt, die in starker Annäherung an de Maistre und de Bonald nach dem Vorbild der katholischen Kirche gestaltet ist und deren Aufgabe es sein soll, die aus den Sachnotwendigkeiten der sozialen Organisation entspringenden rationalen Verhaltensmaximen in moralische Gebote und Verbote für die nicht oder noch nicht zur autonomen Einsicht in die Notwendigkeit fähige breite Masse umzuformulieren. Saint-Simon

geht hier so weit, die Priesterschaft der katholischen Kirche unmittelbar ins neue System übernehmen zu wollen, wenngleich er sie auf die Prinzipien des szientifisch-industriellen Fortschritts verpflichten und der Anweisungsmacht der »Industriellen« unterstellen will.

Die durch das Schicksal der französischen Revolution aufgeworfene Frage nach dem Umgang mit unerwarteten und eigenmächtigen Dimensionen der gesellschaftlichen Wirklichkeit wird durch den Saint-Simonschen Ansatz nun allerdings nur in abstracto gelöst. Die von ihm entworfene Szientokratie bedeutet ja schließlich zunächst nichts anderes als eine »Idee«. Ihr Verhältnis zur gesellschaftlichen Wirklichkeit ist vorerst offen, die Frage, ob sie diese Wirklichkeit wirklich bestimmen und verändern kann, bleibt ihrer Adoptierung durch eben diese Wirklichkeit selbst überlassen.

An diesem Punkt setzt später die Kritik von Karl Marx und Friedrich Engels an, die Saint-Simon und andere, ähnlich gelagerte Denker wie Noël Babeuf, Louis Blanc, Etienne Cabet, Wilhelm Weitling, Robert Owen und Charles Fourier als »utopische Sozialisten« bezeichnen und disqualifizieren. Um seine Idee zur Macht zu bringen, sieht Saint-Simon selbst keinen anderen Rat, als Zeitschriften zu gründen und Appelle an die Herrschenden und Verfügenden zu formulieren, um sie für die Idee zu begeistern. Dabei übersieht er jedoch, daß sich Frankreich in einer nachrevolutionären Restaurationsepoche befindet und daß insofern auch keinesfalls die für seinen Erfolg vorauszusetzende Ideenoffenheit des gesellschaftlichen Bewußtseins gegeben ist. So bleibt der Gesamtstandort von Saint-Simon in einem seltsamen Zwielicht. Er sieht auf der einen Seite sehr deutlich, daß das aus der vorrevolutionären Zeit überkommene geschichtsphilosophische Theoriemodell genau an dem Punkt, an dem es von der Nachzeichnung der gegebenen Wirklichkeit in den Vorentwurf gesellschaftlicher Möglichkeit übergeht, durch den Verlauf der Revolution desavouiert worden ist, und es ist diese Einsicht, die ihn dazu veranlaßt, die älteren Systeme als metaphysisch und abstrakt-spekulativ zu kritisieren. Er gelangt jedoch nur dazu, gegenüber einer nachrevolutionär-bürgerlichen Gesellschaft, die stark mit vorbürgerlich-restaurativen Zügen ausgestattet ist, den Appell zu einer nicht mehr bürgerlichen Existenz auszusprechen und somit, pointiert ausgedrückt, eine aktivistische Version der Ohnmacht des geschichtsphilosophisch-aufklärerischen Intellekts zu praktizieren.

In der Nachfolge Saint-Simons stoßen wir zunächst auf die Gruppe der »Saint-Simonisten«, die insbesondere die Organisationsentwürfe Saint-Simons weiterzuentwickeln versuchen.[49] Für die Fortentwicklung der Soziologie ist jedoch der getrennt von dieser Gruppe lebende und arbeitende *Auguste Comte* (1798 - 1857), ein zeitweiliger Sekretär und Freund Saint-Simons, von ungleich größerer Bedeutung. Comte wurde schon sehr früh und wird noch heute allgemein als einer der »Väter« der modernen Soziologie angesehen, obgleich er einem Mann wie Saint-Simon gegenüber in vieler Beziehung unoriginell und epigonal ist.

Versuchen wir seine Leistung zu resümieren, dann wollen wir zunächst registrieren, daß er es war, der — gegenüber dem älteren Terminus »physique sociale« — das Wort »Soziologie« einführte. Diese Feststellung ist nicht ironisch gemeint. Denn hinter der Entscheidung für das neue Wort steht die Absetzung von dem Statistiker *Adolphe Quetelet* (1796 - 1874), der in den dreißiger und vierziger Jahren des 19. Jahrhunderts mit großem Nachdruck und beträchtlicher Resonanz in der Öffentlichkeit ähnlich wie John Stuart Mill die Auffassung zu vertreten begann, die »physique sociale« sei eine Wissenschaft, welche die verfügbaren mathematisch-statistischen Methoden auf die menschliche Gesellschaft zu übertragen und in einer ausschließlich empirisch-induktiven Weise nach den Gesetzen des Sozialen zu suchen habe.

Wenn sich Comte — zeitweilig in heftiger Diskussion mit Quetelet und Mill — von dieser Auffassung distanziert, dann tut er das keineswegs mit dem Ziel einer prinzipiellen Absetzung der Sozialwissenschaft von den Naturwissenschaften. Er wendet sich vielmehr mit eben demselben Nachdruck wie Saint-Simon gegen den abstrakt-spekulativen Charakter der »revolutionären Metaphysik« und postuliert einen »Positivismus«, der sich in seinen wissenschaftlichen Aspirationen am »wunderbaren Aufschwung der Naturwissenschaften, insbesondere der Chemie, während der zweiten Hälfte des vorigen Jahrhunderts«[50] orientieren soll. Andererseits aber macht er für das gesellschaftliche Erfahrungs- und Forschungsobjekt gegenüber den Forschungsgegenständen der exakten Naturwissenschaften gewisse Sonderbedingungen geltend, welche die uneingeschränkte Anwendung der exakt-positiven Erfahrungsstrategie (reine Beobachtung und Experiment) verbieten. Für die explizite Methodendiskussion, die Comte hier — wohl erstmalig in der Geschichte der europäischen Soziologie — einsetzen läßt, spielt dabei der Gedanke eine entscheidende Rolle, die »sozialen Tatsachen« seien auf eine außerordentlich komplexe Weise miteinander verknüpft. Alle sozialen Tatsachen, so erklärt er, seien zunächst einmal mit einer Fülle von »gleichzeitigen Erscheinungen« verbunden, im Sinne strukturell-funktionaler Wechselbeziehungen, wie man wohl heute sagen würde. Zweitens seien die sozialen Einzeltatsachen aber auch aus ihrer »Verkettung mit dem vorhergehenden und nachfolgenden Entwicklungszustande der Menschheit« heraus, d. h. also im Kontext historischer Entwicklungsgesetze, zu begreifen.[51] Diese doppelte Verknüpfung erfordere, so folgert er, für jede Einzelbetrachtung ein »Ganzes von Vorkenntnissen«[52] und lasse »jede isolierte, völlig empirische Beobachtung wesentlich müßig und sogar von Grund aus unzuverlässig«[53] erscheinen. Die Soziologie, so folgert er, müsse sich zwar ganz sicherlich im Prinzip ohne grundsätzlichen Vorbehalt am Methodenvorbild der exakten Naturwissenschaften ausrichten. Sie sehe sich jedoch vor dem »circulus vitiosus«, die Beobachtungen und die Gesetze gewissermaßen gleichzeitig schaffen zu müssen[54], d. h. also schon vor dem Ansatz spezieller empirischer Untersuchungen über deren voraussichtliche Ergebnisse zumindest ungefähre Vorstellungen entwickeln zu müssen, die aber nur aus dem Gesamtkontext der miteinander komplex verflochtenen Einzelfakten abgeleitet werden könnten. Wolle die Soziologie nicht von allem Anfang an im Datenwust dieser Fakten ertrinken, dann könne sie also nur den einen Weg gehen, von einer »provisorischen Hypothese« aus zu starten, die sich — im Sinne der Ganzheitserfassung — direkt auf die Beschaffenheit des Kontextes, in welchen die Daten eingebettet sind, richtet. Da dieser Kontext die beiden Dimensionen der zeitlichen Koexistenz und der zeitlichen Sukzession habe, müsse auch seine Analyse diese beiden Dimensionen aufweisen. Comte gelangt hier zur Unterscheidung von sozialer »Statik« (Kontext der zeitlichen Koexistenz) und sozialer »Dynamik« (Kontext der zeitlichen Sukzession) und gewinnt dadurch die Grundlage für die beiden Hauptabschnitte seines soziologischen Systems, das er in den Bänden IV, V und VI seines »Cours de philosophie positive« (1830 - 1842) niederlegt.

Sieht man nun genauer zu, dann erkennt man leicht, daß sich in der Unterscheidung von sozialer Statik und sozialer Dynamik eben dieselbe Vereinigung von konservativen und aufklärerischen Denkelementen abspiegelt, wie wir sie schon bei Saint-

Simon kennengelernt haben. Die soziale Statik ist nämlich mit völliger Eindeutigkeit eine Lehre von den Voraussetzungen gesellschaftlicher »Ordnung«, während die soziale Dynamik eine geschichtlich-vergleichend aufgebaute Lehre vom gesellschaftlichen »Fortschritt« ist.

Was Comte in der ordnungsorientierten »Statik« bringt, erinnert auch inhaltlich sehr stark an die von Hobbes über de Maistre, de Bonald und andere zu Saint-Simon hin führende Entwicklungslinie, wenngleich die Systematik gestrafft wird und zahlreiche neue Details in Erscheinung treten. Auch für ihn ist dauernde Sozialorganisation und -kontrolle erforderlich, um ein notwendiges Minimum an »Consensus« zu gewährleisten. Auch für ihn findet diese elementare Notwendigkeit ihren höchsten Ausdruck in der politischen Macht des gesellschaftlichen Gemeinwesens über den einzelnen. Diese politische Macht charakterisiert und erhält sich für ihn zunächst durch materielle Gewalt, hängt jedoch zusätzlich vom Wirksamwerden weiterer in die Gesellschaft selbst eingesenkter Disziplinierungsmechanismen ab: einer geistigen Leitlinie, einer moralischen Sanktion und direkter sozialer Kontrolle. Diese Disziplinierungsmechanismen sieht Comte wiederum durch drei gesellschaftliche Institutionen gewährleistet: durch die Familie, welche im Menschen die für den Bestand des sozialen Ganzen notwendigen moralisch-emotionalen Bindekräfte aufbaut; durch die öffentlichen Gewalten, welche als Kontrolleinrichtungen fungieren; am Ende noch durch die Kirche, welche für die geistige Leitlinie sorgt.

Die damit gegebene Dreiteilung repräsentiert für Comte das für die Gewährleistung des gesellschaftlichen Consensus erforderliche Minimum an Institutionen. Sie spiegelt aber zugleich auch auf der gesellschaftlichen Ebene die drei Fundamentalfunktionen des menschlichen Zerebralsystems — Gefühl, Handlung und Intellekt — wider.

Wie beim späten Saint-Simon wird die Stellung der Kirche nicht in konventionell theologischen, sondern in sozialtechnologisch-funktionellen Begriffen definiert. Bei Comte geht es dabei — noch direkter als bei Saint-Simon — um eine unmittelbar wissenschaftlich konzipierte und verwaltete »Religion der Menschheit«, für die wissenschaftlich ausgebildete »Priester der Menschheit« als Pseudogeistliche tätig sein sollen (Comte selbst hielt sich während des von ihm begrüßten Staatsstreiches von Louis Napoleon im Jahr 1851 dazu bereit, das Amt des obersten Priesters der neuen Religion zu übernehmen).[55] Daß diese Funktionen von Soziologen ausgeübt werden sollen, scheint ihm dabei wissenschaftssystematisch zwingend begründbar zu sein. Die Soziologie hat seiner Auffassung zufolge nämlich »wegen der größeren Kompliziertheit, der vollkommeneren Spezialisierung und der stärkeren Individualisierung«[56] ihres gesellschaftlichen Erkenntnisgegenstandes die höchste Position in der Hierarchie der Wissenschaften zu beanspruchen.

Im Bereich der von Comte mit besonderer Ausführlichkeit entwickelten sozialen Dynamik treffen wir auf die nunmehr bereits vertrauten Umrisse des »Drei-Stadien-Gesetzes«, das von ihm ganz ebenso wie von Saint-Simon unter Auswertung der Ergebnisse der sozialen Statik mit einer Lehre von der Aufeinanderfolge positiver und negativ-kritischer Epochen verbunden wird. Insgesamt ergibt sich dabei allerdings eine noch stärkere und substantiellere Relativierung des vorrevolutionären Fortschrittsdenkens. Zwar erklärt auch er noch, daß die »Erschütterung, die unsere Intelligenz durch die Französische Revolution erfahren hat«, durchaus »heilsam« gewesen sei.[57] Im übrigen aber bekennt er sich mit Nachdruck zu einem im Prinzip antirevolutionären Fortschrittsdenken. Für ihn ist nämlich nur diejenige Fortschrittskonzeption »wirklich vernünftig«, welche die Vorstellung eines »ununterbrochenen und allmählichen« Fortschritts zugrunde legt.[58]

Damit mündet die Entwicklung des nachrevolutionären französisch-kontinentalen Aufklärungsdenkens in die evolutionäre Linie der Engländer ein. Tatsächlich hat Comte »am stärksten ... im Kulturgebiet der englischen Sprache gewirkt«.[59] Die kontinentale Soziologieentwicklung vollzieht sich dagegen auf einer Linie weiter, die von der durch Saint-Simon und Comte repräsentierten Linie erheblich abweicht. In Comte finden wir einerseits das vorläufige Resultat einer Denkbewegung vor uns, die von der gewissermaßen noch »naiven« Selbstidentifikation der vorrevolutionären Aufklärung mit der geschichtsimmanenten Vernunft zu einer immer stärkeren Öffnung gegenüber dem Eigencharakter der Wirklichkeit hinführt. Auf dieser Ebene wird sich die kontinentale Soziologie weiterentfalten. Gleichzeitig spiegelt sich in der Comteschen Soziologie aber auch das Zwielicht einer Epoche wider, die teils nachrevolutionär, teils restaurativ ist und die in der Spannung zwischen dem »juste milieu« eines expansionsorientierten Bürgertums und konkurrierenden neorevolutionären und ultramontan-putschistischen Strömungen zu keiner eindeutigen Abklärung des Verhältnisses von Wirklichkeit und Möglichkeit gelangt. Comte, der aus der gegebenen Lage die raison d'être herauszuziehen versucht, stellt dieser Spannung, pointiert ausgedrückt, einen Satz von Klugheitsregeln gegenüber, die Aussagen darüber enthalten, wie »man« am besten weiterkommt. Da dieses »man«, dieses gesamtgesellschaftlich-historisch verantwortliche und zugleich verbindliche Vernunftsobjekt, aber in der Wirklichkeit nicht auffindbar ist, muß die Soziologie selbst dafür herhalten. Die Soziologie schreibt sich in ihrem Systementwurf somit ihre eigene Handlungs- und Herrschaftsanleitung gegenüber einer teils eigendynamischen, teils aber auch anscheinend lenkbaren (wenngleich in sich selbst unvernünftigen) gesellschaftlichen Realität. So verwandelt sich für sie die »Grenzsituation des Bohemiens«,[60] in der sie sich faktisch befindet, in einen prä-elitären Warteraum. Das Gesellschaftsbild, das sie entwirft, »stimmt« nur unter der Voraussetzung, daß sie es auch verwirklichen kann. Wie, bleibt aber offen.

Die »verspätete Nation« (Deutschland)

Wenn wir uns nunmehr erstmalig der Entwicklung der Soziologie in Deutschland zuwenden, dann haben wir zunächst eine England und Frankreich gegenüber in vieler Hinsicht andersartige realgeschichtliche Konstellation ins Auge zu fassen.[61] Insbesondere spielt im Deutschland des 18. und auch noch des 19. Jahrhunderts ein Motiv eine entscheidende Rolle, das im zeitgenössischen England und Frankreich schon längst keine Bedeutung mehr hat: das Motiv der nationalen Einigung, das zunächst als Kampf der größeren Territorialstaaten um die Vormachtstellung im nationalen Bezugsraum in Erscheinung tritt. Die Bewegung zum nationalen Staat wird infolgedessen in dieser Periode noch sehr stark von den führenden Herrschaftshäusern getragen. Ganz ähnlich steht es aber auch hinsichtlich der Aufklärungsbewegung. Einer der entscheidenden Träger der deutschen Aufklärung ist Friedrich II. von Preußen, der sich als der erste Diener seines Staates bezeichnet und Voltaire, Lamettrie und andere an seinen Hof holt. Der sogenannte aufgeklärte Absolutismus genießt eine weite Verbreitung. Aus seinem Geist können in Preußen die Stein-Hardenbergschen Re-

formen erwachsen, durch die seit dem Jahr 1807 ohne »Druck von unten« unter anderem die Erbuntertänigkeit der Bauern aufgehoben und die Selbstverwaltung der städtischen Bürgerschaften eingeführt wird.
Selbst das moderne Bürgertum ist in Deutschland weitgehend ein Geschöpf des aufgeklärten Absolutismus. Es hatte insbesondere durch den spätmerkantilistischen Landesausbau, der von den Fürsten betrieben wurde, starke Entstehungs- und Wachstumsimpulse erhalten. Sogar die industrielle Revolution, die in Deutschland gegen die Mitte des 19. Jahrhunderts einsetzt, vollzieht sich anfangs noch unter den Fittichen landesfürstlicher Initiative und Subventionierung. Die traditionalen politischen Gewalten Deutschlands absorbieren und repräsentieren also in starkem Maße die zeitgenössischen geistig-politischen Motive und sozialökonomischen Entwicklungstrends und nehmen somit noch eine Stellung ein, wie sie das »ancien régime« Englands und insbesondere Frankreichs um diese Zeit schon lange nicht mehr hat. Bürgerlich-revolutionäre Tendenzen gibt es erst tief im 19. Jahrhundert. Auch da stellen sie verhältnismäßig schwache Ausläufer der französischen Folgerevolutionen von 1830 und 1848 dar, deren politische Bedeutung und Konsequenz sehr begrenzt ist. Im ganzen stellt das deutsche Bürgertum des 18. und 19. Jahrhunderts die Vormachtstellung der traditionalen politischen Gewalten nirgends ernsthaft und nachhaltig in Frage.

Wie tief diese für viele zeitgenössische und spätere Beobachter so ärgerliche Revolutionsabstinenz des deutschen Bürgertums begründet ist, zeigt sich unter anderem darin, daß die deutsche Aufklärung des 18. Jahrhunderts abgesehen von den Ansätzen *Johann Gottfried Herders* (1744 - 1803)[62] keine eigentliche Soziologie (und damit auch keine eigentliche »Oppositionswissenschaft«) hervorbringt. Die deutsche Aufklärung richtet sich schwerpunktmäßig weniger auf die politisch-gesellschaftlichen Verhältnisse als auf die religiösen. Sie konzentriert sich auf die Entwicklung einer allgemeinen Vernunftreligion mit deistischem — keinesfalls also atheistischem — Charakter. Das gilt für *H. S. Reimarus* (1694 - 1768), ebenso aber auch für *G. E. Lessing* (1729 - 1781). Auch die Pflichtmoral *Immanuel Kants* (1724 - 1804) läßt sich kaum in eine prinzipiell revolutionäre Position ummünzen. Der »Neuhumanismus«, wie ihn *Wilhelm von Humboldt* (1767 - 1835) vorträgt, ist zwar ausgesprochen individualistisch orientiert und schließt eine Begrenzung der staatlichen

Kompetenzen ein. Es geht dabei jedoch ausschließlich um die Funktionen des Staates, nicht eigentlich um diejenigen Probleme der Staatsform und Staatsverfassung, die im Zentrum des Interesses der englischen und französischen Aufklärung standen. Der Individualitätsbegriff, der hier entwickelt wird, ist letztlich unpolitisch. Das Individuum soll sich, der Humboldtschen Konzeption gemäß, nur dadurch durch die herrschenden Mächte und Kräfte hindurchkämpfen, daß es sie innerlich durchdringt und überwindet. Ganz anders steht es damit zwar bei der seit 1830 auftretenden Gruppe des »Jungen Deutschland« (mit Heine, Börne und anderen) und bei den Linkshegelianern, mit deren prominentestem Vertreter, Karl Marx, wir uns später noch ausführlich zu beschäftigen haben werden. Diese liberal-revolutionär bis sozialistisch eingestellten Intellektuellen finden jedoch in der zeitgenössischen bürgerlichen Gesellschaft Deutschlands keine Resonanz und können von den herrschenden Mächten ohne Anstrengung in die äußere oder innere Emigration abgedrängt werden. Obwohl die bürgerliche Aufklärung in Deutschland geistesgeschichtlich gesehen sehr produktiv ist, wirft ihre Betrachtung für die Frage nach der in Korrelation zu gesellschaftlichen Bewegungen vor sich gehenden Entwicklung des soziologischen Denkens verhältnismäßig wenig ab. Die wirklich wichtigen Anfänge der deutschen Soziologie wachsen vielmehr umgekehrt aus der konservativen Reaktion auf die Aufklärung heraus und liegen somit auf einer Linie mit der Soziologie von Burke, de Maistre, de Bonald und allenfalls noch Saint-Simon und Comte. Sie werden zunächst durch eine Gruppe von Denkern repräsentiert, die man im allgemeinen mit einem etwas pauschalen Sammeltitel als die »Romantiker« anspricht.

Um die Position der romantischen Soziologie Deutschlands voll zu verstehen, muß man sich vergegenwärtigen, daß das Ereignis, auf das sie in erster Linie konservativ reagiert, nicht etwa die verhältnismäßig »harmlose« deutsche Aufklärung, sondern die französische Aufklärung, konkret: die Französische Revolution ist. Zieht man zusätzlich in Betracht, daß sich das deutsche Nationalgefühl des beginnenden 19. Jahrhunderts in erster Linie an der Napoleonischen Eroberung als einer militärischen Spätfolge der Französischen Revolution gerieben und artikuliert hat, versteht man leicht, wieso sich in die antiaufklärerische Polemik der Romantiker starke nationale Züge mischen. Man kann ohne weiteres sagen, daß die Verbindung von antiaufklärerischem Elan und nationalem Eros dem nachrevolutionären deutschen Konservatismus seine spezifische Note gegenüber dem englischen und französischen Konservatismus geben. Hier entsteht jene Hervorhebung des »deutschen Wesens« gegenüber dem »westlichen Geist«, deren spannungsgeladene »Tiefe« und emotionale Sprengkraft bis weit in unser eigenes Jahrhundert hinein wirksam geblieben sind.

Die deutsche »Romantik« läßt sich nun, wie Hans Freyer zu Recht bemerkt, nicht mit völliger Eindeutigkeit auf eine bestimmte Zahl von Personen und Positionen eingrenzen, die ihr dauerhaft zuzurechnen wären.[63] Vielmehr repräsentiert die Romantik eine epochale Bewegung im deutschen Geistesleben, eine Bewegung derjenigen Generation nämlich, die »20 wird und frühreif zu leben beginnt, als Goethe 45 ist und in die Rolle des Klassikers einzutreten beginnt« (Freyer). Viele »Romantiker« gehören nach einer Reihe von Jahren kaum mehr der Romantik an. So kann man etwa den Schelling von 1802 - 1804 der Romantik zurechnen; ebenso den jungen Schleiermacher. Ausschließlicher stehen in der Romantik *Friedrich Schlegel* (1772 - 1829), *Novalis* (= Friedrich von Hardenberg, 1772 - 1801), *Ludwig Tieck* (1773 - 1853), *Achim von Arnim* (1781 - 1831), *Clemens Brentano* (1778 - 1842) und *Josef von Eichendorff* (1788 - 1857), ebenso die eigentlichen »politischen Romantiker« *Adam Müller* (1779 - 1829) und *Friedrich Gentz* (1764 - 1832).

Bei dem Bemühen, die gemeinsamen Grundgedanken dieser in vieler Beziehung durchaus individuellen Denker herauszuarbeiten, stoßen wir auf zwei Kategorien, die uns im Prinzip bereits von den englischen und französischen Konservativen her geläufig sind: »Organismus« und »Geschichte«. Die Anwendung der Organismusvorstellung auf die gesellschaftliche Wirklichkeit führt die deutschen Romantiker mit noch größerer Eindeutigkeit und Selbstverständlichkeit als die konservativen Engländer und Franzosen zu einer Verwerfung aller repräsentativ-demokratischen Ideen und zu einer Bejahung des herkömmlichen ständischen Prinzips. »Die Romantiker träumen davon, die mittelalterlichen Zustände wieder herzustellen und auf organische Lebensformen zurückzugreifen, welche das Jahr 1789 vernichtet hatte.«[64] »Die Stände sind«, so kommentiert Freyer, »Glieder des sozialen Organismus. Ihre besonderen Rechte und Lebensformen sind in besonderen Funktionen, die sie im Rahmen des Ganzen ausüben, begründet«. Dieses organische Ganze selbst wird im Sinne eines »ungeheuer vergeistigten Begriffs des individuellen Nationalcharakters« verstanden, dessen Bezug zu dem empirisch gegebenen Volkstum durchaus offen bleibt und der sich als ein »sentimentalischer Sehnsuchtsbegriff« der »Deutschheit« begreifen läßt (Freyer).

»Die These, die gesellschaftliche Wirklichkeit sei wesentlich geschichtlicher Natur, bedeutet«, so hören wir von Freyer, in der Auffassung der Romantiker wiederum zweierlei. »Sie bedeutet erstens, daß in jeder Erscheinung der gesellschaftlichen Sphäre die ganze Vergangenheit gegenwärtig ist« und daß insofern auch ein Verstehen des Gegebenen ohne das ständige Mitdenken des Geschichtlichen unmöglich ist. »Nicht die Summe der gegenwärtigen Nießbraucher, sondern die lebendige Reihe aller, die in ihm geboren wurden und gestorben sind, bilden«, so meinen die Romantiker, »den Staat. ... Darum sind die gesellschaftlichen Mächte, die aus ferner Vergangenheit in die Gegenwart hineinreichen: der Adel, ... die geistlichen Besitztümer usw. für die Romantiker von unschätzbarem Wert. Sie repräsentieren die Geschichte in der Gegenwart. Sie garantieren die Dauer und die Dauer ist das Wesen des Staats, wie aller konkreten Gesellschaftsgebilde« (Freyer). — Die zweite Bedeutung der romantischen Geschichtsorientierung liegt in der Auffassung begründet, »daß gesellschaftliche Gebilde und Institutionen allmählich, stetig, durch Entfaltung ihrer inneren Kräfte sich entwickeln. ... Die stillwirkenden Kräfte des Volksgeistes sind es, die das geschichtliche Werden stetig weitertragen«, nicht individuelle Gedanken, Pläne und Willenszugriffe. »Das Grundgesetz des menschlichen Handelns muß also sein: quieta non movere« (Freyer).

Die deutsche Romantik begegnet sich in diesem Punkt mit Ideen, wie wir sie insbesondere bei de Bonald schon kennengelernt haben. Der Hinwendung zum Gewachsenen, Gewordenen, Ganzheitlich-Institutionellen und damit auch zur Einbindung des Einzelindividuums in historisch begründete Sinn- und Organisationsstrukturen fehlt bei den deutschen Romantikern allerdings das manifest Repressive, wie es die Franzosen zur Schau stellen. Während dort auf dem Hintergrund der bereits abgelaufenen Revolution mit unmißverständlicher Härte in Konflikt- und Herrschaftskategorien gedacht wird, glauben die deutschen Romantiker an die fortwährende und ungebrochene Wirksamkeit einer natürlichen geschichtlich-organisch bestimmten Weltsubstanz. So begegnen sie der gesellschaftlichen Wirklichkeit in der Haltung schwärmerisch-verklärender Naturphilosophie, der das, was empirisch da und beobachtbar ist, nur sehr bedingt etwas bedeutet. Die Französische Revolution ist, so scheint ihnen, zwar zeitweilig über den eigenen Kopf gebrandet, aber wenn die zeitgenössischen Signale der deutschen Entwicklung nicht trügen, dann hat sie es nicht vermocht, die tief gründenden Wurzeln der »Deutschheit« abzuschneiden. Die deutschen Romantiker fühlen sich mit einer Unbefangenheit, wie sie im »Westen« nach der Französischen Revolution nur noch den bürgerlich-evolutionären Engländern zugänglich ist, mit den immanenten Kräften der gesellschaftlich-geschichtlichen Bewegung einig. Somit können sie sich ohne große Hemmungen aus dem ihrer Grundauffassung zufolge verhältnismäßig substanz- und ereignislosen politisch-gesellschaftlichen Gegenwartsraum in die alle Wirklichkeit bergende Tiefe der Vergangenheit absetzen und Erkundungen des »Fernen, Seltenen, Wunderbaren und Phantastischen« (Freyer) durchführen, das sie enthüllt. Auch die romantische deutsche Soziologie muß von daher gegenüber der zeitgenössischen Soziologie der Engländer und der Franzosen enttäuschen. Sie besitzt nicht deren hellhörig-kritisch der Gegenwart und Zukunft zugewandte Weltnähe und Analytik und läßt ihr hochentwickeltes Problembewußtsein vermissen. Wo sie politisch relevant wird, wirkt sie vorwiegend reaktionär, indem sie dazu beiträgt, die im Prinzip wirklichkeitsoffene und entwicklungsfreudige Haltung der herrschenden legitimistischen Mächte einzuschränken und zu untergraben. Friedrich Wilhelm IV., der ursprünglich mit großen Erwartungen begrüßte »Romantiker auf dem preußischen Thron«, ist dementsprechend als eine sehr umstrittene Gestalt in die Geschichte eingegangen. Bei den französischen Konservativen war das Gefühl, in einer veränderten Zeit zu leben, durchaus spürbar, den deutschen Romantikern fehlt es dagegen ganz. Zwar hat ihre ganzheitliche und geschichtszugewandte Gesellschaftssicht später vielfältig befruchtend gewirkt und kann insofern auch aus der »Fortschrittsgeschichte« der Soziologie nicht weggedacht werden. »Existentialgeschichtlich« gesehen repräsentiert sie dagegen eine historische Entwicklungssituation, die in vieler Beziehung ganz einfach durch eine deutliche »Phasenverschiebung« zwischen dem Westen und der Mitte Europas gekennzeichnet ist.

Völlig anders die Position *Georg Wilhelm Friedrich Hegels* (1770 - 1831), mit dem die deutsche Soziologie zwischen der Französischen und der industriellen Revolution einen Höhepunkt erreicht. In mehr als einer Hinsicht ist Hegels Stellung der Comtes in Frankreich vergleichbar[65], wenngleich der Deutsche wesentlich »philosophischer« denkt als der Franzose, der sich selbst — in einem allerdings nur geschichtsphilosophisch interpretierbaren Sinn — einen »Positivisten« nennt. Comte, so hatten wir festgestellt, besteht darauf, daß die gesellschaftliche Wirklichkeit des Menschen im Sinne einer den Einzelfakten vorgreifenden Ganzheitserfassung verstanden werden müsse, wobei er diese Ganzheitserfassung sowohl in der Ebene zeitlicher Koexistenz als auch in der der zeitlichen Sukzession verlaufen läßt. In der Ebene der zeitlichen Sukzession erschließt sich ihm dabei die Tradition und Perspektive der neuzeitlichen Geschichtsphilosophie aufklärerischer Provenienz und damit die Kategorie des Fortschritts, in der Ebene der zeitlichen Koexistenz dagegen das Gedankengut der traditionalistischen Konservativen und mit ihm die Kategorie der Ordnung. Sein System versucht, beide Perspektiven und Kategorienansätze in einer Synthese zusammenzuführen, welche der durch das Schicksal der Französischen Revolution manifest gewordenen Krise gerecht werden soll.

Ganz ähnlich Hegel, der ebenfalls bemüht ist, die Wirklichkeit nicht von einzeln stehenden oder nur additiv zusammengefügten Tatsachen her, sondern aus ihrem Gesamtzusammenhang heraus zu begreifen. Hegel spricht hier von »Totalität« als der »Einheit des Allgemeinen und des Besonderen«.[66] Gleichzeitig geht es auch Hegel um die Zusammendenkung der neuzeitlichen Sicht der Geschichte als Fortschrittsbewegung und der durch diese Bewegung verneinten geschichtlichen Bedingtheit des Lebens. Hegel verfährt hier an diesem Punkt allerdings anders als Comte. Er überläßt die aus der Krise führende Synthese nicht dem konstruktivistischen Elan des Soziologen als einem sozialen deus ex machina. Für ihn wird diese Synthese vielmehr durch die Wirklichkeit selbst geleistet, die er grundsätzlich als »dialektischen« Prozeß versteht. Alle Wirklichkeit ist für ihn »voll von treibendem Widerspruch in allen ihren Gebieten«.[67] Die gesamte Welt ist Werdeprozeß, der sich über Durchbrüche vollzieht, durch die jeweils Gewordenes und Auskristallisiertes »negiert« wird. Vorherige und spätere Entwicklungsstufe treten sich im Augenblick des Durchbruches und in dessen Vorbereitungsphase als unversöhnliche Gegensätze gegenüber, die sich gegenseitig anscheinend völlig ausschließen. Die Welt erscheint als eine »Welt des Kampfes«, als eine »in sich selbst entzweite, nirgends stockende«.[68]

Die Negation ist nach Hegel aber immer nur die eine Seite des dialektischen Wandlungsprozesses. Dessen zweite und andere

Seite besteht darin, daß im Neuen das Alte stets »aufgehoben« wird und zwar »nicht nur im vernichtenden Sinn, in dem des Liquidierens«, sondern auch »im Sinn des Aufbewahrens, des Konservierens«.[69] Im dialektischen Prozeß durchdringen also Altes und Neues einander, versöhnen sich in einer — selbst wieder in neuem Sinne spannungsgeladenen — Synthese, nachdem sie sich zeitweilig feindselig als These und Antithese gegenübergetreten waren.

Hegel deutet die treibende Kraft des dialektischen Werdeprozesses der Wirklichkeit idealistisch-metaphysisch. In diesem Prozeß arbeitet sich, wie er vor allem in der »Phänomenologie des Geistes« von 1807 ausführt, das göttliche Wesen der Welt (der »Weltgeist«) von bloßer Substanzialität zur Subjekthaftigkeit empor. Nichtsdestoweniger enthält, so zeigt sich insbesondere in den »Grundlinien der Philosophie des Rechts« von 1821, dieses metaphysische System einen ganz realen und aktuellen soziologischen Kern. Indem Hegel nämlich auch die Französische Revolution und ihre bürgerlich-emanzipatorische und aufklärerische Vorgeschichte als »Negation« in sein System einbaut, sprengt er die bornierte nationale Abkapselung und »deutschheitliche« Selbstgenügsamkeit, wie sie im Denken der Romantiker zum Ausdruck gelangt. Zwar kennt auch er »Volksgeister«, aber er bringt sie miteinander in dialektischen Kontakt. Die deutsche Aufgabe ist für ihn nicht Selbstbewahrung gegenüber dem »Westen«, sondern »Synthese«, »Aufhebung« der Idee der »bürgerlichen Gesellschaft« in eine vom Radikalismus gereinigte Gesamtverwirklichung umfassenderer, d. h. nach der Seite der historisch verwirklichten Vernunft hin offenerer Art.

Konkret geht es Hegel in der »Rechtsphilosophie« darum, die »bürgerliche Gesellschaft«, deren Prinzipien er — unter Rückgriff auf Adam Smiths »Inquiry« — insbesondere von den Engländern abliest, mit der »Familie« und dem »Staat« vermittelt zu sehen. Die Familie und der Staat als überkommene Wirklichkeitsmächte wie auch die bürgerliche Gesellschaft sind ihm gleichermaßen notwendige, gegenseitig in dialektischem Verhältnis stehende Momente der »sittlich« geordneten modernen Welt. Ähnlich wie bei Comte läuft auch diese Hegelsche Trias auf eine strukturell-funktionale Institutionenlehre hinaus, die allerdings durch die ständige Gegenwart des historisch-dialektischen Gesamtbezugssystems eine sehr starke sozio-philosophische Komplexität erhält. Die Familie für sich hat, Hegel zufolge, »als die unmittelbare Substanzialität des Geistes seine sich empfindende Einheit, die Liebe, zu ihrer Bestimmung, so daß die Gesinnung ist, das Selbstbewußtsein seiner Individualität in dieser Einheit als an und für sich seiender Wesentlichkeit zu haben, um in ihr nicht als eine Person für sich, sondern als Mitglied zu sein«.[70] In der Familiengründung kommt es, nach Hegel, zu einer gegenseitigen Hingabe und Durchdringung der einzelnen Individualitäten und damit auch zu einer Erweiterung ursprünglicher Eigenindividualität. Das gegenseitige Verhältnis zwischen den Familien ist dahingegen noch völlig äußerlich. Dies ändert sich auch zunächst noch nicht durch die Entstehung des zur bürgerlichen Gesellschaft hinführenden Arbeitsteilungssystems, innerhalb dessen sich die Familien als Produktionsgemeinschaften durch Tausch ihrer Arbeitsprodukte gegenseitig zur besseren Bedürfniserfüllung verhelfen. Die Idee dieses Systems ist jedoch die stets höhere Befriedigung subjektiver Bedürfnisse durch unbegrenzt weiterlaufende Erhöhung des Grades der Arbeitsteilung. Damit erzwingt dieses System die stete »Vervielfältigung und Spezifizierung« (§ 195) oder auch »Partikularisierung« (§ 196) und Abstraktion der Bedürfnisse selbst, wie auch der Arbeit, die zu ihrer Befriedigung in Gang gesetzt wird. So macht sich automatisch, wie Hegel meint, die Notwendigkeit einer Zusammenfassung einzelner Funktionsbereiche in »Stände« geltend, welche sich zwanglos in den »substantiellen« (oder landwirtschaftlichen) Stand, in den »Stand des Gewerbes« und in den »allgemeinen« (regierenden, verwaltenden und Recht sprechenden) Stand gliedern. Die bei den Engländern zunächst völlig autonom gedachte und in ihrer Konzeption ausschließlich durch freie Kommunikation zwischen den Individuen strukturierte »bürgerliche Gesellschaft« bedarf also, nach Hegel, um funktionsfähig zu sein, eines koordinativen Überbaus. In diesem kommen aber die historisch überlieferten Herrschaftsinstitutionen zu ihrem Recht. Zwar sind diejenigen Funktionen, um die es insbesondere geht — Rechtspflege, Polizei und Korporation — zunächst nur »äußerliche Notwendigkeit«. Der Staat, der aufgrund dieser Notwendigkeit von der bürgerlichen Gesellschaft erzeugt wird, ist insofern auch zunächst nur »Not- und Verstandesstaat«. Dies ist aber nur diejenige eine Seite, die er aus der Bedürfnisperspektive der bürgerlichen Gesellschaft enthüllt. Um seine Funktionen wahrnehmen zu können, muß er den einzelnen auch verpflichten können, ja er muß es diesem (vgl. § 258) als seine »höchste Pflicht« erscheinen lassen,

Mitglied des Staates zu sein. Wie das »ungeheure Schauspiel« der Französischen Revolution gelehrt hat, wächst dieses Gefühl höchster Verpflichtung jedoch nicht ausschließlich aus der individuellen Einsicht in die Zweckmäßigkeit gemeinschaftlicher Regelungen heraus. Wer glaubt, den Staat auf den freien Willen der einzelnen, auf »ihre Willkür, Meinung und beliebige, ausdrückliche Einwilligung« (§ 258) gründen zu können, irrt und sät die Saat der »Gewalt«. Vielmehr muß der einzelne im Prinzip des Staates die absolute Grenze des »Prinzips des einzelnen Willens« erkennen und sich einer höheren, nicht mehr voll auf seine eigenen Bedürfnisse reduzierbaren Notwendigkeit und Sinnhaftigkeit beugen und eingliedern. Er muß, in Hegelschen Worten, den Staat »als die Wirklichkeit« eines »substantiellen Willens«, als das »an und für sich Vernünftige« anerkennen. Er muß sehen, daß »er selbst nur Objektivität, Wahrheit und Sittlichkeit« hat, als er »Glied« des Staates ist (§ 258). Er muß, noch weiter, sein Handeln an der »Idee« des Staates ausrichten. Diese Idee ist aber letztlich der »göttliche Wille als gegenwärtiger, sich zur wirklichen Gestalt und Organisation entfaltender Geist« (§ 270).

4. KAPITEL

EUROPÄISCHE SOZIOLOGIE IM 19. JAHRHUNDERT SEIT DER INDUSTRIELLEN REVOLUTION

Allgemeine Situationskennzeichnung: Industrialisierung und soziale Eigengesetzlichkeit

Hegels »Rechtsphilosophie« mündet mit der zuletzt behandelten Perspektive unmittelbar in sein idealistisch-metaphysisches Rahmenkonzept ein. Sie entwirft, wie man später nicht ohne Vorwurf und unter Hinweis auf die für Deutschland so prekäre »romantische Sehnsucht nach einem ›wahren‹ Staat« gesagt hat, einen »Mythos des Staates«,[71] der dem von der Aufklärung entworfenen Mythos des Menschen letztlich polemisch entgegengesetzt ist.

Nichtsdestoweniger bringt der aktuelle soziologische Kern, der im Hegelschen Denksystem steckt, etwas Neues, das die Weiterentwicklung der Soziologie maßgeblich befruchtet und beeinflußt hat. Und dieses Neue liegt genau auf derjenigen Ebene, die für die Soziologie nach der Französischen Revolution problematisch ist und von der her sie selbst problematisch erscheinen muß: auf der Ebene des Verhältnisses zur gesellschaftlich-geschichtlichen Notwendigkeit und Eigenkraft nämlich.

Wie wir schon an früherer Stelle sagten, hatte das Erlebnis des Terrors den ursprünglichen revolutionären Glauben, mit dem eigenen Handeln die Spitze der geschichtsimmanenten Fortschritts- und Bewegungskräfte zu verkörpern, stark erschüttert. Das Auseinanderfallen der gesteckten Ziele des fortschrittsorientierten Handelns und seiner Ergebnisse brachte im Verein mit der praktischen Restauration einen Gegenschlag traditionalistisch-konservativen Denkens hervor. Es führte aber auch zur Ablösung des vorrevolutionär-konservativen Aufklärungsdenkens und seines rein geschichtsphilosophischen Theoriemodells durch einen neuen Typus. Das Problem war hier, wie man die geschichtsphilosophische Überlieferung mit den Unstimmigkeiten, welche die wirkliche Entwicklungsdynamik der Gesellschaft zum Vorschein brachte, vermitteln sollte. Saint-Simon und Comte lösten dieses Problem nicht. Sie unterwarfen — unter

Übernahme wichtiger Elemente konservativen Denkens — die Wirklichkeit einem Disziplinierungsanspruch, der aber insofern »utopisch« war, als er nichts als eine ohnmächtig-konstruktivistische »Idee« verkörperte, nach der sich niemand richtete.
Bei Hegel liegen die Dinge anders. Er fragt ebenso wie die Engländer nach der Selbstbewegung der Wirklichkeit. Er ist dabei allerdings insofern völlig »kontinental«, als er diese Frage aus ihrem englisch-revolutionären Erfahrungsbezug herauslöst und in die durch Revolutionsbereitschaft, revolutionären Umbruch und Restauration geprägte festlandeuropäische Erlebniswirklichkeit übersetzt. Im Prinzip der »Dialektik« sind alle diese Geschehensabschnitte als notwendige Momente der gesellschaftlich-geschichtlichen Entwicklungsbewegung eingefangen. Und nicht nur das: Für Hegel ist der letzte Untergrund dieser Bewegung zwar eine allgemein-objektive Idee, so wie es auch bei der vorrevolutionären Aufklärung der Fall war. Aber diese Idee vollzieht sich in einer ganz konkret aus der jeweiligen Situation und ihren Spannungen heraus beschreibbaren Dynamik. Bei der Analyse der bürgerlichen Gesellschaft als einer notwendigen Selbstentfremdungsstufe des Geistes beschreibt Hegel in einer empirisch gemeinten Weise die Wandlungsdynamik der Arbeitsteilung, sonst nichts. Das Prinzip der Selbstbewegung ist hier ganz wörtlich, ganz materiell genommen. Die Idee bestimmt die Wirklichkeit nicht mehr unmittelbar, sondern vermittelt. Sie gelangt zwar in derem sinnlich-konkret erfahrbaren Eigenleben zum Ausdruck. Sie aus diesem Eigenleben erschließen zu wollen, erfordert aber eine außerordentlich sublime und intensive Deutungsbemühung und Anstrengung des Begriffs. In gewissem Sinne bezeichnet der idealistische Hegel also das Ende des Idealismus im herkömmlichen Sinne. Der englische Evolutionismus, auch das Drei-Stadien-Gesetz von Turgot bis Comte sind in dem Sinne idealistisch, daß sie teils sehr reale Zustandsbeschreibungen durch oft nur sehr allgemein gehaltene Fortschrittshypothesen verknüpfen. Hier, bei Hegel, erweitert sich die Zustandsbeschreibung durch eine besonders direkte und entschiedene Miteinbeziehung des Bewegungsprinzips selbst. Wirklichkeit *ist* zugleich auch Bewegung. Wer deren Gesetze aufdecken will, darf sich nicht so wie Comte auf den Standpunkt einer provisorischen Gesamthypothese stellen, von der her die Wirklichkeit dann zu einer geschlossenen Ablaufgestalt zusammenmontiert werden kann. Er muß vielmehr in die Mechanik der einzelnen historischen Situation eindringen und sie entziffern,

und er muß darüber hinaus diejenigen Kräfte, die über die jeweilige Situation hinausführen, als reale treibende Momente in ihr selbst aufspüren.
In dieser Konzeption kommt ein überraschendes »Vertrauen« in die Wirklichkeit zum Ausdruck, und zwar in eine Wirklichkeit, die weder im romantischen Sinne reaktionär noch im englischen Sinne evolutionär begriffen ist, sondern die eindeutig kontinental-revolutionär gedeutet wird. Mit diesem Vertrauen befindet sich Hegel nun ganz vorn, ganz im Strom der gesellschaftlich-geschichtlichen Entwicklung selbst, die während der ersten Hälfte des 19. Jahrhunderts in der Tat eine »Formveränderung« (Huizinga) größten Ausmaßes erlebt. Zum zweiten Male wird den Zeitgenossen nämlich die Erfahrung eines »torrent révolutionnaire« zuteil, eines Ablaufs gesellschaftlicher Eigendynamik, die nun allerdings nicht aufs Politische zusammengezogen ist und die auch nicht nur die latent-naturwüchsigen menschlichen Widerstände gegenüber der Idee des Fortschritts betrifft, sondern die aus den in Bewegung geratenden Strukturen der bürgerlichen Gesellschaft selbst aufbricht. Diese nachrevolutionäre, politisch tendenziell restaurative Gesellschaft wird plötzlich flüssig, entfaltet unerwartete Entwicklungs- und Veränderungskräfte, die genau aus dem von Hegel angesprochenen Zentrum, der Arbeitsteilung und der ihr immanenten Dynamik, hervorkommen und die überkommene Daseinsweise zerstören.
Dieser zunächst subpolitisch-gesellschaftliche Prozeß, der von den Zeitgenossen schon früh (spätestens seit den vierziger Jahren) als »industrielle Revolution« angesprochen wird, hat seinen Ursprung zunächst in England, springt aber in den ersten Jahrzehnten des Jahrhunderts auch auf den Kontinent über. In seinem Verlauf wird, wie wir wissen, die handwerklich-manufakturelle Produktionsweise der bisherigen Jahrhunderte zunehmend durch die maschinelle Fabrikproduktion ersetzt. In Verbindung damit wandelt sich die Arbeit breiter Bevölkerungsmassen bis zur Unkenntlichkeit. Neue soziale Typen treten in Erscheinung, so insbesondere der Typ des Industriearbeiters und der des kapitalistisch-industriellen Unternehmers. Die Bevölkerung verlagert sich vom flachen Land in die stürmisch wachsenden Städte, die selbst ihr Gesicht völlig verändern. Sie beginnt dabei explosionsartig zu wachsen. Neue Organisationsformen und Techniken des Verkehrs breiten sich aus. Die alten politischen Ländergrenzen werden von schnell ausgreifenden Wirtschaftsverflechtungen überspült, die sich selbst ihre gänzlich neu-

artigen organisatorisch-institutionellen Gerüste schaffen. Ständige Bewegung, dauernder Orts- und Tätigkeitswechsel wird für die ehemals so stationäre Gesellschaft zum alltäglichen Erfahrungsinhalt des einzelnen. Die Massenproduktion beginnt mit dem Massenkonsum zu korrespondieren. Ehemalige kulturelle Eigenräume und Sondertraditionen schmelzen im weltweit werdenden Prozeß der Dauerkommunikation dahin. Die alten um die Familie und die Gemeinde kristallisierten gesellschaftlichen Kleinstrukturen werden durch Großverbände und -einrichtungen aller Art relativiert. Kalküle hochkomplexer Natur beginnen das Leben des einzelnen zu bestimmen.
Und all das scheint mit einer gleichsam naturgesetzlichen Zwangsläufigkeit und Unentrinnbarkeit vor sich zu gehen. Das Leben im ganzen ist für unabsehbare Zeit und mit kaum voraussehbarem Resultat in Bewegung geraten, ohne daß es jemanden gäbe, der diesen Prozeß in allen seinen Konsequenzen überschauen, steuern und verantworten würde. Es ist ein Fortschritt ohne eine tragende Fortschrittsidee (die Fortschrittsideen der unmittelbaren Initiatoren, der kapitalistischen Unternehmer, erfassen höchstens Teile der durch ihre Aktivität ausgelösten sozial-kulturellen Gesamtbewegung). Es ist, noch schärfer formuliert, insgesamt ein Fortschritt ohne »Fortschritts«-Charakter im herkömmlichen Verstande, denn das, was alltäglich als Fortschritt erfahrbar ist, hat mehr den Charakter »eines sachgesetzlich fortschreitenden Änderungsprozesses als den einer unmittelbar von menschlichen Subjekten gewollten und getragenen Annäherung an ein bejahtes Ziel menschlicher Höherentwicklung«.[72] Es ist zudem ein Fortschritt, der bis dahin ungeahnte Belastungsmomente für große Teile der Bevölkerung mit sich bringt: Unstetigkeit des Lebens, »Heimatlosigkeit«, »Pauperismus« bzw. »Proletarisierung«, Unsicherheit und Krisengefährdung, schroffe Disziplinunterwerfung in der Arbeit, »Entinhaltlichung« bzw. »Entleerung« der Arbeit, »Entindividualisierung« und »Anonymität«. Wie von übermächtigen Rädern getrieben läuft die neue Art von Gesellschaft, die hier entsteht, in eine offenbleibende und zu den allerunterschiedlichsten Vermutungen Anlaß gebende Zukunft hinein. Hegel, so können wir sagen, sieht etwas durchaus Richtiges, wenn er davon spricht, daß die »bürgerliche Gesellschaft« durch die Dynamik der Arbeitsteilung »über sich hinausgetrieben« werde.[73] Er bleibt jedoch, hart am Rande des Neuen stehend, weit hinter ihm zurück, wenn er glaubt, es in konservativ gefaßten historischen Kategorien inter-

pretieren zu können. Was wirklich geschieht, ist der Übergang der »bürgerlichen Gesellschaft« in die »industrielle Gesellschaft«, nicht ihr Übertritt in den »Staat«. Weder der Konservatismus Hegels noch der von Comte, Saint-Simon, de Bonald, de Maistre oder Burke sind angesichts dieses Ereignisses noch zeitgemäß. Denn hier werden ganz andere Lichter aufgesteckt als die Andachtskerzen der Saint-Simonschen oder Comteschen Pseudokirche. Hier geht es auch nicht mehr um die Wiedererrichtung oder Durchhaltung regulativer Institutionen, die Bewahrung oder »ununterbrochenen und allmählichen« Fortschritt sichern. Hier geht es um Mutation der Menschheit, um Sturm der Bewegung und Ungewißheit des Wandels, um Revolution als gesellschaftlichen Dauerzustand und um das Aufbrechen ganz neuartiger Probleme und Spannungen. Auch das, was an den eben nochmals genannten Positionen Verteidigung des geschichtsphilosophischen Theoriemodells und Versuch seiner Durchsetzung gegenüber der widerwilligen Wirklichkeit ist, scheitert an den neuen Gegebenheiten endgültig. Denn hier gibt es nun keine Wirklichkeit mehr, die man so oder so in den Griff nehmen könnte. Die Wirklichkeit der Gesellschaft entfaltet sich in der *Eigengesetzlichkeit,* die sie gewinnt, vielmehr zur eigentlich normativen Instanz. Die Wegmarken der Soziologie sind hier offensichtlich umgesteckt, ihre überkommenen Bilder sind vergilbt. Losung des Tages ist die Entschlüsselung der neuen Verhältnisse und Gesetzlichkeiten, die in der industriellen Revolution ins Leben treten, nichts weiter.

Auf der Suche nach der neuen Wirklichkeit: Empirieansätze in der ersten Hälfte des 19. Jahrhunderts

Die Hinwendung zur unbekannten Wirklichkeit der neuentstehenden industriellen Gesellschaft erfolgt während der ersten Hälfte des 19. Jahrhunderts vielfach zunächst in einer relativ theorielosen, rein der Erfahrung und Beobachtung des Neuen zugewandten Weise. Schon nach der Französischen Revolution war an einigen Stellen ein derart »voraussetzungsloses« und somit auch radikales Erfahrungsbedürfnis aufgetreten, das bei Saint-Simon einen programmatischen Niederschlag erlebte. Im Zusammenhang der industriellen Revolution wiederholt sich dieses Erfahrungsbedürfnis in einer außerordentlich gesteigerten Weise.

Auslöser sind dabei weitgehend diejenigen neuartigen Belastungsmomente, die wir vorhin schon erwähnt hatten. Insbesondere der industriell bedingte »Pauperismus« ruft in den nichtindustriellen Teilen des Bürgertums eine heftige moralische Reaktion hervor, die ein starkes Informationsbedürfnis mit sich bringt. In England, wo die Anzeichen des Pauperismus am frühesten in Erscheinung treten, wird schon im Jahr 1795 eine erste systematische Erhebung über das Budget von Landarbeitern durchgeführt.[74] In den ersten Jahrzehnten des 19. Jahrhunderts werden hier Royal Commissions (parlamentarische Untersuchungskommissionen) eingesetzt, die durch beamtete Fabrikinspektoren verschiedenste »Erhebungen über die Lebensverhältnisse der Fabrikarbeiter, zumal der Frauen und Kinder«[75] vornehmen lassen. Das Material, das hier zusammengetragen wird, fließt in mehrere später einsetzende theoretische Verarbeitungsbemühungen ein, so in die von Karl Marx und Friedrich Engels. Engels ist — mit seiner Arbeit über »Die Lage der arbeitenden Klasse in England« von 1845 — zunächst noch selbst an der empirischen Erschließung der neuen Gegebenheiten »aus persönlicher Anschauung und persönlichem Verkehr«[76] beteiligt. Er hält sich in der ersten Hälfte der vierziger Jahre für 21 Monate im englischen Industrierevier auf, beobachtet, führt Gespräche und sammelt Dokumente.

In Frankreich ist es die Académie des Sciences Morales et Politiques, die in den vierziger Jahren Untersuchungen über den Pauperismus bei Industriearbeitern anregt und finanziert. Im Jahr 1840 führten *Antoine Eugène Buret* und *Louis René Villermé* zum ersten Male im Auftrag der Académie Erhebungen über die Situation der französischen Industriearbeiterschaft durch.

Wesentlich bekannter wurden — neben denen von Quetelet — die ebenfalls von der Académie honorierten Arbeiten von *Frédéric Le Play* (1806 - 1882). Le Play, der zeitweilig den Saint-Simonisten nahegestanden hatte, war ursprünglich Bergingenieur und Professor an der Ecole des Mines. Er ist unter Napoleon III. Berichterstatter beim Staatsrat für öffentliche Angelegenheiten, organisiert die Weltausstellung von 1867 und gibt sich im übrigen ausgesprochen konservativ. Zeit seines Lebens stellen für ihn »die Dogmen von 1789« mit ihrem Individualismus einen der größten Irrtümer der Menschheit dar. Aber auch dem Staat, auf den, wie wir gesehen haben, die älteren Konservativen gewöhnlich sehr schnell rekurrierten, steht er voller Mißtrauen gegenüber. Aus der damit gegebenen doppelten Abgrenzung ergibt sich für ihn eine Konzentration seiner Aufmerksamkeit auf die durch die industriegesellschaftliche Entwicklung gefährdeten gesellschaftlichen Kleinstrukturen mit den Zentren der Gemeinde und der Familie. Seiner Auffassung zufolge ist die Autorität des Familienvaters die entscheidende unter denjenigen Kräften, die den einzelnen in die gesellschaftliche Wertordnung hineinsozialisieren und die damit die Stabilität der Gesellschaft garantieren. Alle anderen Autoritäten, deren gewachsene Gestalt er keineswegs infrage stellt, kommen demgegenüber nur subsidär in Frage.

Die Radikalität der vor sich gehenden gesellschaftlichen Wandlungen gelangt nun in Le Plays Ausführungen ungeachtet ihrer konservativen Grundorientierung darin sehr drastisch zum Ausdruck, daß er immer wieder die von ihm vermutete Zerstörung des herkömmlichen familiären Patriarchalismus diskutiert. Seiner Auffassung nach ist diese gesamtgesellschaftliche Katastrophe für alle Unruhe der Zeit verantwortlich. Zwar sieht er sehr deutlich, daß man sich gegenüber gewissen Grundtatsachen der modernen Gesellschaftsentwicklung nicht einfach auf den Standpunkt der alten Gesellschaft stellen kann. Insofern hat sein Konservatismus auch eine neue Qualität, die der »Normativität« des eigengesetzlich gewordenen Empirischen entgegenkommt. Aber er glaubt doch, daß immerhin noch genügend Spielraum in der Bewegung vorhanden sei, um eine Strukturierung der in den wachsenden Städten neu entstehenden sozialen Verhältnisse nach dem Modell der patriarchalischen Familie zuzulassen. So z. B. könne und solle, wie er meint, der Industriebetrieb um die Person des Unternehmers herum patriarchalisch organisiert sein. Der Standpunkt Le Plays zeichnet sich also durch die Bemühung aus, die in ihrer Selbstläufigkeit durchaus anerkannte Entwicklung der industriellen Gesellschaft im Hinblick auf mögliche Ansatzpunkte für konservative Sozialreformen abzutasten. Dieses Abtasten, auf das sich bei Le Play alles konzentriert, geht nun — in einer durchaus methodisch kontrollierten Weise — im Sinne empirischer Erhebungsarbeit vor sich. »20 Jahre lang durchstreift er ganz Europa bis an den Ural«[77] und sammelt Monographien von Arbeiterfamilien, die er 1855 unter dem Titel »Les Ouvriers Européens« veröffentlicht. »Die Monographie einer Familie nach der Methode Le Plays aufstellen, bedeutet nicht nur ihre Geschichte erzählen, ihre Lebensweise beschreiben und ihre Existenzmittel analysieren, sondern alle Handlungen ihres Lebens im Rahmen einer ›amerikanischen Buchführung‹ — nach Einnahmen und Ausgaben — zusammenzufassen, in der im voraus alle Rubriken numeriert und mit Aufschriften versehen sind, so daß alle sich stets auf das genaueste vergleichen lassen.«[78] Le Play hat, so würdigen Jahoda, Lazarsfeld und Zeisl diese Bemühungen, unter »fortschrittsgeschichtlichem« Aspekt, »als erster die Bedeutung des ausführlichen Inventars, des Details für die Soziologie erkannt. Neben den zahlreichen offiziellen Enquêten wirken die Le Playschen Monographien wie ein unmittelbares Abbild des Lebens selbst. ... Entscheidend war auch«, so fahren sie fort, »die neue Art, in der Le Play das Material für die Familienmonographien sammelte. ... Die bescheidene Einordnung des Beobachters in das Untersuchungsfeld, die peinliche Genauigkeit der Protokollierung aller Vorgänge, die Forderung nach möglichst umfassendem Quellenmaterial gehören seitdem zum eisernen Bestand« der empirischen Forschung.[79]

In Deutschland sind im Zusammenhang der Hinwendung zur »voraussetzungslosen« Information über das Gegebene zunächst die sogenannte Historische Rechtsschule *(Friedrich Karl von Savigny,* 1779 - 1861 und andere) und die sogenannte ältere historische Schule der Nationalökonomie *(Wilhelm Roscher,* 1817 - 1894, *Bruno Hildebrand,* 1812 - 1878, *Karl Knies,* 1821 - 1898) zu erwähnen. Das Ziel ist hier »schildernde Wiedergabe der Wirklichkeit in ihrer vollen Realität« im Unterschied zur »begrifflichen Erfassung im Wege der generalisierenden Abstraktion«.[80] Insbesondere im Raum der älteren historischen Schule der Nationalökonomie entwickelt sich eine starke Beziehung zur Statistik, daneben aber auch zur wirtschaftsgeschichtlich orientierten Monographie und, nach Gustav Schmoller, zur »modernen realistischen Detailforschung«.[81]
Die stärkste Bedeutung für die Soziologie erlangte allerdings *Wilhelm Heinrich Riehl* (1823 - 1897), den man einen »realistischen Nachkommen der Romantik« genannt hat. Riehl, Professor für Staats-, Gesellschafts- und Wirtschaftswissenschaft, Kultur- und Staatengeschichte an der Universität München, ist ähnlich wie Le Play ein großer Wanderer. Da er sich darauf kapriziert, die eigenen Füße als Fortbewegungsmittel zu verwenden, ist sein Bewegungsradius allerdings geringer als der des Franzosen und erstreckt sich ausschließlich auf Deutschland.

Natürlich nimmt Riehl diese Beschränkung nicht ohne Absicht auf sich. Ihm geht es in der Tat darum, die in den Winkeln der Modernität siedelnde Substanz des deutschen Volkslebens aufzuspüren. Mit unmodernen Mitteln sucht er also — ganz bewußt — nach der unmodernen Welt, nach dem, was war und ist und, seiner Auffassung zufolge, immer sein wird: Stamm, Sprache, Sitte und Siedlung (»die vier großen S«).

Ganz ähnlich wie Le Play geht es nun allerdings auch Riehl nicht einfach um das Alte, sondern vielmehr um Bleibendes, das sich in den Strukturen der Modernität und durch sie hindurch erhalten und fortsetzen soll. Das zeitgenössische Hauptthema der aus den Wandlungen im Arbeitsbereich fließenden gesellschaftlichen Änderungen schlägt sich bei ihm in der Grundüberzeugung nieder, der Mensch werde im wesentlichen durch die Arbeit geformt und bestimmt. Auch die von ihm stark betonte Besonderheit der einzelnen Volkstümer führt er auf individuelle Merkmale der nationalen Arbeitssysteme zurück. Riehl setzt sich durchaus sehr ausführlich mit denjenigen Gefährdungen des Volkslebens auseinander, die sich aus den kosmopolitisch-nivellierenden Tendenzen der modernen industriellen Arbeitsteilung ableiten. Er sieht, daß hier insbesondere eine Scheidung von Geistesarbeit und Handarbeit vor sich geht, die zur Entstehung eines »vierten Standes« führt, den er des öfteren als »Proletariat« anspricht. Die Arbeit des Proletariats, so sieht er, wird immer mechanischer und verliert dadurch das national bestimmte Sonderkolorit, das der Arbeit der anderen »Stände« immer noch und, wie er meint, bleibend anhaftet. Außerdem wird, so stellt er fest, durch die Fabrikentstehung die proletarische Familie praktisch auseinandergerissen. Damit entfällt für diesen Bereich der Gesellschaft aber auch die Möglichkeit zur Pflege der nationalen Bildung und Sitte in der normalen bürgerlichen »Familienkultur«, die für ihn, ähnlich wie für Le Play, die entscheidende institutionelle Stütze des in der nationalen Arbeit angelegten Volkslebens ist. Auch Riehls Vorstellungen laufen an diesem Punkt in sozialreformerische bzw. sozialpolitische Überlegungen aus. Im Unterschied zu Le Plays Patriarchalismus neigt er aber sehr stark dazu, die Förderung von genossenschaftlichen Zusammenschlüssen der Arbeiter zu empfehlen. In ihnen soll — auf verändertem sozialorganisatorischem Boden und im Wege der freiwilligen gegenseitigen Erziehung, Unterstützung und Förderung — das nationale Volksleben da, wo es gefährdet ist, von neuem Wurzel schlagen.

Die voraussetzungslos-empirische Hinwendung zur unbekannten Wirklichkeit der industriellen Gesellschaft konnte nicht ewig währen. Wie wir gerade nochmals sahen, waren es im wesentlichen Motive der Sozialreform, mit denen sich diese Art von Hinwendung zu verbinden vermochte. Hinter diesen Motiven standen wiederum entweder konservative Hoffnungen der Ein- und Rückbindung der neuen Wirklichkeitsbestände ins »überzeitlich Gültige« oder auch praktische Bedürfnisse nach »Wegregelung« von unerwünschten Störungen und Nebenwirkungen der Entwicklung. Von keiner dieser beiden Seiten her konnte aber das, was eigentlich die Substanz der neuen Situation ausmachte, die entfesselte Eigengesetzlichkeit des Sozialen nämlich, voll reflektiert werden. Die empirische Sozialforschung, die uns hier begegnet, lief an einer sozial allzu kurzen Leine. Denn das von ihr nicht befriedigte Bedürfnis nach unmittelbarer Reflexion des Eigengesetzlichkeitsphänomens und seiner Bedeutung für die gesellschaftliche Gegenwart und Zukunft war sehr groß. Außerdem brachte die neue Gesellschaftsdynamik starke Spannungen und Konflikte mit sich, die durch sozialreformerische Auffang- und Neutralisierungsaktionen nicht getroffen werden konnten. Vor- und nachbürgerliche Tendenzen und Kräfte stießen sich hart mit denjenigen bürgerlichen Expansionsinteressen, die im Zuge der industriellen Revolution zur Geltung gelangten. Die Transformation der »bürgerlichen« in die »industrielle Gesellschaft« bedeutete den zunehmenden Hineinriß großer Bevölkerungsmassen in eine passive und dienende Funktion zu fremdem Nutzen. Der zum industriellen »Bourgeois« gewordene »Bürger« von einst war nicht mehr ohne weiteres die humane und aufgeklärte Spitze der fortschrittlichen Menschheitskräfte. Er war vielmehr Fabrikherr. Seine gesellschaftliche Rolle schloß in dieser Verwandlung die rigorose Wahrnehmung von Herrschaftsfunktionen mit ein, die große Belastungszumutungen für die Rollenobjekte mit sich brachten. Endlich wurden die vierziger Jahre aber auch durch den Einsatz einer zweiten »langen Welle« der industriell-ökonomischen Aktivität gekennzeichnet, die eine deutliche Verstärkung der Eigengesetzlichkeitstendenzen und -kräfte mit sich brachte.[82] Es war insbesondere der um diese Zeit stoßartig einsetzende Eisenbahnbau, der nicht nur einen bis dahin noch nie erlebten konjunkturellen Aufschwung mit sich brachte, sondern darüber hinaus revolutionäre Auswirkungen auf das Wirtschaftssystem im ganzen und von daher auch auf die politische Dimension und auf das Zeitbewußtsein hatte.

»Wie ungeheuer die Menschen jener Tage durch das Auftauchen der Eisenbahnen in Erregung versetzt wurden«, so schreibt Franz Schnabel, »läßt uns die Literatur der Zeit erkennen. Mit tiefer Bewegung hat Heine im Jahre 1843 die Veränderungen überdacht, die nun in unserer Anschauungsweise, unseren Vorstellungen eintreten müssen, wenn man nach Eröffnung der neuen Linien in 4½ Stunden von Paris nach Rouen oder Orléans reisen konnte... Jetzt wurde die Welt wirklich kleiner, das Leben länger, die Grenzen weiter. Die Eisenbahn war berufen, der Nation wie der Menschheit in gleicher Weise zu dienen... Die Eisenbahnen waren geeignet, den Partikularismus aufzuzehren, die Menschen zueinander zu führen, die Stammeseigentümlichkeiten zurücktreten zu lassen... Die nationale Demokratie erkannte in den Eisenbahnen einen Hebel der Volksbildung und der Nationalität, einen Ersatz für die verkümmerte Pressefreiheit, so daß durch die Steigerung des persönlichen Verkehrs die Schranken des freien Gedankenaustausches überwunden werden konnten... Die gleiche Form der Fortbewegung konnte helfen, die Unterschiede der Stände auszugleichen... Man hoffte auch, durch den Eisenbahnbau Europa zu einem einheitlichen Ganzen zu machen und den Menschheitsgedanken zu fördern. In seinem optimistischen Glauben meinte jenes Geschlecht, daß der Austausch der Geister den ›Nationalhaß‹ verschwinden machen werde.«[83]

So war das Zeitbewußtsein durch die zunehmende industriell-ökonomische Eigengesetzlichkeit insgesamt in einem widersprüchlichen Sinne gebannt und fasziniert. Auf den Schienen der neuen Eisenbahnen kehrten die eschatologischen Hoffnungen der vorrevolutionären Aufklärung wieder, während aus den Fabriken zugleich die Proletarisierungsanklage in die Gesellschaft hineindrang. Das Zeitbewußtsein forderte eine Deutung dieser Widersprüche, und das hieß mehr als aktuelle Sozialreportage mit den Mitteln empirischer Sozialforschung. Ganz offensichtlich war der universale Aussageanspruch der älteren Geschichtsphilosophie hier nach wie vor wieder gefordert. Die Umrisse eines neuen Theoriemodells, das dieser Forderung gerecht wurde und das sowohl die neue Eigengesetzlichkeit wie auch die Widersprüchlichkeit der von ihr produzierten Entwicklungen einbezog, wurden hier gewissermaßen sozial vorentworfen. Und die Soziologie kam diesem Vorentwurf nach, füllte ihn seit den fünfziger Jahren unter souveräner Beiseitelassung ihrer kaum erst errungenen empirischen Erstlingssporen mit einem breiten Fächer großer Systemschöpfungen aus, in denen dieses neue Theoriemodell Wirklichkeit wurde.

Eine erste große und weithin Aufmerksamkeit erregende Dokumentation fand der neue Ansatz in dem Werk »De la Démocratie en Amérique« von *Alexis de Tocqueville* (1805 - 1859), das im Jahr 1833 erschien.[84] Tocqueville geht es hier mit völliger Unmißverständlichkeit ausschließlich darum, den unter seinen Augen vor sich gehenden gesellschaftlichen Wandel zu analysieren. Das Buch ist insofern so weitgehend, wie dies im Zusammenhang einer umfassend angelegten Gesellschaftsanalyse überhaupt nur möglich ist, dezidiert empirisch. Aber »Empirie« hat nunmehr eine neue Qualität: Ein großes Staunen, inmitten der »ungeheuren Verwirrung der menschlichen Angelegenheiten«[85], welche sich den Zeitgenossen bisher darzubieten schien, plötzlich wieder eine klare, Jahrzehnte übergreifende und integrierende Tendenz und gesetzesförmige Geschehenslinie entdecken zu können, durchzieht das ganze Werk. Tocqueville gesteht, daß er das Buch »unter dem Eindruck einer Art religiösen Schauders« geschrieben habe.[86] Er hat das Gefühl, daß seine Gegenwart »mitten in einem reißenden Strom« (sic!) mit dem Rücken zur Strömungsrichtung steht, während sie doch ständig mitgerissen wird.[87] Man muß sich, so meint er, nur umdrehen, um sich die »Blickrichtung Gottes« aneignen zu können.[88] In diesen Worten gewinnt das neu aufbrechende Notwendigkeitsbewußtsein eindringlich Gestalt, wenngleich es in ihnen auch seine vorerst noch sehr große theoretische und methodische Hilflosigkeit enthüllt. Die Tatsache, daß die Wirklichkeit einen »unwiderstehlichen« Eigentrend entwickelt, wird in einem relativ konventionell anmutenden Sinne auf die schon seit langem vordrängende und mit den bürgerlichen Revolutionen immer verknüpfte »Gleichheits«-Tendenz zurückgeführt. Diese wird wiederum in einem durchaus ins 18. Jahrhundert, allenfalls zu de Bonald und de Maistre zurückweisenden Sinne auf die »Vorsehung« bzw. auf den »Willen Gottes« projiziert. Wenn man so will, dann steht Tocqueville damit ungeachtet der auch heute noch verschiedentlich bewunderten Prognosekraft vieler seiner Aussagen weit hinter Hegel. Immerhin bringt Tocqueville immer wieder zum Ausdruck, daß man erkennen müsse, in einer »Revolution« zu leben, die viel grundsätzlicher und langfristiger sei als die Französische Revolution von 1789. Das Gefühl und Bewußtsein eines aus den in Bewegung geratenen Strukturen der bürgerlichen Gesellschaft selbst aufbrechenden »torrent révolutionnaire« ist jetzt lebendig, wenngleich auch noch nicht in dem auf der Linie Adam Smith — Hegel bereits vorentworfenen Sinne.

Mit völliger Eindeutigkeit und in vollster Entfaltung ist das neue Theoriemodell dagegen am Werk von *Karl Marx* (1818 - 1883) und *Friedrich Engels* (1820 - 1895) ablesbar. Die Behandlung dieser beiden Autoren ist daher geeignet, einige wesentliche Züge dessen, was die europäische Soziologieentwicklung nunmehr insgesamt erbringt, sichtbar zu machen und die Eigenschaften des neuen Theoriemodells zu demonstrieren.

Wie sehr Marx und Engels in ihrem ganzen Denken auf die angenommene Übereinstimmung mit dem in den realen Gesellschaftsfakten zum Ausdruck gelangenden Eigengesetzlichkeitstrend der Wirklichkeit aufbauen, wird an beinahe jeder Stelle ihres Werkes deutlich. Das Bewußtsein, mit dem eigenen Denken die Bewegungsprinzipien der neuen »industriellen Gesellschaft« selbst zum Ausdruck zu bringen, bestimmt mit einer Klarheit, an der nicht zu deuteln ist, auch ihr kritisches Verhältnis zur bisherigen Sozialtheorie. »Dem unreifen Stand der kapitalistischen Produktion«, so schreibt Engels im Hinblick auf Saint-Simon und andere »Stifter des Sozialismus«, »entsprechen unreife Theorien. Die Lösung der gesellschaftlichen Aufgaben, die in den unentwickelten ökonomischen Verhältnissen noch verborgen lag, sollte aus dem Kopfe erzeugt werden. Die Gesellschaft bot nur Mißstände; diese zu beseitigen war eine Aufgabe der denkenden Vernunft. Es handelte sich darum, ein neues, vollkommneres System der gesellschaftlichen Ordnung zu erfinden und dies der Gesellschaft von außen her, durch Propaganda, womöglich durch das Beispiel von Musterexperimenten aufzuoktroyieren. Diese neuen sozialen Systeme waren von vornherein zur Utopie verdammt; je weiter sie in ihren Einzelheiten ausgearbeitet wurden, desto mehr mußten sie in reine Phantasterei verlaufen«.[89]

Die Bemühung, sich gegenüber den »utopischen Sozialisten« auf die Höhe der modernen gesellschaftlichen Wirklichkeit zu begeben, erfolgt zunächst im Wege einer Übernahme des Hegelschen »Dialektik«-Prinzips im oben gekennzeichneten Sinne. Bei Hegel wird, so rühmt Engels in Übereinstimmung mit Marx, »die ganze natürliche, geschichtliche und geistige Welt als ein Prozeß, d. h. als in steter Bewegung, Veränderung, Umbildung und Entwicklung begriffen dargestellt und der Versuch gemacht

. . ., den innern Zusammenhang in dieser Bewegung und Entwicklung nachzuweisen«.[90]

Die Rezeption der Hegelschen Dialektik durch Marx und Engels erfolgt in den vierziger Jahren. Welchen unmittelbaren Bezug sie zum Problem der Bewältigung der neuen Notwendigkeits- und Eigengesetzlichkeitserfahrung der industriellen Gesellschaft hat, zeigt sich deutlich, als Marx im Jahr 1873 im Nachwort zur 2. Auflage des ersten Bandes des »Kapital« einem russischen Rezensenten beipflichtet, der schreibt, daß es ihm, Marx, darum gehe, »mit der Notwendigkeit der gegenwärtigen Ordnung zugleich die Notwendigkeit einer andren Ordnung« nachzuweisen, in die »die erste unvermeidlich übergehen muß, ganz gleichgültig, ob die Menschen das glauben oder nicht glauben, ob sie sich dessen bewußt oder nicht bewußt sind«. Marx wehrt sich auch nicht gegen die Auffassung des Russen, er betrachte »die gesellschaftliche Bewegung als einen naturgeschichtlichen Prozeß, den Gesetze lenken, die nicht nur von dem Willen, dem Bewußtsein und der Absicht der Menschen unabhängig sind, sondern auch umgekehrt deren Wollen, Bewußtsein und Absichten bestimmen«. Er ergänzt, um jeden Zweifel an der Identität dieser gleichsam naturwissenschaftlich-positivistisch anmutenden Standortkennzeichnung auszuschalten: »Indem der Herr Verfasser das, was er meine wirkliche Methode nennt, so treffend . . . schildert, was anderes hat er geschildert als die dialektische Methode?«[91]

Hegel vermittelt Marx und Engels also den Zugang zu einer Theorieposition, die es ihnen möglich macht, die industriegesellschaftliche Entwicklung in ihrer Eigengesetzlichkeit aufzugreifen und einer Deutung zu unterwerfen.[92] Hegel hilft Marx und Engels auch bei ihrer Zuwendung zur gesellschaftlichen Arbeitssphäre (zur »Ökonomie«) als der für die gesellschaftlichen Wandlungen der Zeit entscheidenden Wirklichkeitsdimension. Hegel muß, nach der übereinstimmenden Erkenntnis der beiden, nun allerdings noch von demjenigen »Idealismus« befreit werden, der ihn daran gehindert hat, den gegenwärtigen Übergang der bürgerlichen in die industrielle Gesellschaft in den Mittelpunkt seines Systems zu rücken. Dies ist eines der Hauptthemen der Marxschen Frühschriften aus der ersten Hälfte der vierziger Jahre. Im wesentlichen laufen die aus dieser Zeit stammenden Marxschen Überlegungen auf die durch die Philosophie Ludwig Feuerbachs mitgestützte Feststellung hinaus, Hegel habe einen historisch deformierten und insofern »entfremdeten« Menschen mit »entfremdeten« Bedürfnissen, Grenzen und Schwächen vorausgesetzt, der auf die Krücken des Rechts, der Religion und des Staates angewiesen sei. In Wirklichkeit seien diese Krücken aber nur die Symptome der menschlichen Entfremdung als eines geschichtlich gewachsenen Zustands, der selbst durch die über alle bisherige Geschichte hinausführende industrielle Revolution infrage gestellt werde. Eine Theorie, die sich den wirklichen Zugang zum gegenwärtigen Wandel mit allen seinen Tiefen- und Möglichkeitsdimensionen nicht verbauen wolle, müsse daher die Entfremdung des Menschen in ihren sämtlichen Erscheinungsweisen mitaufnehmen und reflektieren. Erst dann könne sie unbeeinflußt und ungehindert sehen, was ist, und vorauswissen, was wird und möglich ist.

In den Augen von Marx und Engels enthüllt sich in solchen Aufdeckungen eine ideologische Dimension im Denken Hegels wie auch einer ganzen Reihe von weiteren zeitgenössischen Denkstandorten. Der »Materialismus« von Marx und Engels beruhigt sich jedoch nicht bei der Aufdeckung ideologischer »Verdoppelung der Welt«[93] und bei der daraus ableitbaren Ideologiekritik gegenüber dem zeitgenössischen Denken. Er kann es auch gar nicht, denn er würde ja in dem Augenblick, wo er sich auf eine ausschließlich philosophische Kritik der Wirklichkeit einließe, das Bekenntnis zur »dialektischen Methode« Lügen strafen müssen. Das Bekenntnis zur Dialektik fordert daher in der Marxschen und Engelsschen Auffassung die Konzentration der Theorie auf die in der Wirklichkeit selbst steckenden Notwendigkeitsmomente. Wenn also der »Gedanke« des Theoretikers in einen Widerspruch zur »Wirklichkeit« gerät, dann bedeutet das solange nichts, als nicht dieser Widerspruch in der Wirklichkeit selbst in Erscheinung tritt. »Es genügt nicht«, so notiert Marx dementsprechend schon im Jahr 1843, »daß der Gedanke zur Verwirklichung drängt, die Wirklichkeit selbst muß sich zum Gedanken drängen.«[94]

Erforderlich ist für die Durchhaltung der Gemeinsamkeit von »dialektischer Methode« und Entfremdungskritik also die Aufdeckung realer Widerspruchsenergien in der gesellschaftlichen Wirklichkeit selbst, welche auf die Durchbrechung und Beseitigung der Entfremdung hinzielen. Genau an diesem Punkt erhalten für Marx und Engels die durch die Industriegesellschaft erzeugten starken Belastungen der wachsenden Arbeitermassen entscheidende Bedeutung. Hier, im industriellen »Proletariat«, keimen, so glauben Marx und Engels, Gefühle des Elends, der

Ausgestoßenheit und Ausgebeutetheit, die sich zunehmend zum »Klassenbewußtsein« und zur Klassenkampfbereitschaft, d. h. zur uneingeschränkten Feindschaft gegenüber dem gesamten bürgerlichen System verdichten. Je mehr sich Marx und Engels dem Proletariat zuwenden, desto klarer scheint ihnen, daß sich in ihm ein Mechanismus der Selbstliquidierung der bürgerlichen zugunsten einer nachbürgerlich-industriellen Gesellschaft verkörpert, der mit der Präzision eines Naturgesetzes funktioniert. »In demselben Maße, worin sich die Bourgeoisie, d. h. das Kapital entwickelt«, so heißt es im Kommunistischen Manifest von 1847, »in demselben Maße entwickelt sich das Proletariat«, solange, bis dieses schließlich die »ungeheure Mehrzahl« der Gesellschaftsmitglieder umfaßt.

»Aber mit der Entwickelung der Industrie«, so fährt das Kommunistische Manifest fort, »vermehrt sich nicht nur das Proletariat; es wird in größeren Massen zusammengedrängt, seine Kraft wächst, und es fühlt sie mehr. Die Interessen, die Lebenslagen innerhalb des Proletariats gleichen sich immer mehr aus, indem die Maschinerie mehr und mehr die Unterschiede der Arbeit verwischt und den Lohn fast überall auf ein gleich niedriges Niveau herabdrückt. Die wachsende Konkurrenz der Bourgeois unter sich und die daraus hervorgehenden Handelskrisen machen den Lohn der Arbeiter immer schwankender; die immer rascher sich entwickelnde, unaufhörliche Verbesserung der Maschinerie macht ihre ganze Lebensstellung immer unsicherer; immer mehr nehmen die Kollisionen zwischen dem einzelnen Arbeiter und dem einzelnen Bourgeois den Charakter von Kollisionen zweier Klassen an. ... die immer weiter um sich greifende Vereinigung der Arbeiter... wird befördert durch die wachsenden Kommunikationsmittel, die von der großen Industrie erzeugt werden und die Arbeiter der verschiedenen Lokalitäten miteinander in Verbindung setzen;... die Vereinigung, zu der die Bürger des Mittelalters mit ihren Vizinalwegen Jahrhunderte bedurften, bringen die modernen Proletarier mit den Eisenbahnen in wenigen Jahren zustande. ... Mit der Entwickelung der großen Industrie wird also unter den Füßen der Bourgeoisie die Grundlage selbst hinweggezogen, worauf sie produziert und die Produkte sich aneignet. Sie produziert vor allem ihren eigenen Totengräber. Ihr Untergang und der Sieg des Proletariats sind gleich unvermeidlich.«[95]

Die in der bürgerlichen Gesellschaft selbst steckende dialektische Widerspruchsdynamik führt aber nach Marx und Engels nicht nur zur erfolgreichen Revolution des Proletariats. Sie sorgt ihrer Aussage zufolge darüber hinaus auch dafür, daß diese Revolution den Übergang zu einer neuen Gesellschaft garantiert, in der der Mensch eine unentfremdete Existenz führen kann.

Eine wesentliche Voraussetzung dafür ist die durch die Verwandlung nahezu aller Menschen in Arbeiter vor sich gehende soziale Nivellierung. Diese Nivellierung schließt aus, daß die proletarische Revolution so wie frühere Revolutionen eine Aktion im Interesse einer gesellschaftlichen Minderheit ist und nur zur Errichtung neuer Herrschaftsverhältnisse führt. Da menschliche Entfremdung immer zu einem guten Teil Reflex sozialer Herrschaftsverhältnisse war, bedeutet die Entstehung einer »klassenlosen Gesellschaft« per se eine entscheidende Schwächung der Voraussetzungen der Entfremdung. Hinzu kommt, daß die Bourgeoisie mit der Einführung der industriellen Produktionsweise revolutionierende Möglichkeiten der Wohlstandserzeugung geschaffen hat, die bei richtiger Nutzung allen Gesellschaftsmitgliedern eine drastische Reduzierung des Arbeitstages und damit eine weitgehende Loslösung aus der Last der alltäglichen Arbeit um der bloßen Notdurft willen gewährleisten. Und schließlich hat das Elend, durch das der Proletarier hindurchgehen mußte, aus ihm selbst sehr weitgehend die innere Bindung an die ideologischen Institutionen der Entfremdung ausgebrannt.

»Die Lebensbedingungen der alten Gesellschaft«, so heißt es im Kommunistischen Manifest, »sind schon vernichtet in den Lebensbedingungen des Proletariats. Der Proletarier ist eigentumslos; sein Verhältnis zu Weib und Kindern hat nichts mehr gemein mit dem bürgerlichen Familienverhältnis; die moderne industrielle Arbeit, die moderne Unterjochung unter das Kapital, dieselbe in England wie in Frankreich, in Amerika wie in Deutschland, hat ihm allen nationalen Charakter abgestreift. Die Gesetze, die Moral, die Religion, sind für ihn ebenso viele bürgerliche Vorurteile, hinter denen sich ebenso viele bürgerliche Interessen verstecken.«[96]

Im Proletariat findet »die Philosophie« also »ihre materiellen Waffen«.[97] Das Proletariat ist Garant dafür, daß sich die philosophische Wirklichkeitskritik des Sozialismus »aufheben« und zur »Wissenschaft« von den dialektischen Bewegungsgesetzen der gesellschaftlichen Wirklichkeit verwandeln kann. Das Handeln des Proletariats innerhalb der prognostizierten Bahnen ist die Voraussetzung dafür, daß die Theorie das leisten kann, was sie will: eine im »geschichtsphilosophischen« Sinne informative Gesamtdeutung des gesellschaftlichen Wandels unter wissensmethodischer und inhaltlicher Verarbeitung der von der Arbeitssphäre her ausstrahlenden sozialen Eigengesetzlichkeit und Problemhaltigkeit. Da das Handeln des Proletariats unter den kapitalistischen Bedingungen für Marx und Engels aber

selbst nur abhängige Variable innerhalb einer durch das Selbstverwertungsstreben des Kapitals geschaffenen Mechanik menschlicher Not ist, rückt zwangsläufig die Verhaltenslogik des Kapitals ins Zentrum der Analyse. Genau diesem Bereich widmet Marx die letzten 25 Jahre seines Arbeitslebens.
Im Zentrum seiner Bemühungen steht dabei die Lehre vom »Mehrwert«. Mehrwert ist für Marx diejenige Überschußsumme, die ein kapitalistischer Produzent zurückbehält, wenn er nach dem Verkauf einer Ware die Kosten vom Erlös abzieht. Nach Marx ist die Erzielung eines möglichst großen Mehrwerts der direkte Zweck und das bestimmende Motiv der kapitalistischen Produktion. Das subjektive Produktionsmotiv des einzelnen Kapitalisten ist mit diesem gleichsam objektiven Motiv der »Selbstverwertung des Werts« zwangsweise identisch. Würde er in seiner subjektiven Motivbildung von der objektiv vorgegebenen Linie abweichen, dann würde er nämlich aus der Rolle des Kapitalisten austreten und aufgrund des Konkurrenzmechanismus aus dem Markt verdrängt werden. Der einzelne »Kapitalist« ist also im Grunde nur ein »Agent« des »Kapitals« als des eigentlichen Subjekts des Systems, oder, wie Marx auch sagt: eine »ökonomische Charaktermaske«. Seine Funktion ist es, zu kaufen und zu produzieren, um wiederzuverkaufen und dabei einen maximalen Mehrwert zu erzielen, nicht mehr und nicht weniger.[98]
Die ökonomische Verhaltenslogik des Kapitals ist damit eindeutig fixiert. Ihre notwendigerweise auf die Erzeugung des revolutionären Proletariats hinzielenden Konsequenzen findet sie darin, daß die Arbeitskraft des Arbeiters als einzige wirkliche Quelle des Mehrwerts in Frage kommt und daß sich das Motiv der Mehrwertmaximierung somit zwingend in das Programm maximaler »Exploitation« des Arbeiters umsetzt. Diese gelingt dem Kapital dadurch, daß es ihm möglich ist, die »Ware Arbeitskraft« zu einem minimalen Preis einzukaufen (demjenigen Lohn nämlich, mit dem der Arbeiter gerade sein »Subsistenzminimum« finanzieren kann), sie andererseits jedoch bis zur Grenze ihrer physischen Leistungsfähigkeit für sich tätig sein zu lassen. Damit ist das proletarische Elend konstituiert. Es verschärft sich dadurch, daß das Kapitel zunehmend Maschinen als Exploitationsinstrumente einsetzt, die dem Arbeiter die Arbeit zum Martyrium machen und die ihn zudem zumindest zeitweilig der Gefahr der Verdrängung von seinem Arbeitsplatz aussetzen. Die bis zur proletarischen Revolution hinführende

Kette kausaler Zusammenhänge kann an diesem Punkt an das angeknüpft werden, was wir bereits vorhin zum Thema der Ausdehnung und wachsenden Organisierung des Proletariats ausgeführt haben. Das Deutungssystem schließt sich und enthüllt in der Tat insgesamt einen exakt programmierten Mechanismus, dessen einzelne Teile unabhängig vom Willen der beteiligten Menschen in Richtung auf ein klar prognostizierbares Ziel, auf die säkulare Katastrophe der Revolution nämlich, hinarbeiten.

Marx war, wie Engels an seinem Grabe sagte, ein »Mann der Wissenschaft« und ein »Revolutionär« zugleich. Dies hat nicht nur die Bedeutung, daß sich Marx abgesehen von seiner wissenschaftlichen Betätigung auch der praktischen Arbeiterbewegung widmete. Vielmehr meint dies in erster Linie, daß Marx in seiner Wissenschaft selbst Revolutionär war, weil ihr Inhalt denjenigen, der ihn zur Kenntnis nahm, von der unvermeidlichen Notwendigkeit der Revolution überzeugen und entsprechend motivieren mußte.

Daß das Marxsche Werk in Wirklichkeit nun aber keineswegs jeden, der es zur Kenntnis nahm, zum bewußten Revolutionär oder auch umgekehrt zum verzweifelten Fatalisten werden ließ, beruhte nicht nur auf Verstocktheit. Vielmehr ist es, um dies zu erklären, gut, sich mit Joseph Schumpeter vor Augen zu führen, daß Marx nicht nur Wissenschaftler und Revolutionär, sondern auch »Prophet« war.[99] Sein Werk ruht — ebenso wie das von Engels — auf einer ganzen Reihe von hypothetischen Annahmen über die gesellschaftliche Weiterentwicklung auf, die unter keinen Umständen als völlig »gesichert« gelten konnten und die insofern grundsätzlich auch bestreitbar waren. So konnte es z. B. manchem um die Mitte des 19. Jahrhunderts als unglaubwürdig erscheinen, wenn Marx ein Anwachsen der zunächst ja noch verhältnismäßig kleinen Industriearbeiterschaft zur zahlenmäßig beherrschenden Sozialgruppe annahm. Außerdem konnte das, was Marx über die Unverrückbarkeit des proletarischen Elends sagte, dem einen oder anderen übertrieben vorkommen. Einmal war da ja noch der Staat. Dieser identifizierte sich zwar in der zweiten Hälfte des 19. Jahrhunderts allenthalben sehr stark mit dem wirtschaftlichen Expansionsinteresse des Bürgertums. Daß er, wie Marx meinte, von diesem vollständig abhängig sei, war jedoch eine Behauptung, der man durchaus gewisse Gegenbelege entgegenhalten konnte. Außerdem war es gerade angesichts einer stark wachsenden und sich zunehmend

organisatorisch zusammenschließenden Industriearbeiterschaft keinesfalls völlig fernliegend, sich zu fragen, ob denn nicht die organisierte Kraft der »Arbeiterklasse« aktuelle Verbesserungen der gegebenen Lage erzwingen und somit das proletarische Elend auf dem Boden des Kapitalismus durchbrechen könne.
Sieht man die Dinge so, dann wird einem klar, wieso Marx und Engels in ihrem Bemühen um die Schaffung einer dem industriellen »torrent révolutionnaire« angemessenen Gesellschaftstheorie durchaus nicht konkurrenzlos blieben und wieso es andere Systemansätze gab, die — ungeachtet eines gleichgelagerten Wissenschaftsanspruches — zu andersartigen Schlußfolgerungen gelangten. Die für die gegebene Situation charakteristische Eigengesetzlichkeit ließ, so können wir sagen, immer noch einen gewissen Spielraum für die Sichtung dieser oder jener Kursvariante der Weiterentwicklung übrig. Vielleicht war dieser Spielraum nicht sehr groß. Er reichte jedoch aus, um — mit Ch. Gide und Ch. Rist gesprochen — »pessimistische« und »optimistische« Interpretationen der Lage, insbesondere der in Erscheinung tretenden sozialen Widersprüchlichkeiten, zuzulassen. Von wem ein derartiger Spielraum in der einen oder anderen Richtung genutzt wurde, konnte dabei angesichts der gegebenen gesellschaftlichen Interessenspannungen kaum fraglich sein.
Auf der Seite der Industriearbeiterschaft konnte kaum ein großes Interesse für »verharmlosenden« Optimismus erwartet werden. Ebensowenig bei Marx und Engels und denjenigen anderen »Sozialisten«, denen die gegebene besitzbürgerliche Gesellschaft mit ihrer Tausch- und Warenwirtschaft ohnehin ein Greuel war. Andererseits aber war seitens des Bürgertums und der sich mit ihm identifizierenden Theoretiker eine starke Neigung zugunsten der »optimistischen« Deutungsalternative zu erwarten.
An eindeutigsten wurde dieser besitzbürgerlich orientierte Optimismus — im Anschluß an den großen nationalökonomischen Spätklassiker *David Ricardo* (1772 - 1823) — in England entwickelt. Allerdings finden wir auch in Frankreich und in Deutschland einige markante Vertreter dieser Position, ohne daß sich eindeutige nationale Besonderheiten bei ihnen auffinden ließen. Zu nennen sind zunächst insbesondere die Franzosen *Frédéric Bastiat* (1801 - 1850) und *Charles Dunoyer* (1786 - 1862), die Engländer *Richard Cobden* (1804 - 1865) und *Nassau Senior* (1790 - 1864) und der Deutsche *Prince-Smith* (1809 - 1874). Sie alle werden in der Wissenschaftsgeschichte gewöhnlich als »Volkswirtschaftler« bezeichnet, oft als solche »zweiten Ranges«.[100]

Gemeinsam ist ihnen allen die rigorose Durchhaltung des Glaubens an die nach wie vor funktionsfähige natürliche Autoharmonie der Wirtschafts- und Gesellschaftsbewegung und das Bekenntnis zum überkommenen Laissez-faire-Prinzip über alle neu auftretenden sozialen Widersprüche und Ungereimtheiten hinweg. Herstellung maximaler »Freiheit« in allen Bereichen der Gesellschaft ist die Standarddroge, die sie insbesondere gegenüber den zunehmend aufkeimenden sozialistischen und staatsinterventionistischen Regungen ins Feld führen. Auch von Sozialreform halten sie nichts oder wenig. Die Freiheit heile, so meinen sie, die Übel, die sie schafft, früher oder später von selbst.
Der Tiefstand der theoretischen Argumentation derartiger »Bourgeois-Theoretiker«, die den industriebürgerlichen Optimismus mehr desavouieren als stützen, wird nicht nur im Marxschen »Kapital«, sondern z. B. auch in dem 1864 erscheinenden »Herr Bastiat-Schulze von Delitzsch. Der ökonomische Julian oder Kapital und Arbeit« von *Ferdinand Lassalle* (1825 - 1864) einer scharfen Kritik unterzogen.
Daß die gegebene industriegesellschaftliche Eigengesetzlichkeit zwar einen Spielraum erwartbarer Entwicklungen einschließt, daß angesichts dessen aber nichtsdestoweniger keinerlei Anlaß zu einem solchermaßen naiven Harmonisierungsglauben gegeben ist, wird auch von *John Stuart Mill* (1806 - 1873), der selbst ein bürgerlicher Erbe der klassischen ökonomischen Theorie ist, in seinen »Principles of Political Economy« von 1848 mit Schärfe und Nachdruck betont. Zwar glaubt John Stuart Mill ganz ebenso wie die älteren und neueren englischen Liberalen an die durch die natürliche Anlage des Menschen ermöglichte und durch Ethik noch verstärkte Vereinbarkeit von Eigeninteresse und Sympathie. Zwar hängt auch er am Prinzip des laissez-faire, laissez-aller. Zwar glaubt endlich auch er, daß der Lohn des Arbeiters von Angebot und Nachfrage abhänge und daß unter den gegebenen Bedingungen insofern langfristig nur eine Einschränkung des Geschlechtstriebes zu einer wirksamen Besserung seiner wirtschaftlichen Lage führen könne. Ungeachtet seiner zeitweilig sehr heftigen Gegnerschaft gegen die aufkeimenden Arbeiterassoziationen macht er sich jedoch keine Illusionen darüber, daß eine solche Feststellung für den Arbeiter keinerlei Trost bedeuten könne. Eine Einschränkung des Geschlechtstriebes würde diesen ja praktisch zwingen, sich »dem Zölibat oder dem Onanismus«,[101] d. h. einem völlig unnatürlichen und moralisch unzumutbaren Zustand auszuliefern.

So neigt John Stuart Mill dazu, sich zu fragen, ob denn die natürlichen »Gesetze«, von denen die Theorie bisher ausging, nicht zumindest an einzelnen Stellen außer Kraft gesetzt werden könnten. Es ist genau dieser Punkt, der Mill dazu führt, gegenüber dem Deduktionismus der älteren und anderer zeitgenössischer Vertreter des englischen Liberalismus die Bedeutung der empirisch-induktiven Erfahrungsweise in den Vordergrund zu schieben und in diesem Zusammenhang u. a. auch die Bedeutung der Statistik als einer wichtigen Informationsquelle des Theoretikers zu betonen. Allgemein neigt er dazu, den Geltungsbereich der natürlichen Gesetze auf den Bereich der Produktion zurückzuschieben und für den Bereich der Einkommensverteilung eine starke Beeinflußbarkeit der Gegebenheiten durch menschliche Eingriffe anzunehmen. Diese Position führt ihn zunehmend dazu, oppositionellen Auffassungen über die Verhältnisse in der bürgerlichen Industriegesellschaft Recht zu geben und einer Art von »individualistisch-sozialistischem Programm«[102] anzuhängen.
Mills Zeitgenossen haben ihm angesichts dieser Wendung verschiedentlich »Verrat« am Liberalismus vorgeworfen. Was demgegenüber für uns wichtiger ist, ist die Tatsache, daß Mill in eben dieser Wendung das eigengesetzlichkeitsanalytische Theoriemodell relativiert. Es ist schwer entscheidbar, ob diese Wendung einen »Rückfall« in eine vorindustrielle Denksituation oder einen »Vorgriff« auf diejenigen nachfolgenden Entwicklungen darstellt, mit denen wir uns später zu beschäftigen haben werden. Dafür, daß es sich um einen Rückfall handelt, spricht Mills zunehmend enge Hinwendung zu Comte und insbesondere zu Saint-Simon. Mehr als biographische Bedeutung soll und kann dieser Tatsache allerdings hier nicht zugemessen werden.
Sicher ist, daß Mill unter den damaligen bürgerlichen Theoretikern Englands »unzeitgemäß« war. Das Selbstverständnis des industriell-kommerziellen Bürgertums war um die Mitte des 19. Jahrhunderts keineswegs in Richtung Sozialreform orientiert. Man dachte gerade in diesen Jahrzehnten kaum irgendwo daran, ernsthaft in die Speichen der großen Gesetzesräder zu greifen, sondern wandte sich umgekehrt in wachsendem Maße denjenigen Theorien zu, die eine Rechtfertigung der aufkommenden sozialen Widersprüchlichkeiten lieferten. Mill war nur insofern gefragt, als er diese Funktion erfüllte. Andere aber erfüllten sie besser, so insbesondere *Herbert Spencer* (1820 - 1903), der sich jedenfalls für die Zeit des 19. Jahrhunderts als der

eigentliche große bürgerliche Antipode zu Marx und Engels begreifen läßt.

In historischer Betrachtung mag einem das Werk von Spencer als einer der letzten großen Rückgriffe des europäischen Bürgertums auf die Tradition der Aufklärung erscheinen. Sein System offenbart mit einer beinahe schon aufdringlichen Deutlichkeit die Bemühung, die Substanz der älteren englischen Geschichtsphilosophie, das Vertrauen auf die evolutionäre Selbstdurchsetzungskraft des Fortschritts, mit den Eigengesetzlichkeiten der industriellen Gesellschaft in Deckung zu bringen. Die Härte der Zeit soll bei ihm nicht nur auf die Formel des unumstößlich Gesetzmäßigen, sondern unmittelbar auf die Formel des Fortschritts gebracht werden. Dabei ist die Bemühung deutlich erkennbar, den industriellen Fortschritt des 19. Jahrhunderts als unmittelbare Verlängerung des Fortschritts, wie ihn das 17. und 18. Jahrhundert vor Augen sahen, darzustellen und damit die Kontinuität, Ungebrochenheit und historische Legitimität des bürgerlichen Prinzips zu erweisen. Die Härte der Tatsachen, welche durch die Bewegungen der industriellen civil society ans Licht gebracht werden, zwingt dabei allerdings zu einer Neuinterpretation des Fortschrittsbegriffs.

An diesem Punkt fließt die Naturwissenschaft, vor allem die Biologie, in einem neuen breiten Strom ins soziologische Denken ein. Insbesondere ist es *Charles Darwin* (1809 - 1882), dessen universeller biologischer Evolutionismus durch Spencer selbst schon teilweise vorweggenommen wird, um dann später mit Enthusiasmus ins eigene System übernommen zu werden.

Spencer ist im ersten Band seines zwischen 1862 und 1893 entstehenden »System of Synthetic Philosophy« (d. h. in den »First Principles« von 1862) bemüht, allgemeine Gesetze der Evolution zu formulieren. Er gelangt dabei zu einer »biologisch-organologischen Lehre von den Organismen, die in ihrem Vereinheitlichungsstreben das gesamte Weltall, Milchstraßen und Amöben, Wirbeltiere und Kristalle, Menschenfresser — und die Gegenwart umgreift«.[103] Das berühmt gewordene erste Grundgesetz dieser allgemeinen Evolutionstheorie lautet dabei: »Entwicklung ist definierbar als ein Wandel von unzusammenhängender Gleichartigkeit zu zusammenhängender Verschiedenartigkeit.« Auf die Gesellschaft übertragen führt dies zur Sichtung dreier Hauptaspekte der sozialen Entwicklung, nämlich

»(1) des Wachstums oder der Integration bei gleichzeitiger (2) Differenzierung der Strukturen und (3) Funktionen«.[104]

Die inhaltlich konkretisierte Lehre Spencers von der Entwicklung der Gesellschaft, wie sie in den »Principles of Sociology« von 1876 zur Darstellung gelangt, wird später von dem Amerikaner Franklin Henry Giddings folgendermaßen zusammengefaßt:

»Gesellschaften sind Organismen oder, genauer gesagt, superorganische Aggregate. Zwischen Gesellschaften und den sie umgebenden Naturzusammenhänge gibt es ganz ebenso wie zwischen den anderen abgegrenzten Aggregaten in der Natur, eine Tendenz zum Gleichgewicht der Energie. Ähnlich gibt es eine Gleichgewichtstendenz zwischen den Gesellschaften selbst, zwischen den einzelnen sozialen Gruppen und zwischen sozialen Klassen. Die zwischen den Gesellschaften selbst wie auch zwischen ihnen und ihrer natürlichen Umgebung spielende Ausbalancierung vollzieht sich im Sinne des struggle for life. Konflikt ist somit von Anfang an eine habituelle gesellschaftliche Daseinsweise.
In diesem Existenzkampf entsteht auf einer sehr frühen Stufe der Entwicklung Furcht vor Lebenden und Toten. Die Furcht vor Lebenden ... wird zur Wurzel der politischen Kontrolle. Der habituelle Konflikt verfällt der politischen und religiösen Organisierung und Steuerung und nimmt die Form des Militarismus an. Der Militarismus seinerseits formt den Charakter und die Verhaltensweisen der Menschen und die gesamte soziale Organisation derart, daß eine optimale Angepaßtheit an die Bedürfnisse dauernder Kriegsführung entsteht.
Der Militarismus führt zur Einverleibung kleiner durch immer größere soziale Gruppen und fördert somit die soziale Integration. Gleichzeitig werden aber auch neuartige Differenzierungsprozesse freigesetzt. Der Vorgang läßt nämlich — insbesondere bei den Unterworfenen — zunehmend große Bevölkerungsteile entstehen, die aus der Kriegsführung ausgeschaltet sind und die sich friedlicher Arbeit widmen.
Die habituelle friedliche Tätigkeit beginnt nun ihrerseits auf Charakter, Verhalten und Sozialorganisation im Sinne ihrer Anpassung an die Bedürfnisse eines friedfertigen, freundlichen und sympathetischen Lebens einzuwirken. In der entstehenden friedlichen Gesellschaft vermindert sich der Zwang; Spontaneität und individuelle Initiative wachsen. Die soziale Organisation wird plastisch; die Individuen bewegen sich zunehmend frei von Ort zu Ort und wechseln ihre sozialen Bindungen, ohne dabei die soziale Kohäsion zu zerstören, die nunmehr auf Sympathie und Wissen anstelle von primitiver Gewalt beruht.
Die Chance des Übergangs vom Militarismus zum perfekten Industrialismus hängt davon ab, inwieweit die Ausgleichung der Energie zwischen den einzelnen Gesellschaften, die es nunmehr noch gibt, gelingt. Der friedliche Industrialismus kann nicht restlos verwirklicht werden, solange ein vollständiges Gleichgewicht zwischen den verschiedenen Nationen und Rassen nicht erreicht ist...«[105]

Diese Entwicklungstheorie weist unverkennbar eine ganze Reihe von Ähnlichkeiten zu derjenigen weiterentwickelten Form der Drei-Stadien-Theorie auf, wie wir sie bei Auguste Comte kennengelernt haben. Sie zeichnet sich dieser Theorie gegenüber jedoch durch einen konsequenten Liberalismus im Sinne der Tradition des englischen Bürgertums aus, ja sie hat in der theoretischen Absicherung des Liberalismus geradezu ihr Zentrum. Ebenso wie Marx und Engels entwirft Spencer dabei den vollentwickelten Typ desjenigen neuen Theoriemodells, das der industriegesellschaftlichen Eigengesetzlichkeit angemessen ist. Der Unterschied besteht darin, daß Spencer die »optimistische« Interpretationschance wählt und glaubt, die industrielle Entwicklung verbleibe innerhalb des bestehenden bürgerlichen Institutionenrahmens und verlaufe trotzdem im Sinne menschlichen Fortschritts. Wie bei Marx und Engels steht zwar auch hier der soziale Konflikt der Gegenwart und Vergangenheit im Zentrum der Analyse. Dieser Konflikt wird jedoch keineswegs als Symptom des Ungenügens und bevorstehenden Untergangs der bürgerlichen Gesellschaft gedeutet, sondern als eines der notwendigen Momente der evolutionären Bewegung innerhalb der civil society selbst. Aus seinen Grundvorstellungen zur Gesellschaftsentwicklung leitet Spencer die Auffassung ab, die Notleidenden seien — in der Vergangenheit und in der Gegenwart — jeweils diejenigen, welche die vom Fortschritt geforderte Weiterentwicklung des Charakters und des Verhaltens nicht zu leisten vermögen. Aus dem sozialen Elend wird somit gesellschaftlicher Bodensatz, Überbleibsel gewissermaßen aus zurückliegenden Entwicklungsstadien. Der Vorgang der Verelendung erscheint von daher als »Selektions«-Prozeß, als notwendiger Vorgang der Ausmerzung veralteter und niedrigerer menschlicher Typen. Zwar kann, wie Spencer durchaus sieht, der soziale Wandel auch zu schnell erfolgen, so schnell nämlich, daß selbst die an und für sich entwicklungsfähigen Gesellschaftsangehörigen in Gefahr geraten, unter die Räder zu kommen. Insofern ist langsamer Wandel wünschenswert und insofern erscheint auch da, wo die Geschwindigkeit des Wandels die kritische Schwelle überschreitet, Hilfe für die Schwachen durchaus legitim. Es ist aber für Spencer völlig klar, daß Elend als solches keinerlei sozialen Rechtstitel vermittelt und daß eine Gesellschaft, die sich darauf konzentriert, prinzipiell die Bedingungen des sozialen Elends zu beseitigen, auf dem Holzweg ist. Eine solche Gesellschaft legt seiner Auffassung zufolge in blinder Sentimentalität den

Fortschrittsmechanismus der Menschheit lahm. Aller Sozialismus ist somit vom Übel, auch jeglicher Staatsinterventionismus, soweit er aus irgendwelchen Schutzinteressen heraus auf die Einschränkung der individuellen Initiative hinzielt.

Marx und Engels auf der einen, Spencer auf der anderen Seite führen uns die Pole desjenigen Interpretationsspielraums vor Augen, den die Industriegesellschaft der zeitgenössischen Wirklichkeitsreflexion noch läßt. Die Differenz zwischen den beiden Standorten entsteht im wesentlichen dadurch, daß im einen Fall dem Bürgertum, im anderen Fall dem Proletariat die Kraft und Chance zugemessen wird, im Rahmen der gegebenen Bewegungsdynamik als entwicklungsentscheidende und fortschrittstragende Kraft zu fungieren. Theoretisch bleibt aber, wenn man die Dinge so betrachtet, zwischen den beiden Positionen immer noch Platz für eine dritte. Ein gegebener Spielraum der Interpretation muß ja schließlich keineswegs zwingend zugunsten der polaren Extremlösungen genutzt werden. Vielmehr bleibt es offen, anzunehmen, daß keine dieser Lösungen eintritt. Die Wirklichkeit kann einen »mittleren Weg« einschlagen, der sich gerade durch die gegenseitige Neutralisierung der miteinander konkurrierenden polaren Möglichkeiten bestimmt. Es ist genau diese Interpretationschance, die *Lorenz v. Stein* (1815 - 1890) seiner Soziologie zugrunde legt.

L. v. Steins Bekenntnis zu dem durch Marx, Engels und Spencer repräsentierten Theoriemodell, seine Hinwendung zur Analyse der industriegesellschaftlichen Eigengesetzlichkeit, deutet sich bereits da an, wo er auf den ersten Seiten eines seiner Hauptwerke erklärt, die »neuere Zeit« sei »durch gewaltige Ereignisse« davon belehrt worden, daß man »hinter der bisher bekannten Welt und ihrer Ordnung« einen »anderen noch großartigeren Organismus von Kräften und Elementen« anzunehmen habe, den man — mit einem »alten Namen« — als »die Gesellschaft« bezeichnen könne.[106]

Stein überschreibt den Abschnitt, in dem dieser Satz steht, mit »Der Begriff der Gesellschaft und die Gesetze ihrer Bewegung«. Wie stark sein zunächst etwas unspezifisch anmutender Begriff der »Gesellschaft« von den industriegesellschaftlichen Realitäten mitbestimmt ist, wird darin deutlich, daß er davon ausgeht, Grundthema der menschlichen Existenz und Grundsachverhalt der Gesellschaft sei ein Widerspruch zwischen der unendlichen Bestimmung des Menschen und den Begrenzungen der äußeren Natur, den der Mensch durch »Arbeit« aufzulösen trachte.

Es ist ganz eindeutig, daß v. Stein an diesem Punkt bürgerlich bestimmt ist. So glaubt er, »Arbeit« ohne weiteres mit »Erwerb von Eigentum« gleichsetzen zu können. Außerdem meint er in einem an die vorindustriell-handwerkliche Tradition erinnernden Sinne, in dem Produkt, das einer herstelle, werde über seine Individualität entschieden, weil dieses Produkt einen spezifischen Arbeitsverlauf bedinge, der seinerseits im starken Maße prägend auf den Arbeitenden einwirke. Nichtsdestoweniger setzt v. Stein diese Feststellungen aber in einen gesellschaftsanalytischen Zusammenhang um, in dem die aktuelle Thematik und Problematik der Epoche unmittelbar und ohne alle standortbedingten Befangenheiten zur Geltung gelangt. Das zentrale Dilemma der Gesellschaft im allgemeinen und der modernen Gesellschaft im besonderen besteht für ihn nämlich darin, daß nur ein Teil der Gesellschaftsmitglieder die Chance habe, Eigentümer am Produkt seiner Arbeit zu werden und dadurch seiner Individualität habhaft zu werden. v. Stein sieht, daß der Ablauf der gesellschaftlichen Güterproduktion eine fundamentale Abhängigkeit der »Klasse« der Nichtbesitzenden (oder der »Proletarier«) von der »Klasse« der Besitzenden einschließt. Diese Abhängigkeit liefere nun allerdings den Inhalt eines ersten Grundgesetzes aller Gesellschaft überhaupt.

Sie kann nämlich, wie er meint — und da gelangen wir bereits an eine entscheidende Weichenstellung des v. Steinschen Denkens — durch keine Bewegung der Geschichte überwunden werden, jedenfalls solange nicht, wie »das Erzeugnis ein Gut und das Erarbeitete ein Eigentum bleibt«.[107] Man könnte sich der Versuchung ausgesetzt fühlen, in dieser letzteren Voraussetzung, über die v. Steins Denken nirgends hinausgeht, eine zweite Schicht bürgerlicher Bestimmtheit sehen zu wollen. Die Dinge liegen allerdings nicht ganz so einfach. Zwar stellen Marx und Engels fest, die Institution des Privateigentums als Eckpfeiler der bürgerlichen Welt werde im Laufe der Entwicklung selbst in Frage gestellt werden und die gesellschaftliche Fortentwicklung werde somit jenseits dieser Welt verlaufen. Sie können, wie wir wissen, zu dieser Feststellung aber nur aufgrund der Annahme gelangen, daß das Proletariat im Rahmen der gegebenen Gesellschaftsmechanik als »Totengräber« der bürgerlich verfaßten industriellen Gesellschaft fungieren werde. In eben dieser Annahme liegt die spezifisch Marx-Engelssche Option für den einen Pol des historisch verfügbaren Interpretationsspielraums beschlossen.

Lorenz v. Stein legt die gegebene Gesellschaftsdynamik anders aus. Zwar glaubt auch er, daß sich der Widerspruch zwischen den Besitzenden und den Nichtbesitzenden tendenziell verschärfe, da es das Interesse der Besitzenden erfordere, die Abhängigkeit der Nichtbesitzenden immer mehr zu befestigen und zur herrschenden Klasse zu werden. Zwar glaubt auch er, daß die Besitzenden im Zusammenhang dieser von ihnen hervorgerufenen »Bewegung der Unfreiheit« danach trachten, den Staat zu erobern und sich zu einer von den Nichtbesitzenden völlig abgeschiedenen sozialen Kaste zu entwickeln. Zwar glaubt endlich auch er, daß diese Bewegung auf seiten der Nichtbesitzenden unvermeidlich eine Gegenbewegung hervorruft, die durch die Idee der Freiheit angetrieben werde, und daß mit dem dadurch entstehenden Gegeneinander antagonistischer Bewegungen ein sozialer Grundwiderspruch entstehe, an dessen Ende die »Revolution« als ein »notwendiges, durchaus naturgemäßes Ereignis« stehe.[108] Insoweit besteht bisher noch völlige Übereinstimmung zwischen ihm und dem, was Marx und Engels über die Naturgesetze der bürgerlich-industriellen Gesellschaft aussagen. Der trennende Unterschied besteht jedoch darin, daß Lorenz v. Stein mit der Prognose der unvermeidlichen Revolution des Proletariats nicht die Vorstellung eines unvermeidlichen Endsiegs des Proletariats verbindet. Diesen Endsieg hatten Marx und Engels angesichts ihrer Analyse des kapitalistischen Entwicklungsprozesses (insbesondere angesichts ihrer Annahme einer progressiven Verwandlung der bürgerlichen Gesellschaft in eine Gesellschaft von Arbeitern) als selbstverständlich vorausgesetzt. Bei Lorenz v. Stein steht demgegenüber die Vorstellung der tendenziellen Einpendelung des aktuellen gesellschaftlichen Umwandlungsprozesses in eine instabile Gleichgewichtslage zwischen »Kapital« und »Arbeit«. Es ist, wie v. Stein meint, »durchaus unwahr«, daß das Proletariat »an Zahl die besitzende Klasse überwiegt«. Ebenso ist es, seiner Auffassung zufolge, nicht richtig, anzunehmen, das Proletariat sei »kräftiger, tapferer, entschiedener in seinen einzelnen Mitgliedern als jene«.[109] Zwar könne es, so meint er, in einzelnen Fällen vorkommen, daß sich das Proletariat durch ein Zusammentreffen günstiger Umstände der Staatsgewalt bemächtige und die Herrschaft antrete. Dies sei aber immer nur als ein zeitweiliges Ergebnis anzusehen. Angesichts der ungebrochenen Stärke der Klasse der Besitzenden müsse in diesem Falle nämlich unvermeidlich eine »Gewaltherrschaft« des Proletariats eintreten, die jedoch wiederum »eine

fortwährende Kriegserklärung« der Klasse der Besitzenden gegen die Herrschaft des Proletariats herausfordere.
Wenn das Proletariat dazu ansetze, die »gesellschaftliche Grundlage« des Besitzes, das Privateigentum, zu vernichten, dann steigere sich der Kampf unentrinnbar zum »blutigen« Kampf, zum Terrorismus, zur Schreckensherrschaft als der »furchtbarsten Erscheinung der Geschichte«. Dieser Kampf sei aber »seiner Natur nach ein endloser« und ergebnisloser Kampf, der am Ende durch den »Gegenschlag« der besitzenden Klasse entschieden werde. Angesichts fehlenden quantitativen und qualitativen Übergewichts des Proletariats werde dieses nämlich »bei dem ersten ernstlichen Angriff der besitzenden Klasse von derselben gestürzt. ... Dieser Sieg derselben ist ein ganz unausbleiblicher, notwendiger«.[110]
Ganz ebenso wie bei Marx und Spencer ist bei L. v. Stein dauernd von der Unentrinnbarkeit sozialer Bewegungsgesetze die Rede, welche mit gleichsam naturhafter Zwangsläufigkeit den Gang der Ereignisse bestimmen. Was er über die zukünftige Weiterentwicklung sagt, hat auch bei ihm den Charakter einer prospektiven Chronik, die aufzeichnet, was notwendig kommen muß. Nur daß eben die Dinge bei ihm angesichts anderer Einschätzung der gegebenen gesellschaftlichen Kräfteverhältnisse und ihrer Veränderungsbedingungen in eine Perspektive hineintendieren, die jenseits des bürgerlich bestimmten »Optimismus« wie auch des sozialistischen »Pessimismus« verläuft.
Dieses »Jenseits« wird ganz deutlich, wenn wir v. Stein noch einen Augenblick weiter folgen. Der Gegenschlag des Bürgertums, von dem wir gerade hörten, bedeutet nach L. v. Stein keineswegs schon den Abschluß des Geschehens. Angesichts der relativen Ausgewogenheit der Kräfte kann sich vielmehr das Bürgertum, so meint er, auch seinerseits nur durch dauernde Anwendung von Gewalt an der Herrschaft erhalten. Es ergibt sich dadurch, über die Schwankungen der jeweiligen Besetzung der Herrschaftspositionen hinweg, eine Permanenz der Gewalt, die zunehmend zu einer Verselbständigung der Gewalt gegenüber den kämpfenden Klassen führt. Das Geschehen schlägt in einen Prozeß der fortschreitenden Ausbildung und Organisation der »Gewalt als Gewalt« um, die »nicht mehr im Namen einer sozialen Idee herrscht« und die den Charakter der »Diktatur« besitzt.[111] Die Diktatur nimmt dann »alsbald den Charakter jener Macht an, die ihrer Natur nach über die Gesellschaft erhaben ist. Sie erklärt sich für die selbständige Staatsgewalt und

bekleidet sich mit dem Recht, der Aufgabe und der Heiligkeit derselben«.

»Dies ist«, so fährt v. Stein fort, »das Ende der sozialen Revolution. Mitten in dem Kampfe der Gesellschaft tritt wieder die Staatsidee hervor, sich ablösend von der Herrschaft der einzelnen Gesellschaftsklassen, in sich selbst gegründet, durch sich selber herrschend.«[112] Hegels Staatsidee erfährt hier, bei v. Stein, ihre Wiederholung, oder vielmehr: ihre Umsetzung in dasjenige Theoriemodell, das der industriegesellschaftlichen Entwicklung angemessen ist. Daß die eigengesetzlichen Bewegungen der industriell werdenden bürgerlichen Gesellschaft den Staat aus sich heraus reproduzieren würden, war zwar schon die Überzeugung Hegels gewesen. Das Bild der civil society, das er verwendete, war aber in vieler Hinsicht noch aus der Perspektive des 18. Jahrhunderts entworfen. Außerdem war bei ihm die Vermittlung zwischen der bürgerlichen Gesellschaft und den geschichtlich gewachsenen Herrschaftsstrukturen an wesentlichen Punkten durchaus noch begrifflich-normativ gewesen. Bei L. v. Stein ist dagegen alles Automatik der Bewegung. Die Hegelsche Dialektik ist bei ihm in empirische Konfliktdiagnose des zeitgenössischen Klassenkampfes umgesetzt. Der Staat ist Produkt sozialer Mechanik oder wird vielmehr — soweit er sich direkt an den überkommenen Höfen ansiedelt — durch soziale Mechanik neu legitimiert. Der Abschluß des Ganzen ist für v. Stein die Substitution der sozialen Revolution durch »soziales Königtum«, das durch »soziale Reform« ein konfliktloses Gleichgewicht zwischen den erhalten bleibenden Gesellschaftsklassen sicherstellt.

Lorenz v. Stein repräsentiert im ganzen eine konservative Soziologieposition, die sich im Hinblick auf das unterlegte Theoriemodell voll und ganz mit dem vorherrschenden Trend der Wirklichkeit verständigt hat. In Marx und Engels, in Herbert Spencer und in L. v. Stein spiegeln sich in einer Weise, die nur noch in einem sehr bedingten Sinne national zurechenbar ist, diejenigen gesellschaftlichen Kräfte wider, die um die Mitte des 19. Jahrhunderts gleichermaßen Anspruch auf die Zukunft erheben können: das aufgeklärte »ancien régime«, der »tiers état« des Bürgertums und die »neue Klasse« des Proletariats. Die Koexistenz von drei scharf differierenden Standortalternativen des eigengesetzlichkeitsanalytischen Theoriemodells signalisiert sowohl den herrschenden Sachzwang als auch den Auslegungs- und Zielsetzungsspielraum, der den sozialen Interessen und Strebungen nichtsdestoweniger noch verbleibt.

5. KAPITEL

EUROPÄISCHE SOZIOLOGIE VOM ENDE DES 19. JAHRHUNDERTS BIS ZU DEN DREISSIGER JAHREN

Allgemeine Situationskennzeichnung: Pluralistische Machtoffenheit

Kräfte und Gegenkräfte im sozialökonomischen Bereich

Theorien der Eigengesetzlichkeit waren die späte Antwort der Soziologie auf das reale Dilemma, das mit dem Terror von 1792 ins Leben getreten war. Der Terror und das in ihm sichtbar werdende Scheitern der Revolution hatte den Revolutionären, die auf der geschichtsphilosophischen Theorie des 18. Jahrhunderts aufbauten, vor Augen geführt, daß die gesellschaftlich-geschichtliche Wirklichkeit in dem früher angenommenen Dualismus von absterbendem Alten und siegendem Neuen und Vernunftgemäßen nicht aufging. Reale Strukturen verselbständigten sich in einer Weise, die in der Theorie nicht vorgesehen war. Bemühungen um empirische Erfahrung des Unbekannten und um Organisationsentwürfe zu seiner Reglementierung und Bändigung kennzeichneten den Weg, den diejenige Soziologie, welche die Bahn der Aufklärung weitergehen wollte, zunächst einschlug. Dagegen entwickelte und erhielt sich eine konservative Soziologie, welche die grundsätzliche Verfehltheit dieser Bahn nachzuweisen versuchte und für das überkommene ancien régime optierte. Erst die industrielle Revolution befreite die Soziologie von ihrer Unsicherheit gegenüber den immanenten Triebkräften des Wirklichen. Die Tendenzen, die dem Wirklichen eigneten, schienen plötzlich völlig klar zu sein. Dem alten Programm, Sozialwissenschaft als Geschichtsphilosophie und physique sociale zugleich zu betreiben, schienen alle Türen weit geöffnet. Die beginnende technische Revolution gab die Möglichkeit, die Wirklichkeit als eine in der historischen Ebene verlaufende Gesamtgesetzlichkeit zu beschreiben, der gleichzeitig ein eindeutiger Fortschrittssinn und somit auch eine bejahbare Zielvorgabe für alles politische Handeln eingezeichnet war.

Die reale gesellschaftliche Grundlage für das eigengesetzlichkeitsanalytische Theoriemodell ist nun allerdings um die Wende vom 19. zum 20. Jahrhundert bereits wieder im Zerfall. Die Einsicht in diesen Sachverhalt scheint hinsichtlich der Voraussetzungen für das Verständnis der weiteren Soziologieentwicklung elementar zu sein.
Vergegenwärtigen wir uns zunächst noch einmal kurz einige Grundannahmen, die den Aussagen von Marx und Engels, von Spencer und auch Lorenz von Stein gemeinsam sind: Sie alle fassen die sich industrialisierende bürgerliche Gesellschaft als eine *machtneutralisierte Sphäre* auf.[113] Das gegenseitige Verhältnis der bürgerlichen Wirtschaftssubjekte selbst ist nach dem Vorbild des »vollkommen freien Wettbewerbs« konzipiert, wie es die klassische Nationalökonomie (A. Smith, D. Ricardo) entwickelt hatte. Zwar gibt es Grenzexistenzen, die vom Markt verdrängt werden und die somit im Kampf ums Dasein umkommen bzw. ins Proletariat hinabfallen. Die sich am Markt behauptenden Wirtschaftssubjekte werden jedoch als gleichrangige und gleichgewichtige Konkurrenzpartner vorausgesetzt — nur so ist die Annahme ihrer gleichartigen Orientierung an einem Marktpreis, der sich als »objektive«, »naturgesetzliche« Größe gewissermaßen über den Köpfen der Handelnden bildet, verständlich. Keiner hat direkt über den anderen Macht; der Markt ist durch das Gleichgewicht zwischen vielen einzelnen Wettbewerbern machtneutralisiert.
Gleichzeitig ist diese in sich selbst machtneutralisierte Sphäre aber auch nach außen hin, gegenüber möglichen Einwirkungskräften aus dem weiteren gesellschaftlich-politischen Raum, als machtneutralisiert vorgestellt. Das Proletariat hat bei Marx ungeachtet seiner ständig zunehmenden Größe keinerlei aktuelle Macht. Proletarisierung bringt nichts anderes mit sich, als immer weiter fortschreitende Verelendung und eine Aufstauung von latenten Explosivkräften der Revolution. Bei Spencer sorgen die Selbstregelungskräfte der Evolution für das laufende Absterben des Proletariats. Bei L. v. Stein tritt an dieser Stelle die Figur eines duopolistischen Machtgleichgewichts ins Spiel.
Auch unter dem Klassenkampfaspekt wird die Gesellschaft also machtneutralisiert gedacht, sei es nun aufgrund der Vorstellung absolut einseitiger oder absolut ausgewogener Machtverteilung. Dasselbe ist auch da feststellbar, wo es um das Verhältnis von bürgerlicher Gesellschaft und Staat geht. Für Marx scheidet der Staat als eine selbständige Einflußgröße deswegen aus, weil er

von der Bourgeoisie erobert ist. Spencer setzt die liberale Konzeption eines sich passiv verhaltenden Nachtwächterstaates mit Selbstverständlichkeit voraus. L. v. Stein läßt zwar aus dem angenommenen Machtgleichgewicht der sozialen Klassen den autonomen Staat als eine dritte Größe entspringen; dessen Funktion ist aber wiederum primär die Sicherung des gesellschaftlichen Machtgleichgewichts; er wirkt als pouvoir neutre.

Erst bei diesen Grundannahmen wird das eigengesetzlichkeitsanalytische Theoriemodell überhaupt praktikabel. Erst von ihnen her kann das dynamische Geschehen in der sich industrialisierenden bürgerlichen Gesellschaft als gleichsam naturgesetzlich determinierte Ablaufmechanik interpretiert werden. Erst sie vermitteln die Möglichkeit, die Wirklichkeit auf ein Gefüge aus »natürlichen« Marktpreisen, rein marktpreisorientierten Unternehmerentscheidungen, physisch bestimmten Reproduktionskosten der Arbeitskraft und technischen Koeffizienten des Maschineneinsatzes zu reduzieren.

In der Tat entsprechen nun diese Grundannahmen gewissen gesellschaftlichen Gegebenheiten, mit denen — grob geschätzt — während der ersten beiden Drittel des 19. Jahrhunderts zu rechnen war. Man kann tatsächlich sagen, daß während dieser Zeit überall da, wo sich die Industrie entwickelte, »keine formenden sozialen Gegenkräfte in die technisierte Arbeitswelt hineinwirkten«.[114]

Diese Zeit war wirklich insofern »bürgerlich«, »als die Interessen und Einstellungen der industriellen und kommerziellen Klassen die Politik und alle Kulturbereiche in einem Sinne kontrollieren, in dem sich dies weder für einen vorhergehenden noch für einen nachfolgenden Zeitraum behaupten läßt«.[115] Und für diese Zeit läßt sich mit einiger Berechtigung auch von einem Gleichgewicht zwischen den am Markt befindlichen Wirtschaftssubjekten sprechen. Denn was vorlag, war faktisch ganz vorwiegend »Kleinwarenwirtschaft«, die »horizontale Tauschbeziehungen« bei »freiem Wettbewerb« und »unabhängigen Preisen«[116] möglich machte.

Folgt man den Aussagen der Wirtschafts- und Sozialhistoriker, dann wird einem allerdings klar, daß diese Übereinstimmung zwischen vortheoretischen Grundannahmen und empirischen Gegebenheiten gegen Ende des 19. Jahrhunderts aufhört, weil die bürgerlich-industriegesellschaftliche Entwicklung in eine neue Phase eintritt, die nicht mehr von Machtneutralität, sondern umgekehrt von *Machtoffenheit* gekennzeichnet ist.

Zunächst läßt sich feststellen, daß innerhalb der Wirtschaft — teils über schnelles Wachstum einzelner Unternehmungseinheiten, teils über Kartellierungen und Kapitalzusammenschlüsse hinweg — vielfältige Varianten »unvollständigen Wettbewerbs« in Erscheinung treten, die »Verhältnisse teils einseitiger Abhängigkeit, teils gegenseitigen Drucks«[117] mit sich bringen. Wo früher »eine atomistische Konkurenz schon nach dem Gesetz der großen Zahl zum harmonischen Ausgleich tendierte«, da stehen sich mehr und mehr »große wirtschaftliche Machtblöcke im Kampfe gegenüber«.[118] Der sogenannte »Monopolkapitalismus«, der sich hier entwickelt, bringt die grundsätzliche Änderung mit sich, daß sich die einzelnen Wirtschaftssubjekte nun nicht mehr ausschließlich am »Preis aus dem anonymen Markte als Datum für ihre Dispositionen« orientieren, sondern daß sie zunehmend viele Chancen für eine direkte Beeinflussung des Preises entdecken.[119]

Der Marktpreis wird damit vom »Orientierungsparameter« zum »Aktionsparameter«, zur — zumindest teilweise — verfügbaren Größe also. Er verliert damit seine bisherige Eigenschaft als objektives und »gesetzlich« wirkendes Regulativ gesellschaftlicher Beziehungen. An die Stelle der Orientierung an einer derartigen Größe tritt nunmehr die unvermittelte Orientierung an den »Verhaltensweisen« der anderen, die teils als Konkurrenten, teils aber auch als Lieferanten und Abnehmer im »Spiel« und somit von Interesse sind. In welchem Ausmaße und in welcher Hinsicht man sich an den anderen orientiert, entscheidet sich dabei in der jeweils gegebenen Kräftekonstellation und in der Konstellation der aufeinandertreffenden Zielsetzungen. Allen Fällen ist dabei gemeinsam, daß diese anderen aus ihrer ursprünglichen Anonymität heraustreten und daß es darum geht, ihnen direkt mit individuell konzipierten und gezielten »Strategien« entgegenzutreten. Was sich an einem »Markt« und in seinem Umkreis entwickelt, entscheidet sich nicht mehr so sehr in der Bewegung des Preises als vielmehr in individuellen Antizipationen von »Aktions-Reaktions-Zusammenhängen«, in der Wahl dieser oder jener Marktbeeinflussungsstrategie und in der Durchkalkulierung der eigenen und fremden Kräfte bei der Fixierung der eigenen Kampfziele. Die Wirklichkeit wird im wirtschaftlichen Bereich somit *subjektiv, pluralistisch und machtoffen* zugleich. Sie erscheint zunehmend als »Netzwerk«, das durch das ständige Aufeinanderstoßen von dynamischen Einzelimpulsen bewegt und umgestaltet wird.

Das, was sich hier neu entwickelt, wird durch die Vorstellung einer monolithisch strukturierten »Herrschaft« des Industriekapitals nicht mehr zureichend gekennzeichnet. Kennzeichnend ist vielmehr eine von starken Spannungen und Machtansprüchen geprägte und prinzipiell konflikthafte Konfrontation von Kräften und Gegenkräften.

Daß sich darin ein neuartiges Strukturprinzip gesellschaftlicher Realität verkörpert, wird durch das Verhalten anderer gesellschaftlicher Kräfte während des gleichen Zeitraums bestätigt. Die Zeit seit den siebziger Jahren des 19. Jahrhunderts ist allgemein eine »Zeit der sozial- und wirtschaftspolitischen Korporationsbildung«.[120] So bilden sich als Gegenkraft gegen die wachsende Marktmacht der großen Unternehmungen und Unternehmungszusammenschlüsse seit dem Ende des 19. Jahrhunderts zunehmend Gewerkschaftsverbände heraus (Generalkommission der Gewerkschaften Deutschlands seit 1890; österreichische Gewerkschaftskommission seit 1893; Allgemeiner Gewerkschaftsbund für die Schweiz seit 1880; Confédération Générale du Travail [CGT] in Frankreich seit 1895; American Federation of Labor [AFL] seit 1886 usw.). Das Verbandsprinzip, das hier (wie auch auf der Unternehmerseite) angewandt wird, findet aber auch in anderen gesellschaftlichen Bereichen Anwendung. Rein ökonomisch gesehen war der Großbetrieb vom Augenblick seiner Entstehung an die effizienteste Organisationsform der Arbeit. Er schien dazu bestimmt, den mittel- und kleingewerblichen Produktionsbetrieb zu verdrängen. Gegen Ende des 19. Jahrhunderts gelangt jedoch ein auf dem Verbandsprinzip aufbauendes gewerbliches Genossenschaftswesen zur Entfaltung, das dem kleinen und mittleren Gewerbebetrieb neue Lebenschancen vermittelt. Abgesehen von Bemühungen um soziale Sicherstellung der Mitglieder ist dabei das Entscheidende, daß man sich nach außen hin »einig« verhält und somit den Machtgewinn, den die Großunternehmungsbildung oder der direkte Unternehmungszusammenschluß vermittelt, durch Verhaltenskoordinierung kompensiert. (Erst sekundär ist in die Stabilisierung der klein- und mittelgewerblichen Position dann noch die Wirkung des Elektromotors einzurechnen, der eine beliebig miniaturisierbare Energiequelle verkörpert und der somit der den Großbetrieb fördernden Dampfmaschinenökonomie entgegenwirkt.) Damit bleibt »nicht nur ein beträchtlicher Teil selbständiger Handwerksunternehmungen erhalten«, sondern es findet darüber hinaus sogar »eine Neubildung des Handwerks in

Form selbständiger Handwerksunternehmungen statt«.[121] Im Grundsatz ähnlich liegen die Dinge bei den um dieselbe Zeit entstehenden oder stark expandierenden Konsumgenossenschaften und bei den landwirtschaftlichen Genossenschaften, daneben aber auch bei den zahllosen Branchenverbänden, die sich im wirtschaftlichen Bereich entwickeln.

Angesichts der beobachtbaren Schnelligkeit der Verbandsausbreitung erscheint es durchaus verständlich, wenn Götz Briefs von einem »Motiv der Nachahmung« spricht, das sich hier geltend macht,[122] — allerdings unter strukturellem Druck. Überall handelt es sich darum, daß der ehemals so hoch gepriesene Marktautomatismus außer Kraft gesetzt wird, oder daß man auf eine Außerkraftsetzung dieses Mechanismus durch eine Unterbauung der eigenen Position mit eigentlich außerökonomischen Machtelementen reagiert. Der pluralistische Charakter der gegebenen Machtoffenheit wird dadurch verstärkt, daß insbesondere der Prozeß der Großbetriebs- und Großunternehmungsbildung neue soziale Gruppen (die Angestellten oder »Privatbeamten« und die unselbständigen Ingenieure) entstehen läßt, die ihre spezifischen Interessenlagen durch Rückgriff auf das Verbandsprinzip zur Geltung zu bringen suchen.

Wir haben von der wachsenden Bedeutung außerökonomischer Elemente in der Wirtschaft gesprochen. Dieser Ausdruck ist zunächst noch rein negativ formuliert. Positiv formuliert geht es — wenn wir den Begriff ganz weit fassen — um *Politisierung* der Wirtschaft. Die Partner, die sich im wirtschaftlichen Feld begegnen, verhalten sich nicht mehr ausschließlich als einander arbeitsteilig ergänzende Tausch- und Wettbewerbspartner. Sie versuchen vielmehr, Abhängigkeiten herzustellen und »Gegner« auszumanövrieren und praktizieren somit eine Art von ökonomischem Machiavellismus.

Von Politisierung der Wirtschaft läßt sich für die Zeit seit der Jahrhundertwende aber auch in einem engeren und bestimmteren Sinne des Wortes sprechen. Der Aufbau von Gegenpositionen gegenüber wirtschaftlich Stärkeren wird nämlich nicht bloß auf dem Wege der Verbandsbildung und des dadurch vermittelten Machtgewinns erstrebt. Vielmehr setzt um diese Zeit eine allgemeine Bemühung ein, unmittelbaren Zugang zu den politischen Institutionen der Gesellschaft zu gewinnen und dadurch die ökonomischen Stärkeverhältnisse zu korrigieren. Seit der Jahrhundertwende zeigt sich eine zunehmende Hineinziehung des Staates in die gesellschaftlichen Auseinandersetzungen, durch welche die ehemalige Machtneutralität der civil society allmählich aufgehoben wird:

»In England kam es 1867 und 1883 zu Wahlrechtsreformen; in Frankreich hatte Napoleon III. das allgemeine Stimmrecht eingeführt; dessen plebiszitär-konservative Folgen hatte Bismarck vor Augen, als er in die Verfassung, zunächst des Norddeutschen Bundes, dann des neugegründeten Deutschen Reiches das allgemeine Wahlrecht aufnahm. Gestützt auf diese formell zugestandene Möglichkeit politischer Mitbestimmung suchten die pauperisierten Schichten, wie auch die von ihnen bedrohten Klassen, einen Einfluß zu gewinnen, der die verletzte Chancengleichheit im ökonomischen Bereich, wenn sie überhaupt je bestanden hatte, politisch kompensieren sollte.«[123]

Die Eingriffe des Staates haben zunächst nur interventionistischen Charakter. Sie werden punktuell dort wirksam, wo sich ein Gruppenvorstoß Raum schaffen kann, ohne daß es zunächst zu einer einheitlichen und materiell am »Gemeinwohl« orientierten Gesamteinwirkungslinie kommen kann. So fängt der Staat zwar gewisse krisenhafte Entwicklungen »von unten« durch eine Reihe von Sozialgesetzgebungsmaßnahmen ab. Er schützt aber gleichzeitig — vgl. das Bismarcksche Sozialistengesetz, durch das die Entwicklung der politisch-antikapitalistischen Gegenkraft der Arbeiterbewegung abgebremst wird — das »große« Privateigentum. Dessen Interesse an einer Ausdehnung der Märkte (d. h. der dem eigenen Machtstreben zugänglichen Einflußräume) läuft nämlich weitgehend mit dem außenpolitischen Macht- und Expansionsinteresse der »Nation« parallel. Ähnlich steht es in anderen Bereichen. Der Staat beschränkt sich fürs erste darauf, akute krisenhafte Zuspitzungen der gesellschaftlichen Gegensätze abzupuffern, ohne diese selbst aus der Welt zu schaffen. Gleichzeitig fühlt er sich keineswegs bindend dem Prinzip des pouvoir neutre verpflichtet, sondern ist — in Verbindung mit einem ausgeprägten Primat der Außenpolitik — bemüht, diejenigen gesellschaftlichen Motivlagen und Handlungsbereitschaften zu nutzen und zu fördern, die seinen historischen Grundlagen entsprechen und seinen Intentionen entgegenkommen.

Das zunehmende Eingreifen des Staates in die gesellschaftlichen Bewegungen und Auseinandersetzungen bringt also vorerst keine Abschwächung der pluralistischen Machtoffenheit mit sich. Es fügt ihr nur neue Aspekte hinzu und verknüpft sie mit der um dieselbe Zeit in Europa zunehmenden pluralistischen Machtoffenheit im Verhältnis zwischen den »Nationen« und Staaten.

Das Wort »Imperialismus« bezeichnet einen der für die damalige Zeit typischen Begegnungspunkt zwischen innergesellschaftlicher und zwischenstaatlicher Machtoffenheit. Es markiert eine Koalition zwischen »der Wirtschaft«, insbesondere der Großindustrie, und den unmittelbar staatstragenden Gruppen, die durch eine direkte Verschmelzung von ökonomischen und politischen Machtinteressen gekennzeichnet ist.

Freiheitsbewußtsein und Weltanschauungsbedürfnis im Geistigen

Die pluralistische Machtoffenheit, die sich innerhalb der Gesellschaft, im Verhältnis von Gesellschaft und Staat und endlich auch noch im Bereich der zwischenstaatlichen Verhältnisse entwickelt, kennzeichnet auch das allgemeine Sozialklima und das gesellschaftliche Selbstverständnis der Zeit seit der Jahrhundertwende. Die Zeit der gesetzmäßigen Abläufe und Vorentschiedenheiten scheint vorüber zu sein, und das nach wie vor virulente Selbst- und Weltdeutungsbedürfnis gerät ebenso wie nach der Französischen Revolution in eine tiefe Krise. Die evolutionistischen oder dialektischen Fortschrittskonstruktionen, die aus dem 19. Jahrhundert heraus verfügbar sind, weisen zunehmend »Risse und Sprünge« auf.[124] Die soziale und politische Machtoffenheit macht immer neue Indeterminiertheiten sichtbar und läßt die Frage nach der Gewinnung objektiver und allgemein verbindlicher Maßstäbe für das soziale und politische Handeln unabweisbar werden. Die Situation ist dabei gegenüber der Zeit nach der Französischen Revolution sehr stark zugespitzt. Dort war im wesentlichen nur der politische Aspekt der gesellschaftlichen Bewegung problematisiert worden. Der Progreß der bürgerlichen Gesellschaft im Wege geschichtsphilosophisch interpretierbarer Eigendynamik, der aus der subpolitischen Sphäre aufbrach, konnte als überzeugende Leitinstanz des sozialen Selbstverständnisses adoptiert werden. Nunmehr ist aber auch diese subpolitische Sphäre offen und vieldeutig geworden. Gefühle des »Nihilismus«, des »Relativismus« und des »Chaos« brechen mit einer Intensität auf, wie sie in der Geschichte Europas seit den großen Krisen des Mittelalters nicht mehr spürbar gewesen war. Das industrialisierte Europa, das einen stürmischen gesellschaftlichen Wandlungsprozeß ohnegleichen hinter sich hat und das seine Identität mit dem Glauben an die sinnhaft gerichtete Eigendynamik dieses Mutationsprozesses verknüpft hatte, beginnt plötzlich das Fehlen »eines integrierenden Faktors der Kultur« zu empfinden.[125] Auf allen Gebieten sind, so klagt ein Zeitgenosse, »unsere Gedanken und Gefühle ... zwiespältig geworden«. Dieses »Fin de siècle« ist, so fährt er fort, »eine Welt voll Gegensätze ..., in der alles chaotisch durcheinanderquirlt und wogt, Karneval und Aschermittwoch zugleich, kraftvoll aufstrebende Renaissance und pessimistisch müde Dekadence; eine Zeit der Ruhelosigkeit und Reizbedürftigkeit, aber auch der Ruhebedürftigkeit und Reizübersättigung, des sich Verlierens an das Zerstreuende der Außenwelt und des sich Sehnens nach der Wiedergewinnung eines Innerlichen und Einheitlichen«.[126]

Selbstverständlich gibt es auch in der nunmehrigen Lage noch massive Bemühungen um einen Anschluß an die europäische Tradition der Aufklärung und ihren geschichtsphilosophischen Denkansatz. Die Verbindungen werden jedoch zunehmend unsicher und reißen an verschiedenen Punkten ab. Die »Frontlinie« des geschichtlich-gesellschaftlichen Wandels ist in der Situation der pluralistischen Machtoffenheit relativiert. Alles ist plötzlich möglich geworden, und was geschieht, ist nicht mehr aus einem universalgeschichtlichen »Fahrplan« ablesbar, sondern entscheidet sich aus akuten Machtkonstellationen und Kräfteverhältnissen heraus.

Nietzsche ist — im Nachgang zu Schopenhauer — einer der ersten, der dies — mit einem unüberhörbaren antiaufklärerischen Akzent — deutlich ausspricht. Als »Korrektiv gegen eine große Menge an sich möglicher Welt-Hypothesen« haben wir heute, so führt er am Ende seines »Willens zur Macht« aus, die Einsicht in der Hand, daß das Werden der Welt kein »Ziel« hat. Die »Welt«: das ist für ihn, den philosophischen Denker des Fin de Siècle, ein »Spiel von Kräften und Kraftwellen« mit einer »Höhe und Flut seiner Gestaltungen«, eine »dionysische Welt des Ewig-sich-selber-Schaffens, des Ewig-sich-selber-Zerstörens« — »Wille zur Macht und nichts außerdem«.[127] An anderen Punkten der europäischen Denkentwicklung ist man weniger emphatisch zu dermaßen neuartigen antitraditionellen Weltdeutungen bereit. Im ganzen aber entwickelt sich überall ein »Schillern zwischen Subjektivität und Objektivität«,[128] in dem sich ein neuartiges Bewußtsein von »Geschichtlichkeit« geltend macht, in welches die Betonung von Willensfreiheit, Indeterminismus und Gestaltbarkeit eingeht. In diesem Zusammenhang ist auch der Rückweg der zeitgenössischen Philosophie »von Hegel zu Kant«[129] zu verstehen, der sich insbesondere in Deutschland und Frankreich beobachten läßt. Der Neukantianismus transportiert das Zeitgefühl der Auflösung objektiv vorgegebener historischer Geschehens- und Sinngesetzlichkeiten ins Erkenntnistheoretische. Er betont gegenüber dem älteren erkenntnistheoretischen Positivismus und Empirismus, »Naturgesetze« könnten nicht einfach »aus den Tatsachen abgelesen« werden, sondern würden durch den menschlichen Verstand »in die Dinge hineingelegt«.[130] Dabei wird die bei Nietzsche schon angelegte Ideologiekritik des bisherigen Geschichts- und Gesellschaftsverständnisses aufgegriffen und weiterentwickelt. Daß das 19. Jahrhundert in der Tat eine Epoche der Eigengesetzlichkeit war, in der die Lösung aus den kulturellen Selbstverständlichkeiten einerseits und große technisch-wissenschaftliche Innovationen andererseits übermächtige Wandlungsprozesse in Gang gebracht hatten, gerät in Vergessenheit. Die älteren universalgeschichtlichen Fortschrittskonzeptionen erscheinen als subjektive Interpretation oder als Täuschung. Dem erkenntnistheoretischen Subjektivismus entspricht dabei ein allgemeinphilosophischer Aktivismus und Konkretismus. »Das Streben der ›aktivistischen‹ Philosophie der Gegenwart«, so schreibt noch in den fünfziger Jahren ein Beobachter, »ist vielfach darauf gerichtet, zu zeigen, daß die Welt sich verändern läßt, daß in ihr ein Element der Freiheit liegt, das der menschlichen Freiheit die Möglichkeit gibt, sich zu betätigen. ... In solchen Gedanken berührt sich der Aktivismus Gentiles mit dem angelsächsischen Pragmatismus, mit Bergsons Lehre vom élan vital, endlich mit der Philosophie Nietzsches.«[131]

Die notwendig gewordene neue Vermittlung zwischen Objektivität und eigenschöpferischer Subjektivität findet dabei einen Spielraum für eine ganze Reihe von höchst unterschiedlichen Ausprägungen. Wo der Prozeß der bisherigen Geschichte im aktuellen Geschehen keine objektive Bestätigung und Fortsetzung mehr findet, da kann man ihn auf frühere Zielstellungen hin abfragen und diese dem eigenen Denken und Handeln als gewollte »Werte« voranstellen. Oder man kann diesen Prozeß als eine Verkettung historisch gesonderter subjektiver Lebensentwürfe zu verstehen suchen und daraufhin die Gegenwart nach ihren machtvollsten und von daher wahrscheinlich auch für die Zukunft gültigen Lebensentwürfen und Willensgehalten abfragen. Oder man kann hinter die geschichtlichen Erscheinungen und Verwirklichungen überhaupt zurückfragen, um zur Sichtung von apriorischen »Wesens«-Verhältnissen der menschlichen Natur, des Staates, der Rasse, der Klasse usw. gelangen und daraus Normen für das eigene Handeln ableiten zu können. Man kann endlich auch noch versuchen, das überkommene geschichtsphilosophische Wirklichkeitsverständnis als typisch menschliche Selbsttäuschung zu demaskieren und auf so oder so gelagerte irrationale Trieb- und Machtenergien zu reduzieren, die dadurch in toto ihre philosophische Legitimierung erfahren.

Überblickt man diese Spielbreite zeitgenössischer Ansätze zur Auffindung einer neuen Selbst- und Weltverständnisformel, dann hat man — neben dem Neokantianismus — bereits die Ansatzstellen der »Lebensphilosophie«, der »Phänomenologie«, des »Vitalismus«, des modernen »Irrationalismus«, der »Neoontologie« und der »Existenzphilosophie« in der Hand. In Verbindung mit der so oder so gelagerten Aussage über Objektivitäten irgendwelcher Art tritt der eben schon angesprochene Aktivismus bei allen diesen Standpunkten als Bereitschaft zum Kampf und zur Machteroberung, gegebenenfalls auch zur Entscheidung zwischen verschiedenen alternativen Möglichkeiten in Erscheinung. Von daher stehen alle diese Denkentwicklungen in einer engen Beziehung zu der pluralistischen Machtoffenheit, die wir für die gesellschaftliche Sphäre festgestellt hatten.

Die neue Empirie-Welle

Wir haben hier den Punkt erreicht, an dem wir mit der Skizzierung der Soziologieentwicklung in der Zeit zwischen dem Ende des 19. und den dreißiger Jahren unseres Jahrhunderts einsetzen können. Die letzten Ausführungen haben bereits klar gemacht, daß diese Periode ebenso wie die rund 50jährige Periode im Anschluß an die französische Revolution eine Krisen- und Übergangszeit ist, selbstverständlich und gerade auch für die Soziologie. Hier wie dort geht es um die Überwindung eines Zusammenbruchs bisheriger Denkgrundlagen und Wirklichkeitspostulate. Hier wie dort steht an entscheidender Stelle die Frage zur Debatte, ob und wie der alte Anspruch der Gesellschaftswissenschaft, eine begründete Aussage über die in der sozialen Wirklichkeit selbst zum Ausdruck kommenden Struktur- und Entwicklungsverbindlichkeiten zu treffen, noch einzulösen ist. Die große Schwelle, mit der man dabei konfrontiert ist, wird durch eben diejenigen Leitbegriffe markiert, die wir herausgearbeitet haben: Machtoffenheit, Pluralismus, Subjektivität, Entscheidungszwang. Wieder einmal verdunkelt sich, was man dank der gerichteten Eigengesetzlichkeit der bürgerlich-industriegesellschaftlichen Strukturdynamik so klar in der Hand halten zu können meinte: die gesellschaftliche Realität. Wieder einmal setzt in dieser Lage eine Abwendung von den anscheinend unbrauchbar werdenden älteren »Spekulationen« ein, die sich mit einer Hinwendung zur »voraussetzungslosen« Empirie verbindet. Die Ähnlichkeit der thematischen Ansätze dieser empirischen Sozialforschung mit denjenigen Ansätzen, die einige Jahrzehnte früher in der Zeit der beginnenden industriellen Revolution gewählt worden waren, ist dabei beträchtlich. Erstrangig kommen »wiederum solche Arbeiten in Betracht, die sich mit der ›sozialen Frage‹, dem Problem der modernen Armut und ihren vielfältigen Erscheinungen ... befaßten«.[132] Ansätze, wie sie von Friedrich Engels in der ersten Jahrhunderthälfte in seinen Untersuchungen zur »Lage der arbeitenden Klasse in England« eingeleitet worden waren, finden z. B. nunmehr ihre direkte Fortsetzung in der von Karl Marx im Jahre 1880 in Angriff genommenen »Enquête Ouvrière«, in der durch Fragebogenversendung rund 20 000 französische Arbeiter dazu aufgefordert werden, in der Beantwortung von 101 Fragen »die Leiden zu schildern ..., die sie erdulden«.[133] In Deutschland ist es insbesondere der 1873 gegründete »Verein für Socialpolitik«, der aus sozialreformerischen Antrieben heraus und aus Sorge angesichts des »Kampfes, welcher ... Unternehmer und Arbeiter trennt«[134], seit dem Beginn der neunziger Jahre eine Reihe von umfangreichen Enqueten durchführt. Unter diesen ragen insbesondere die von Max und Alfred Weber angeregten Untersuchungen über »Auslese und Anpassung (Berufswahl und Berufsschicksal) der Arbeiterschaft der geschlossenen Großindustrie« hervor, welche in den Bänden 133 bis 135 der Schriften des Vereins für Sozialpolitik veröffentlicht werden. Wie Max Weber, über den später noch ausführlicher zu handeln sein wird, in seiner »Methodologischen Einleitung« zu diesen Untersuchungen eindeutig feststellt, soll es sich bei ihnen »ausschließlich um die sachliche und objektive Feststellung von Tatsachen und um die Ermittlung ihrer in den Existenzbedingungen der Großindustrie und der Eigenart ihrer Arbeiter gelegenen Gründe«[135] handeln. In enger Verbindung mit diesen Enqueten führt Max Weber selbständige Untersuchungen zur »Psychophysik der in-

dustriellen Arbeit« durch, in welchen unter statistischer Auswertung der Lohnbücher und der Stuhluhrregistraturen eines Webereibetriebes das Leistungsverhalten des Arbeiters unter den technologischen und organisatorischen Bedingungen des modernen Großbetriebes analysiert wird.[136]
In England ist es insbesondere *Charles Booth* (1840 - 1916), der als »shipowner and writer on social questions« aus bürgerlichsozialreformerischen Motiven heraus den »social survey« einführt und in großem Stil praktiziert. Er führt zunächst gegen Ende der achziger Jahre eine Befragung von Sozialhelfern der Londoner Schulverwaltung durch, die ihm für über 3 000 Straßen Londons ein umfangreiches Informationsmaterial über jede Familie mit schulpflichtigen Kindern einbringt. Die Ergebnisse erscheinen 1889 unter dem Titel »A Survey of London Life and Labour«. Booth setzt nach dieser ersten Veröffentlichung, die großen Widerhall findet, seine Erhebungen auf verbreiterter Basis fort. Er befragt jetzt systematisch neben Fürsorgern, Ärzten, Gewerkschaftlern und Pfarrern auch Arbeiter und gewinnt Informationsmaterial über 1 Million Londoner Familien, das sich vor allem auf deren Einkommens-, Wohn- und Arbeitsverhältnisse, daneben auch auf ihre moralischen Verhältnisse bezieht. Die Ergebnisse erscheinen in den Jahren 1891 bis 1903 in 17 Bänden unter dem Gesamttitel »Life and Labour of the People of London«. Booths Arbeit befruchtet eine ganze Reihe von weiteren Sozialforschern, so z. B. *B. Seebohm Rowntree* (1871 - 1954), *Patrick Geddes* (1854 - 1932), *Victor Branford* (1864 - 1930), *Arthur Lyon Bowley* (1869 - 1957), *D. C. Jones* (geb 1883), *David Victor Glass* (geb. 1911), *Ruth Glass* (geb. 1913) und anderen. Im Zusammenhang der Arbeiten, die auf dieser Linie entstehen, wird die Technik der empirischen Sozialforschung stark verfeinert und ausgebaut. Hier wird erstmals das Stichprobenverfahren (»random sample«) angewandt. Eine Untersuchung, die von Jones im Jahr 1929 über Merseyside, eine Dockarbeitergegend in der Nähe von Liverpool, durchgeführt wird, erreicht hinsichtlich der Methodenentwicklung ein Niveau, das sie »zum Modell englischer Sozialerhebungen«[137] werden läßt.
Neben solchen Arbeiten stehen weitere, in denen die Entwicklung der industriellen Großstadt von anderen Seiten her angegangen wird. So sind es in Deutschland *Otto Ammon* (1842 - 1916) und daneben auch *Georg Hansen*, die aufgrund von bevölkerungsstatistischem und anthropometrischem Material den

Nachweis zu führen versuchen, daß an der massenhaften Wanderung vom Lande in die Städte vorwiegend die intelligenten und initiativefreudigen Bevölkerungsteile beteiligt seien, die jedoch — im Zusammenhang mit ihrem sozialen Aufstieg und dem damit verbundenen Engagement — als weniger kinderreich aus der biologischen Fortpflanzung weitgehend ausfallen würden. Die Perspektive, die sich hier auftut, ist die einer fortschreitenden biologischen Auspowerung der Bevölkerung der industriellen Gesellschaften. Es fließen hier starke konservativ-kulturpessimistische Töne in die Sozialforschung ein. Die Tatsache, daß die empirische Basis der fraglichen Untersuchungen sehr zweifelhaft ist,[138] vermag nicht zu verhindern, daß diese zunächst starken Einfluß ausüben. Neben Hansen und Ammon stehen — mit empirisch ähnlich ansetzenden Untersuchungen — *V. de Lapouge* (1854 - 1936) in Frankreich, weiter *Sir Francis Galton* (1822 - 1911) und *Karl Pearson* (1857 - 1936) in England. Hier wie dort geht es um Vererbung und Selektion von menschlichen Eigenschaften im Daseinskampf, wobei neben der Konkurrenz zwischen den sozialen Schichten insbesondere bei den Engländern und Franzosen in starkem Maße auch die Konkurrenz zwischen verschiedenen Rassen ins Spiel kommt.
Wenn man so will, kann man in diesem letzten Forschungsbereich eine Empirisierungsform des im 19. Jahrhundert vor allem durch Spencer repräsentierten »Sozialdarwinismus« entdecken. Starke in diese Richtung verlaufende Neigungen finden sich auch bei dem Holländer *Rudolf Steinmetz* (1862 - 1940), wenngleich dieser sich mit Vehemenz von allen »ideologischen« Beimischungen der Soziologie absetzen will und eine strikt anti-spekulativ-empirische »Soziographie« entwirft. Schon dies allein genügt, um sichtbar zu machen, daß die Sozialforschung der Jahrhundertwende bestimmte Interessenmotive, die hinter der zerfallenden eigengesetzlichkeitsanalytischen Theorie standen, aufnimmt. Die bis in die Gegenwart fortwirkenden Boothschen Anstöße, ähnlich auch die starken Befruchtungen, die Steinmetz der holländischen Soziologie bis heute vermittelt hat, zeigen, daß diese Sozialforschung keineswegs nur episodischen Charakter hat. Nichtsdestoweniger sind aber auch diesmal ihre Entfaltungsmöglichkeiten innerhalb der Soziologie im ganzen sehr begrenzt. Zumindest in Deutschland wird sie sogar — nach den großangelegten Enqueten des Vereins für Sozialpolitik — in den zwanziger und dreißiger Jahren wieder rückläufig, wenngleich sich noch in den zwanziger Jahren an der Technischen Hoch-

schule Charlottenburg unter *Götz Briefs* (geb. 1889) ein »Institut für Betriebssoziologie und soziale Betriebslehre« entwickelt, an dem zeitweilig *L. H. Adolph Geck* (geb. 1898), *Walter Jost* und andere arbeiten. Dies gilt auch für die späteren Arbeiten derer, welche die empirische Sozialforschung zunächst mit pionierhafter Begeisterung fördern.
Die Deutung dieser Tatsache ist auf dem Hintergrund unserer allgemeinen Situationskennzeichnung nicht schwierig. Emile Durkheim, mit dem wir uns später noch ausführlicher zu beschäftigen haben, sagt am Ende seiner »Règles de la Méthode Sociologique« von 1895 sehr eindeutig, für die Soziologie sei unter dem Aspekt ihrer konsequenten Hinwendung zur Empirie »der Moment gekommen, auf weltliche Erfolge zu verzichten und den esoterischen Charakter anzunehmen, der aller Wissenschaft zukommt«.[139] Dies hängt nach Durkheim damit zusammen, daß die sozialen Phänomene extrem kompliziert sind und daß es folglich für den Forscher eines ganzen »Apparates von Vorsichtsmaßregeln« bedarf, um bei der Analyse der Gesellschaft nicht in subjektiven Vorurteilen stecken zu bleiben.[140] Eine derart operierende Wissenschaft ist nun allerdings ganz sicherlich nicht geeignet, das intensive »Weltanschauungsbedürfnis« der Zeit, von dem wir oben gesprochen haben, zu befriedigen. Ebenso wie Durkheim wehren sich zwar z. B. auch Max Weber und der italienische Soziologe Vilfredo Pareto mit aller Entschiedenheit gegen dieses Weltanschauungsbedürfnis. Seiner ungeheuren Zugkraft können sie sich trotzdem selbst nicht entziehen. Denn dieses Weltanschauungsbedürfnis dringt in die Soziologie der Jahrhundertwende zumindest in der sublimierten Gestalt des leidenschaftlichen Bedürfnisses nach wissenschaftlicher Selbstverständigung über die Wandlungen der Zeit unmittelbar hinein. Gerade die Heftigkeit und Grundsätzlichkeit des sozialen Wandels der Jahrhundertwende und der mit ihm einhergehende plötzliche Wirklichkeitsverlust verwehren es der zeitgenössischen Soziologie, auf die Dauer ihrem spontanen Antrieb zu folgen, sich ins Studier- und Experimentierzimmer zurückzuziehen und die »Welt« zu vergessen. Noch einmal wiederholt sich das Schicksal der empirischen Sozialforschung, durch starke aus der Gesellschaft selbst kommende Änderungsstöße zwar provoziert, gleichzeitig aber auch wieder gebremst oder sogar abgebaut zu werden. Die in der Naturwissenschaft längst zur Antriebsbasis des experimentellen Vorgehens weiterentwikkelte wissenschaftliche »Neugierde«: sehen zu wollen, was ist

und was vor sich geht, führt in der Soziologie auch jetzt wieder zum spekulativen »Vorgriff aufs Ganze«. Die Soziologie wird zwar nicht bloß von krisenanalytischen Primärimpulsen, sondern — im Zusammenhang mit ihrer zunehmenden Akademisierung — auch von ihren »Nachbarwissenschaften« dazu gedrängt, sich fachwissenschaftlich eingegrenzt zu verstehen und zu etablieren. Nichtsdestoweniger folgt sie aber in der Zeit zwischen dem Ende des 19. Jahrhunderts und den dreißiger Jahren immer noch ihrem eigenen Traditionshintergrund. Sie »beansprucht, den Zusammenhang des sozialen und geschichtlichen Lebens als ganzen zu deuten und die Entwicklungen und Gefahren des sozialen Lebens in einem universaleren Sinnzusammenhang aufzuweisen«.[141] Da das eigengesetzlichkeitsanalytische Theoriemodell angesichts des scheinbaren Aussetzens der gesellschaftlichen Eigengesetzlichkeit nicht mehr recht anwendbar ist, geht man auf die Suche nach neuen Modellen. Diese Suche, nicht die Suche nach den »Tatsachen«, charakterisiert in erster Linie die Entwicklung der europäischen Soziologie seit dem Ende des 19. Jahrhunderts.

Vorweg können wir dazu feststellen, daß in dem fraglichen Zeitraum kein einheitliches Modell vorhanden ist. Ähnlich wie nach der französischen Revolution differenziert sich die Soziologie in eine Mehrzahl von Modellentwürfen, die im Grenzfall kaum etwas miteinander gemeinsam haben und deren Vertreter verschiedentlich dazu neigen, sich gegenseitig die Qualifikation des Soziologen (oder sogar des Wissenschaftlers) abzusprechen. Unbestimmtheit, Offenheit, Pluralität der sozialen Wirklichkeit setzen sich in einen konfliktgeladenen Pluralismus soziologischer Systemansätze um. Diese demonstrieren unterschiedlich gelagerte Versuche, sich der sozialen Wirklichkeit wieder zu nähern, d. h. ihr ein Prinzip abzugewinnen, auf das sich eine übergreifende Deutungsformel aufbauen läßt. Die Systematisierung dieser Ansätze nach einzelnen Ländern erscheint im Rahmen der vorliegenden Abhandlung nicht sehr sinnvoll. Sie zwingt allzu sehr ins Detail und verwischt dort, wo ein gedrängter Überblick erforderlich ist, die wesentlichen Standortkonturen, die keineswegs mehr primär von nationalen Besonderheiten bestimmt sind. Viel eher empfiehlt sich eine die Ländergrenzen übergreifende Unterscheidung nach eben diesen Standortkonturen, genauer gesagt: nach dem angestrebten Modelltypus. Wir verzichten dabei sowohl auf die Herausarbeitung von Einseitigkeiten und Unvollständigkeiten der einzelnen Standorte wie auch auf ihre Einordnung in ein so oder so geartetes Fortschrittsschema der Soziologieentwicklung.[142] Beide Systematisierungslinien lassen den Übergangs- und Krisencharakter, in dem sich die Soziologie der hier vorgelegten Deutung zufolge im fraglichen Zeitraum befindet, allzusehr zurücktreten. Unser eigener Ansatz folgt der Suche nach einem neuen Modell zunächst mehr beschreibend und analytisch. Wie auch schon in früheren Fällen beinhaltet er allerdings auch hier die Chance, Urteile darüber abzugeben, welche Standorte hinter den wirklichen Gesellschaftsgegebenheiten zurückbleiben und welche ihnen — mehr oder weniger — entsprechen.

Soziologie als Entschlüsselung der individuellen Verhaltenslogik sozialer Gruppen und Gebilde

»Verstehender« Ansatz: Max Weber

Max Weber (1864 - 1920) geht davon aus, so stellt Karl Jaspers zutreffend fest, »daß jede Forschung partikular und das Ganze verschlossen ist. ... Die Wirklichkeit ist« für ihn »in jeder Gestalt individuell, endlos, unerschöpflich; die Gesetze, die für sie gelten, sind nicht geeignet, aus ihnen das Wirkliche abzuleiten. Es gibt auch keinen allgemeinen zeitlichen Urzustand, weder einen kosmischen, noch einen menschlichen, aus dem ... sich ... die Individuation in der Geschichte entwickelt. ... Keine Vision des Ganzen der menschlichen Geschichte, keine Konstruktion der Weltgeschichte ist« dem Sozialwissenschaftler aus dieser Perspektive erlaubt.[143] »Endlos wälzt sich«, so erklärt Max Weber, »der Strom des unermeßlichen Geschehens der Ewigkeit entgegen«. Dies einzusehen bedeutet eine »Entzauberung der Welt«, der heute noch eine Fülle von Motiven und Bedürfnissen entgegenstehen. Verschließen kann sich dieser Entzauberung auf die Dauer aber nur derjenige, der sich zum Opfer des Intellekts entschließt. Denn diese Entzauberung ist selbst das Hauptresultat des auf zunehmende »Rationalisierung« hinzielenden Fortschritts der »okzidentalen Kultur«. Da der Fortschrittsprozeß der Rationalisierung im Kern Verwissenschaftlichung der Welt bedeutet, ist es zuvörderst die Wissenschaft selbst, in der und durch welche die Entzauberung geschieht. Von der Wissenschaft in dieser Lage noch Aussagen über den »Sinn der Welt« verlangen zu wollen, ist absurd. Die Wissenschaft ist vielmehr umgekehrt mehr als alles andere dazu geeignet, »den Glauben daran, daß es so etwas wie einen Sinn der Welt gebe, in der Wurzel absterben zu lassen«. Sie ist die »spezifisch gottfremde Macht«, noch mehr: sie kann »auf die allein für uns wichtige Frage, ›Was sollen wir tun? Wie sollen wir leben?‹ keine Antwort« mehr geben. Dies gilt nicht nur für die Naturwissenschaft, sondern auch für die Sozialwissenschaft. Diese hat sich vor falschem Prophetentum durch die Einsicht in den »Polytheismus« der sozialen Wirklichkeit, in deren Offenheit, Pluralität und Vieldeutigkeit und in ihren unaufhebbaren Kampf- und Entscheidungscharakter zu schützen. Sie hat einzusehen und davon auszugehen, daß »wissenschaftliche Analyse« und Wert- oder Sinnaussage durch einen tiefen Graben getrennt sind, über den nur der Sprung der sich entscheidenden Subjektivität hinwegführt.[144]

Diese Postulate des Wissenschaftsansatzes der Soziologie weisen teils noch die Aussagestruktur der älteren Geschichtsphilosophie auf. Sie bedeuten aber inhaltlich eine glatte Negation aller herkömmlichen Geschichtsphilosophie und aller auf ihr aufbauenden Soziologie. Georg Lukács hat insofern völlig recht, wenn er Weber unter anderem »Subjektivismus und Agnostizismus« nachsagt und wenn er auf seine »sozialhistorische Perspektivenlosigkeit« hinweist.[145] Weber geht mit völliger Eindeutigkeit vom Zeitphänomen der pluralistischen Machtoffenheit aus und zieht aus ihm die radikale Konsequenz des Endes aller bisherigen Geschichte und damit auch aller universalgeschichtlich orientierten Soziologie.

Die Umrisse des Weber vorschwebenden Theoriemodells lassen sich durch die vier nachfolgenden Bestimmungen beschreiben:

1. *Ausgang vom »subjektiven Sinn« des »sozialen Handelns«:* Weber definiert die »Soziologie« geradezu als eine Wissenschaft, »welche soziales Handeln deutend verstehen und dadurch in seinem Ablauf und seinen Wirkungen ursächlich erklären will«. Er stellt dabei unmißverständlich klar, daß von »Handeln« nur dann gesprochen werden solle, »wenn und insofern als der oder die Handelnden mit ihm einen subjektiven Sinn verbinden«.[146] Der subjektive Sinn des Handelns braucht dem Handelnden selbst nicht unbedingt bewußt zu sein. Bedingung ist nur, daß dieser »Sinn« als das logische Prinzip des Handelns nacherlebend — oder zumindestens intellektuell — »verstehbar« ist. Dieser Ausgang vom »subjektiven Sinn« sozialen Handelns bringt für Weber unmittelbar mit sich, daß es die Soziologie im Prinzip nur mit dem Verhalten »von einer oder mehreren

einzelnen Personen« zu tun haben kann. Das schließt nicht aus, daß sich die Soziologie auch überindividuellen sozialen Einheiten und Zusammenhängen zuwendet. Sie kann z. B. »soziale Gebilde wie den Staat, Genossenschaften, Aktiengesellschaften, Verbände und Stiftungen« genauso behandeln wie »Einzelindividuen«, falls sie eine einheitliche Handlungslogik zur Schau stellen. Sie darf solche Kollektivsubjekte jedoch nicht substanzialisieren. Sie hat sich vielmehr immer darüber im klaren zu sein, daß sich diese Subjekte aus dem sozialen Handeln einzelner und somit auch aus den Orientierungen einzelner an den Handlungen anderer (oder auch aus den Orientierungen einzelner an bestimmten sozialen Normen, Regeln oder sonstigen Sollensgehalten) aufbauen. Vorstellungen wie die von Spencer, »die« Gesellschaft sei ein »super-organisches Aggregat« mit eigenen Struktur-, Funktions- und Wachstumsprinzipien, scheiden von daher als schlechte Metaphysik aus, ebenso alle Versuche, ein auf allgemeine Struktur- und Funktionsannahmen gegründetes Richtigkeitsbild des Gesellschaftsaufbaus zu liefern (vgl. Saint-Simon, Comte). Soziale »Gesetze« und »Geltungen« überhaupt sind nur als »Chance« formulierbar, daß sich etwas unter Voraussetzung unveränderten sozialen »Handelns« so oder so entwickelt.

2. *Typologischer Ansatz:* Wenn Weber also auf die Bemühung der bisherigen Soziologie verzichtet, gesellschaftliche »Gesetze« zu erarbeiten, dann scheint für ihn ein Rückzug auf eine gleichsam klassifikatorische Typenlehre beinahe unausweichlich zu sein. Webers Konzentration auf den »Idealtypus« als soziologisches Erkenntnismittel hat jedoch auch eine unmittelbar aus seinem Ansatz folgende positive Bedeutung. Wer »versteht«, der neigt unwillkürlich dazu, das Beobachtete auf durchsichtige und logisch geschlossene Formeln zu bringen. Der Wissenschaftler hat dies Bedürfnis nicht etwa zu unterdrücken, sondern vielmehr nur zu stilisieren und rational zu kontrollieren. Er erhält dann die Chance, mit dem »Idealtypus« einer sozialen Gegebenheit ihre »Eigenart« besonders deutlich — in »gedanklicher Steigerung« — in die Hand zu bekommen und sich damit ein äußerst wertvolles »heuristisches« Instrument zu erschließen. Er hat darüber hinaus mit einem solchen »Idealtypus« aber gleichzeitig auch die Chance in der Hand, sich Vorstellungen davon zu bilden, wie ein soziales Handlungssubjekt eigentlich handeln müßte, wenn es seinem eigenen Handlungsprinzip »rational« folgen würde. Endlich kann der Wissenschaftler mit Hilfe des »Idealtypus« auch seine eigene Richtigkeitsvorstellung an die Wirklichkeit anlegen und ein quasinormatives Schema (zweck-)rationalen Handelns in so oder so gelagerten historischen Situationen entwerfen.[147] Die hier sichtbar werdende Chance, sich mit Hilfe des »Idealtypus« von der empirischen Wirklichkeit zu entfernen und diese gewissermaßen einer Adäquanzkontrolle zu unterwerfen, wird dann von Weber noch auf die »historische Kausalbetrachtung« angewandt. Der Idealtypus bekommt hier die Funktion, Aussagen darüber zuzulassen, was — in Anbetracht »objektiver Möglichkeit« und »adäquater Verursachung« — »bei Ausschaltung oder Abänderung gewisser Bedingungen« ge-

worden »wäre«.[148] Er kann somit Gedankenexperimente hinsichtlich geschichtlich-gesellschaftlicher Abläufe möglich werden lassen.

3. *Standpunkt der »Wertfreiheit« der Wissenschaft:* Daß der Wissenschaftler nach Max Weber auf die Beantwortung aller Substanz- und Lebenssinnfragen verzichten muß, haben wir vorhin schon gehört. Auch daß er sich selbst von allem falschen Prophetentum abzugrenzen habe. Der Betonung dessen, was er selbst als Standpunkt der »Wertfreiheit« in der Wissenschaft bezeichnet hat, widmet Weber zeit seines Lebens unter Inkaufnahme heftiger Feindschaften den allergrößten Nachdruck. Nach Weber kann die Wissenschaft im Hinblick auf die Problem- und Fragestellungen gesellschaftlicher Praxis nur die folgenden Leistungen erbringen: 1. die Herausarbeitung der »letzten, innerlich ›konsequenten‹ Wertaxiome« des Handelns, deren Bewußtsein aufgrund der abschleifenden und verflachenden Kraft des Alltags immer wieder verloren zu gehen droht; 2. die Feststellung der im Hinblick auf irgend eine Art von Wertverfolgung erforderlichen Mittel, wie auch der erwartbaren Nebenwirkungen und der gegebenen Erfolgswahrscheinlichkeiten des Handelns.[149] Der Wissenschaftler kann sich dabei — je nach persönlichem Geschmack und gegebener Überzeugung — den allerverschiedensten praktischen Standorten verpflichten, auch im Sinne der eigenen politischen Stellungnahme und Aktivität. Entscheidend ist immer nur, daß er den Sprung von der Wissenschaft zur Wertüberzeugung bewußt und mit der erforderlichen »intellektuellen Rechtschaffenheit« vollzieht.

4. *Konzipierung der Soziologie als empirische Forschungsdisziplin:* Es ist ganz eindeutig, daß durch die vorstehend erwähnte Aufgabenformulierung die Soziologie zu einer »instrumentellen« Handlungswissenschaft mit empirischem Forschungscharakter wird. Weber rückt dadurch ganz zweifelsfrei in eine beträchtliche Nähe zum sozialwissenschaftlichen »Neopositivismus«, wie er seit den dreißiger Jahren durch Karl Raimund Popper (geb. 1902) vertreten wird. Popper selbst erkennt dies sehr deutlich, wenn er erklärt, bestimmte Bemerkungen in der Weberschen Wissenschaftslehre enthielten die seiner eigenen Analyse »ähnlichste Vorwegnahme«, die ihm bekannt sei.[150] Die empirische Orientierung verknüpft sich aber auch unmittelbar mit dem unter 2. erwähnten typologischen Ansatz. Der Idealtypus beansprucht, wie Max Weber unmißverständlich erklärt, »empirische Geltung«. Ob und inwieweit der Idealtypus irgendeiner sozialen Erscheinung diese Geltung besitzt, kann aber nur im Wege der »Vergleichung zwischen Idealtypus und ›Tatsachen‹«[151] festgestellt werden. Die Bildung eines solchen Typus zieht also notwendig empirische Forschung nach sich. Der Idealtypus selbst hat Vorgriffscharakter und kann unter gewißen Bedingungen geradezu als Hypothese angesprochen werden. Auch hier ist die Ähnlichkeit zu Popper sehr groß. Die Forderungen, die Theodore Abel später in seinem berühmten Aufsatz »The Operation Called *Verstehen*«[152] vom Standpunkt der neopositivistischen Forschungslehre aus an die Methode des Verstehens richtet, sind hier bereits erfüllt.

Max Webers Gesamtpersönlichkeit und Werk gehen in seinen wissenschaftstheoretischen Setzungen nicht auf. Seine »Gesammelten politischen Schriften« dokumentieren eine Leidenschaftlichkeit der Beteiligung am politischen Leben der Zeit, die viel zu stark ist, um sich immer und überall der selbstauferlegten Wertfreiheitsaskese zu beugen. In seinen »Gesammelten Aufsätzen zur Religionssoziologie« und in seinem Monumentalwerk »Wirtschaft und Gesellschaft« spiegelt sich eine geradezu enzyklopädische Gelehrsamkeit, die das Instrument des Idealtypus am historischen Material souverän praktiziert, ohne sich dabei allzu ängstlich nach empirischen Absicherungen umzusehen. Letztlich schlägt auch seine Negation der Geschichtsphilosophie an einigen Stellen in eine Art von negativer Geschichtsphilosophie zurück. Zwar führt er gegen den Marxschen Historischen Materialismus die These ins Feld, er sei ebenso einseitig, wie sein Gegenteil, die »einseitig spiritualistische Kultur- und Geschichtsdeutung«.[153] Auf der anderen Seite aber erkennt er im zeitgenössischen Kapitalismus doch Tendenzen zu einem Objektivwerden ursprünglich geistiger Impulse und zu ihrem Umschlagen in das »stahlharte Gehäuse« bürokratischer Leitungsstrukturen, deren Unterschätzung zugunsten utopischer Weltveränderungsvorstellungen er nun umgekehrt dem Sozialismus zur Last legt. Sein soziologisches Weltbild leitet sich letztlich aus ganz bestimmten Überzeugungen über die Situation der Zeit und ihre Wurzeln her. Darin spielt eine intensive Spannung zwischen menschlicher Freiheit und einer in Rationalisierung umschlagenden Rationalität die Hauptrolle. Wenn man will, dann kann man hier unschwer einen mit Skepsis aufgeladenen und durch sie stark verfremdeten Rest des geschichtsphilosophischen Theorieerbes der älteren Soziologie entdecken. Wir werden diesem Rest — auch in der spezifischen Ausformung, in der er bei Weber auftritt — nachfolgend noch verschiedentlich begegnen. In der Tat stellt die Spannung zwischen Freiheit und bürokratischer Rationalisierung eine reale Seite der pluralistischen Machtoffenheit dar. Es ist eine Tatsache, daß sich die Tendenz zur Machtballung nach innen hin überall als Wachstum bürokratischer Verwaltungen niederschlägt. Wo das Leben — und dies ist ja in der neuen Situation der Fall — in einer zunehmenden Vielzahl seiner Aspekte der Vermachtung verfällt, da verfällt es gleichzeitig auch deren Korrelat, der Bürokratisierung. Max Webers Weltbild beinhaltet die negative Utopie einer zukünftigen Gesellschaft, in der sich eine einheitliche bürokratische

Herrschaft gegenüber den sozialen Konfliktstoffen absolut setzt und damit — gegebenenfalls unter sozialistischen Weltanschauungsvorzeichen — eine »Herrschaft des Beamten« beginnt, die ausschließlich von formalistischer Betriebsförmigkeit geprägt ist. Hier wird eine Antithese gegen Marx und Engels (aber auch gegen Lorenz v. Stein und andere) sichtbar, die in ihrem eigenen universalhistorischen Anspruch durchaus noch ins 19. Jahrhundert zurückweist.

»Psychologischer« Ansatz

Max Weber steht mit seinem auf gesamtgesellschaftlich-historische Sinnerkenntnis verzichtenden und den neuen Kategorien des Subjektivismus, der Pluralität und der Entscheidungsoffenheit Raum gebenden »Radikalismus« keineswegs allein. In Frankreich sind es insbesondere *Gabriel Tarde* (1834 - 1904) und *Gusave Le Bon* (1841 - 1931), die einen in mancher Beziehung ähnlichen Weg einschlagen.

Insbesondere gehen die beiden Franzosen ebenso wie Max Weber bei der Suche nach den gesellschaftlichen Fundamentalverhältnissen von den einzelnen Individuen und ihren Handlungsverbindungen aus. Allerdings definieren sie sowohl die in den einzelnen antreffbaren Antriebe des Handelns als auch die Mechanismen der interindividuellen Verbindung psychologisch, d. h. als Triebe, Wünsche oder Begierden bzw. als Wechselwirkung zwischen Trieben, Wünschen und Begierden.

Gabriel Tarde stellt in »Les lois de l'imitation« von 1890 die These auf, die letzten Ursachen aller sozialen Bewegung seien immer und überall »Innovationen« einzelner. Unter Innovation versteht er dabei alles, was gesellschaftlich an neuen Gedanken, Ideen, Glaubensvorstellungen und Handlungsformen in Erscheinung tritt. Innovationen stoßen nun, so meint Tarde, in ihrer sozialen Umgebung auf drei mögliche Reaktionsweisen: auf »Imitation«, auf »Opposition« oder auf »Adaption«. Imitation bedeutet dabei die Übernahme der Erfindung durch andere im Wege ihrer Nachahmung und Wiederholung. Sie ist die häufigste Form des Verhaltens. Opposition, die in den sehr unterschiedlichen Konfliktformen des Krieges, des Wettbewerbs und der Diskussion vor sich zu gehen vermag, bedeutet demgegenüber das Festhalten an älteren Erfindungen. Sie kann an bestimmten Punkten in Imitation oder auch in andersartige Innovationen übergehen. Mit Adoption endlich ist die Vermittlung zwischen verschiedenen Innovationen gemeint. Sie bringt die Herstellung eines harmonischen Gleichgewichts zwischen diesen zustande und leitet ihre Synthese zu einer höheren Einheit ein.

Das gesamte gesellschaftliche Geschehen (und damit auch die Weltgeschichte) ist nach Tarde nun nichts anderes als ein hochkomplexes Geflecht von zeitlichen Verkettungen dieser Elementarbewegungen und somit auf diese reduzierbar. Diese Sicht schließt nicht aus, daß die Analyse auch auf höherer Ebene liegende Struktur- und Sinnmotive aufzudecken vermag. Einzelne Innovationen mögen eine sehr starke Ausstrahlung besitzen und sich überdies mit anderen zu Synthesen zusammenfinden. Bestimmte Oppositionen mögen umgekehrt große Gesellschaftsteile (Klassen, Gruppen, Parteien) oder auch ganze Staaten erfassen, so daß es zu sehr klar ausgeprägten epochaltypischen Gesamtkonstellationen kommen kann.

Tarde geht so weit, anzunehmen, daß den jeweils koexistenten Elementarbewegungen insgesamt eine Gleichgewichtstendenz innewohne, wenngleich diese Tendenz immer wieder durch große Erschütterungswellen innovativen Charakters unterbrochen werde. Die Gegenwart wird ihm zufolge im starken Maße durch eine derartige Erschütterungswelle gekennzeichnet, jedoch gehören, wie er meint, zu den zeitgenössischen Innovationen unter anderen auch spezifisch moderne »Massenkommunikationsmittel« (die Presse), welche außerordentlich geeignete Vehikel des Ausgleichs, der Synthese und damit auch des sozialen Gleichgewichts seien.

Tarde repräsentiert, so können wir zusammenfassen, eine mit großer Eindeutigkeit auf die Realsituation der pluralistischen Machtoffenheit zugeschnittene Theorie der gesellschaftlichen Autoharmonie, in der man einen enthistorisierten Nachklang älterer bürgerlich-optimistischer Theorieansätze erkennt. Das gesellschaftliche Geschehen setzt sich bei ihm aus konfliktgeladenen Prozessen der gegenseitigen Machtausübung zusammen, wobei sich als Resultante eine Ausgleichsbewegung ohne Fortschrittsthema ergibt. Die Weltgeschichte ist in ein Gefüge aus relativ zufälligen Konstellationsfiguren aufgelöst, die einander in unvoraussehbar bunter Folge und Vielfalt verdrängen. Die Gesellschaft ist notwendigerweise immer voller Spannung, weil die jeweils nachdrängenden Innovationspotenzen mit den älteren konkurrieren und deren Widerstand herausfordern. Die pluralistische Machtoffenheit ist in dieser Perspektive im rechtfertigenden Sinne erklärt und positiv als Ausfluß des überzeitlichen Wesens der Gesellschaft gedeutet. Die psychologische Basis des Systems läßt dieses dabei der alten geschichtsphilosophischen Theorie noch ferner rücken als das Max Webersche Denken.

Die Grundtönung des Le Bonschen Denkens, das durch die Kriminologen *Cesare Lombroso* (1835 - 1909) und *Scipio Sighele* (1868 - 1913) beeinflußt ist, ist wesentlich pessimistischer. Für ihn steht in der zeitgenössischen Gegenwart »La psychologie des foules«, die Psychologie der Massen, auf der Tagesordnung. Mit diesem Titel seines 1895 erstmals erschienenen bekanntesten Werkes verbindet sich die Vorstellung, die Gegenwart sei ein Zeitalter, das von Massenzuständen und -bewegungen beherrscht sei. Mit dieser Diagnose reagiert Le Bon wie mehrere andere Soziologen auch primär auf den Auf- und Ausbau der sozialistischen Unterschichtbewegungen und -organisationen in der zweiten Hälfte des 19. Jahrhunderts, d. h. also auf einen ganz bestimmten Ausschnitt der pluralistischen Machtoffenheit. Seine Position ist durch bürgerlich-konservatives Abwehrbedürfnis bestimmt und verbindet sich mit der Voraussage eines bevorstehenden kulturellen Zerfalls. Seine »Psychologie des foules« erlebte »einen beispiellosen Erfolg«[154] und war 1931 bereits in der 31. Auflage erschienen.

»Massen« sind für Le Bon emotional und irrational handelnde und empfindende soziale Aggregate, in denen Erfahrung und Vernunft als die Leitinstanzen des aufgeklärten Handelns nicht mehr zur Geltung kommen können. Er schildert die »Massenseele« als »impulsiv, wandelbar, reizbar, leicht zu beeinflussen, kritiklos, leichtgläubig, begeisterungsfähig, einseitig und überschwenglich in ihren einfachen Gefühlen«.[155] Das Einzelindividuum verfällt seiner Darstellung zufolge in dem Augenblick, in dem es in eine von der »Massenseele« bestimmte Situation eintritt, einer Ansteckung und Einschmelzung, die mit einer scharfen Reduktion seiner Vernunftfähigkeit Hand in Hand geht. »Massen« sind also nicht nur die Kollektivvereinigungen der ohnehin schon Vernunftlosen, sondern soziale Wirkgrößen sui generis, welche die Individuen ungeachtet ihrer ursprünglichen Eigenschaften zu beeinflussen und zu transformieren vermögen. Dies ist gerade das Unheimliche an ihnen. Die Ausbreitung von »Massen« hat epidemischen Charakter und vermag ganze Gesellschaften zu erfassen. Da Hochkulturen immer nur von elitären Minderheiten geschaffen werden können, welche die großen Mehrheiten zu disziplinierter Tätigkeit anleiten, bringt die Transformation dieser Mehrheiten in »Massen« die Gefahr des kulturellen Niedergangs und der sozialen Desintegration mit sich.

Le Bon legt auf die Feststellung Wert, er sei kein Antidemokrat. Er meint aber, daß in der Gegenwart eine falsche Art von Demokratie entstehe, die auf den Haß gegen menschliche Superiorität gegründet sei. Der Haß gegen die überragenden Köpfe bringe es mit sich, daß aus der Massengesellschaft allenfalls eine Tyrannei von Bürokraten erwachsen könne. Le Bon sieht sehr deutlich, daß sich gewisse gesellschaftliche Trends, die zur Freisetzung der »Masse« geführt haben — das Wachstum der Städte, die Entwicklung der modernen Verkehrs- und Kommunikationsmittel, die Ausdehnung des Wahlrechts —, nicht einfach rückgängig machen lassen. Seine Vorstellungen laufen aber auf die Vision hinaus, daß sich die wirklich großen Menschen, die zur Leitung der Gesellschaft berufen seien, die von der Massenpsychologie vermittelten Techniken der Massenführung zu eigen machen, um die »Massenseele« zu erobern, zu bezwingen und auf diesem Wege in die Disziplin zurückzugeleiten.

Auch hier tritt also der Bürokratisierungsvorgang als Korrelat der sozialen Vermachtung ins Blickfeld der Gegenwartskritik. Die Sozialwissenschaft wird — die Beziehungen zu Max Weber sind unübersehbar — als antibürokratische Herrschaftstechnik definiert, wenn auch mit stark machiavellistischem Akzent. Die Beziehungen zur Geschichtsphilosophie der Aufklärung sind dabei praktisch auf Null reduziert. Anstelle des Fortschrittskonzeptes steht ein prinzipiell überzeitliches Konzept der Kulturhöhe, das mit der Betonung unaufhebbarer Wert- und Leistungsunterschiede zwischen den Menschen korreliert. Man wird kaum zu weit gehen, wenn man bei Le Bon konservatives Gesellschaftsdenken auf einer neuen, der pluralistischen Machtoffenheit angemessenen Verwissenschaftlichungsebene gegeben sieht. Es ist naheliegend, festzustellen, daß dieser Ansatz die »romantisch-konservative Freiheitsidee« mit dem im konservativen Sinne geschichtsbezogenen Widerspruch gegen die »aufklärerisch-generalisierende Rationalisierung«[156] verbindet. Er repräsentiert gleichzeitig in sehr aufschlußreicher Form einen der Übergänge, die in den präfaschistisch-technokratischen Raum hineinführen.

Georg Simmel (1858 - 1918), den wir als den »Gründungsvater« der formalen Soziologie anzusehen haben, ist in seiner 1890 erschienenen Schrift »Über sociale Differenzierung« zunächst noch bemüht, die neuen Fakten der pluralistischen Machtoffenheit in ein stark an Darwin angelehntes und auf Spencer zurückweisendes evolutionstheoretisches Konzept des »allgemeinen Kulturfortschritts« einzuarbeiten. Er versucht hier, die für die zeitgenössische Gesellschaftsszenerie so charakteristische Entstehung von Interessenverbänden, Genossenschaften, Gewerkschaftsverbänden und Massenparteien als eine höhere Stufe der arbeitsteiligen Differenzierung zu fassen. Gleichzeitig bringt er sie mit einem allgemeinen Freiheitsgewinn des Menschen in Verbindung, der darin bestehen soll, daß der einzelne zunehmend die Chance hat, »im Schnittpunkt« verschiedener und möglicherweise sehr unterschiedlicher »sozialer Kreise« zu existieren und sich somit sehr vielfältige Möglichkeiten zur Ausbildung und Betätigung seiner Individualität zu erschließen. Simmel sieht allerdings, daß die Rechnung innerhalb des herkömmlichen Evolutionskonzeptes nicht mehr aufgeht. Da die neue Differenzierungsstufe »ein Auseinandergehen in feindliche Gegensätze« beinhaltet, bringt sie einen »fundamentalen Widerspruch« zum Ökonomieprinzip der sozialen Differenzierung (»Kraftersparnis«) mit sich. Soziale Differenzierung schlägt in soziale Dissoziation und Desintegration um. Das Buch endet — mit dem Hinweis auf den Konflikt zwischen Kapital und Arbeit — in einer unverhüllten Aporie.
In seiner »Philosophie des Geldes« von 1900 hat Simmel konsequenterweise den Standpunkt der Evolutionstheorie verlassen. Im Mittelpunkt seines Denkens steht jetzt eine sich in der gegenwärtigen Gesellschaftsentwicklung manifestierende zentrale Kulturproblematik, die in einer zunehmenden Trennung der menschlichen Subjektivität von der Welt der Kulturinhalte bestehen soll. Diese Trennung zeigt sich nach Simmel darin, daß zwar die Gesamtkultur immer weiter anwächst und sich immer weiter verfeinert, daß sich aber gleichzeitig der einzelne Mensch nicht mehr weiterentwickelt. Man kann sogar Erscheinungen eines einzelmenschlichen Rückschritts beobachten. Der »objektive«, »investierte«, »vergegenständlichte« Geist der Gesellschaft, der sich in ihren materiellen Schöpfungen, Institutionen und Organisationen ausdrückt, gerät in Widerspruch mit den menschlichen

Subjekten. Diese können sich ihre eigenen Produkte zunehmend weniger aneignen. Sie geraten, pointiert ausgedrückt, unter die Herrschaft der Verbände, Parteien, Organisationen und bürokratischen Apparaturen der pluralistischen Machtoffenheit. »Die Kulturobjekte erwachsen immer mehr zu einer in sich zusammenhängenden Welt, die an immer wenigeren Punkten auf die subjektive Seele mit ihrem Wollen und Fühlen hinuntergreift.«[157] Die Rückkopplung zwischen Subjekt und Objekt zerreißt; Entfremdung zwischen der zunehmend inhaltsentleerten menschlichen »Seelenhaftigkeit« und der sich wachsend entseelenden und objektivierenden Kulturinhaltlichkeit greift um sich.

Die Trennung zwischen einer gleichsam formalen menschlichen Sozialpsyche und einer von ihr abgehobenen Kulturinhaltlichkeit, die hier aus der Perspektive der Gegenwartskritik vorgenommen wird, ist die eigentliche Grundlage der »formalen« Soziologie. Diese findet nun allerdings wesentliche weitere Antriebe in der Entdeckung, daß das fragliche Subjekt-Objekt-Verhältnis seinerseits von gewissen formal-sozialpsychologischen Vorgegebenheiten, vom »Lebensstil« einer Kulturgemeinschaft nämlich, abhängt. Die menschliche Seelenhaftigkeit selbst gibt sich in der Art ihrer Rahmenstrukturierung ihr eigenes Verhältnis zur Inhaltlichkeit ihrer Objekte vor.[158] Diese jenseits der eigentlichen »Kulturinhalte« stehenden sozialpsychologischen Vorgaben rücken von daher notwendigerweise in den Vordergrund des gesellschaftsanalytischen Wissenschaftsinteresses. Zu ihnen gehören in der »Philosophie des Geldes« in erster Linie die mit dem Grad und der Art der sozialen Differenzierung in Verbindung stehende Größe der jeweiligen »Gruppe«; dann auch die Fixierung eines Grundmaßes sozialräumlicher »Distanz«; endlich noch die Entscheidung für einen bestimmten zeitlichen »Rhythmus« des Lebens.

Mit diesen »formalen« Vorgaben der Kultur ist im Prinzip bereits der Inhalt der Simmelschen »Soziologie« von 1908 abgesteckt. Hier geht es — neben der nochmals auftauchenden Perspektive wachsender menschlicher Freiheit angesichts der Vermehrung und zunehmenden »Kreuzung« der sozialen Kreise und der »Erweiterung der Gruppe« — um die »quantitative Bestimmtheit der Gruppe«, weiter um den »Raum und die räumlichen Ordnungen der Gesellschaft«. Hinzu kommen Abschnitte zur »Über- und Unterordnung«, über den »Streit«, über das »Geheimnis«, über die »Selbsterhaltung der sozialen Gruppe« und über die Bestimmung ihrer sozialen Identität (»Der Arme«),

mit denen das Spektrum der formalen Vorgaben weiter ausgebaut wird. Diese selbst werden in dem berühmten Einleitungskapitel über »das Problem der Soziologie« in Anlehnung an die Kantsche Kategorienlehre geradezu als »die apriorischen Bedingungen, aufgrund deren Gesellschaft möglich ist«, oder kurz als »soziale Aprioris« angesprochen. Die völlig entinhaltlichte und damit auch enthistorisierte Soziologie, die sich mit diesen sozialen Aprioris beschäftigt, verhält sich zu denjenigen Wissenschaften, welche sich mit der Inhaltlichkeit der gesellschaftlich-geschichtlichen Wirklichkeit beschäftigen, ganz ebenso wie die Geometrie zu den physikalisch-chemischen Wissenschaften von der Materie. Sie soll dadurch auch die Chance erhalten, »Spezialwissenschaft« mit eigenem Gegenstandsbereich zu sein.
Konsequenterweise ist nunmehr auch der Begriff der »Gesellschaft« in die Formalisierungsbewegung einbezogen und scheint von allen historisch-inhaltlichen Bestimmungen gereinigt. »Gesellschaft« meint nun nicht mehr »die« Gesellschaft als historisch identifizierbares Subjekt. Der Begriff bezieht sich jetzt grundsätzlich auf alle sozialen Einheiten (oder »Gruppen«), die dadurch entstehen, daß »mehrere Individuen in Wechselwirkung treten« und in ihrer gegenseitigen Einwirkung gemeinsam eine bestimmte Formenkonstellation der sozialen Aprioris realisieren. Der herkömmliche »Gesellschafts«-Begriff der Soziologie ist damit aufgelöst; den modernen Tatsachen der sozialen Dissoziation im Zeichen der pluralistischen Machtoffenheit ist in radikaler Weise Rechnung getragen. Die Soziologie beschäftigt sich nunmehr mit einer prinzipiell offen bleibenden Vielzahl von sozialen Gruppierungen, die sich aufgrund von »Trieb, Interesse, Zweck, Neigung, psychischer Zuständlichkeit und Bewegung« der Beteiligten zusammenfinden und die unüberschaubar heterogenen Ziele verfolgen.
Leopold von Wiese (1876 - 1969) baut in wesentlicher Hinsicht auf Simmel, daneben auch auf den Belgier *Emile Waxweiler* (1867 - 1916) auf. Die Soziologie muß, so erklärt er, »durch den Wust von Theorien, Philosophien, Ideologien, aber auch von Dingen und Zwecken hindurchstoßen zu den Menschen, ihrem Leid, ihrem Glück«.[159] Sie muß auch »hinter solche Fassaden, wie es die moderne Klassengesellschaft des Hochkapitalismus ist«[160], durchstoßen, um die eigentliche, menschlich relevante Wirklichkeit des Sozialen zu erreichen. Sie muß, mit einem Wort, »formale Soziologie« sein, die von allen historisch-gesellschaftlichen Inhalten absieht.

Die apriorischen Grundkategorien, mit denen v. Wiese arbeitet, sind etwas anders gelagert als die Simmelschen. v. Wiese spricht von »sozialer Distanz«, »sozialer Beziehung«, »sozialem Prozeß« und »sozialem Gebilde«. Das Zwischenmenschliche ist ihm eine unablässige Aufeinanderfolge von Bindungs- und Lösungsakten (d. h. von Distanzveränderungen), welche die Elementareinheiten des sozialen Prozesses sind. Soziale Beziehungen stellen das — stets nur vorübergehende, in sich instabile — Ergebnis von sozialen Prozessen dar. Für den sozialen Prozeß findet v. Wiese die allgemeine Quasiformel P = H · S, wobei H die »Haltung« der am Prozeß beteiligten Menschen und S die jeweils gegebene »Situation« meint.
Soziale Gebilde sind »Verdichtungen« sozialer Beziehungen, die von den an ihnen Beteiligten teils als dauernde Einheiten angesehen werden und die von daher unter Umständen das Verhalten der Individuen als Quasi-Subjekte beeinflussen und steuern können. v. Wiese unterscheidet — je nach der Distanz, die das Ganze gegenüber den Beteiligten einnimmt — »Massen«, »Gruppen« und »abstrakte Kollektiva«. Während die Masse amorph ist, besitzt die Gruppe bereits eine Organisation, ein »Gruppenrichtmaß«, gemeinsame Traditionen und Gewohnheiten. Da sich die Beteiligten an ihr als einem Quasi-Subjekt orientieren, hat sie auch bereits eine beträchtliche Chance, längere Zeiträume zu überdauern. Die abstrakten Kollektive (Staaten, Kirchen, Großverbände usw.) bauen auf einer enorm vergrößerten Distanz zum einzelnen Menschen auf. Diese Gebilde, die insbesondere für die Gegenwart charakteristisch sind, gewinnen gegenüber den Menschen Eigenpersönlichkeit und tendieren dazu, ihn bedingungslos auf ihre Erhaltung und Steigerung zu verpflichten. Sie neigen dazu, den Menschen vergessen zu lassen, daß er selbst sie gebaut hat, und führen ihn dazu, sich umgekehrt von ihnen abzuleiten. Tatsächlich sind sie es, die in wesentlichem Maße immer und überall zur »Zähmung des Raubtieres Mensch« beigetragen haben, indem sie mit der Kraft ihrer Autorität die chaotischen menschlichen Instinkte diszipliniert haben. Auf der anderen Seite können sie aber auch das menschliche »Ich« in den »Hüllen des Sozialen« ersticken, wenn sie ins Wuchern geraten. Dies scheint heute der Fall zu sein. Die »formale Soziologie« eröffnet demgegenüber die Heilsperspektive einer rationalen »Menschenkunde« und »Organisationslehre« mit einem »unübersehbaren Feld praktischer Anwendung«.[161]

Soziologie als Entzifferung gesamtgesellschaftlicher Sinnstrukturen und Wesensmerkmale

Ahistorische Positionen

Die im vorstehenden Abschnitt wiedergegebenen Positionen wurden verschiedentlich als »radikal« angesprochen. Tatsächlich ist ihnen gemeinsam, daß sie auf die gegebene pluralistische Machtoffenheit sowohl im Sinne der Enthistorisierung als auch der Pluralisierung des Soziologieansatzes reagieren und damit ihrem Theoriemodell wesentliche realgesellschaftliche Situationsmerkmale uneingeschränkt unterlegen. Pointiert ausgedrückt »akzeptieren« sie die pluralistische Machtoffenheit der Zeit in den Grundstrukturen ihres Theoriemodells, selbst wenn sie dies mit dem Gedanken an eine sozialtechnologische »Überwindung« der Gegebenheiten tun.

Wir haben uns nunmehr Soziologieentwicklungen zuzuwenden, in denen »Gegentheorien« aufgestellt werden, die sich bereits auf der Ebene des Theoriemodells gegen die empirischen Gegebenheiten wenden. Im folgenden wird uns zunächst eine Gruppe von Ansätzen interessieren, denen das eine gemeinsam ist, daß sie zwar von einem enthistorisierten, nicht jedoch pluralisierten Gesellschaftsverständnis ausgehen. Alle diese Ansätze streben an, eine gesamtgesellschaftliche Theorie zu entwickeln, in der »die« Gesellschaft in eben dem Sinne, der von den vorstehend referierten Positionen ausgeschlossen wird, als Gegenstand der Analyse auftritt. Sie unterscheiden sich zwar von der älteren Soziologie dadurch, daß auch sie von dem Postulat ausgehen, eine Soziologie, die auf Entzifferung des Gesamt-Sinns eines universalgeschichtlich konzipierten Gesellschaftsprozesses ausgeht, sei nicht mehr möglich, da die Wissenschaft inzwischen über ein derart »spekulatives« Stadium hinaus sei. Nichtsdestoweniger postulieren sie aber, daß »die« Gesellschaft als Großindividuum eine Realität sei und daß aller »Individualismus«, wie er in den vorstehend referierten Positionen zum Ausdruck kommt, an der Wirklichkeit vorbeigehe.

Der Gegentheorie-Charakter dieser Ansätze kommt dabei in einigen Merkmalen zum Ausdruck, die entweder gemeinsam oder auch gesondert auftreten können. Einmal enthalten sie gewöhnlich noch viel deutlicher als die vorstehend referierten

»radikalen« Positionen ein »Gegenbild« zur gegebenen Gesellschaft, das dieser in wesentlichen Punkten entgegengesetzt ist. Dieses Gegenbild repräsentiert die »heile Welt« einer sozialen Wirklichkeit, die nicht von der Zerrissenheit der pluralistischen Machtoffenheit gekennzeichnet ist.

Gleichzeitig enthalten sie aber auch gewöhnlich irgendwelche Vorstellungen über die Vermittlung zwischen diesem Gegenbild und der Wirklichkeit. Das Gegenbild kann als rein »sentimentalischer Sehnsuchtsbegriff« entwickelt werden wie schon bei den Romantikern; es kann den Charakter eines normativ verstandenen konstruktivistischen Entwurfs haben wie bei Saint-Simon und Comte; es kann aber auch mit Vorstellungen über eine in der Wirklichkeit steckende Tendenz der Selbstkorrektur und der Rückkehr zu »normalen« Verhältnissen verknüpft sein; es kann endlich auch als immanente Entfaltungstendenz der Wirklichkeit interpretiert werden.

Mit diesen Kombinationen zwischen Gegenbild und Vermittlungsvorstellung können sich wiederum unterschiedlich gelagerte Konzeptionen von Strategien möglicher Eingriffe in die Wirklichkeit verbinden oder auch nicht. Insgesamt ist die wissenschaftstheoretische Position der Gegentheorien ganz offensichtlich wesentlich schwieriger gelagert als die der »radikalen« Theorien. Sie begeben sich schon auf der Ebene des Theorieansatzes in eine Opposition zur Wirklichkeit, die sie, wo dies nicht bemerkt wird, leicht naiv und weltfremd oder ideologisch oder auch, wo dies bemerkt wird, hochspekulativ werden läßt. Nichtsdestoweniger gibt es unter ihnen einige Ansätze von ausgesprochen großer wissenschaftlicher Bedeutung. Die Vorstöße zu einem neuen Theoriemodell der Soziologie, die sich hier entwickeln, sind auch heute noch sehr bedeutsam, weil sie die mit der neuen Gesellschaftsepoche verstärkt ins Leben tretende Entwerfbarkeit und »Machbarkeit« sozialer Gesamt-Lebensmuster assimilieren. Sie tun das zunächst noch in einer starken Gebundenheit an kulturkritische Oppositionsmotive und dogmatische Normenvorgaben. Teilweise geraten sie dabei auch in eine konservativ ausschlagende Rückwärtsorientierung hinein. Ihnen allen haftet aber wenigstens ein Hauch der neu entstehenden Theoriemöglichkeit an: hinter dem gegenwärtig Wirklichen die Umrisse des zukünftig Möglichen auszumachen, ohne sich dabei noch ausschließlich auf das, was faktisch oder angeblich als soziale Eigengesetzlichkeit und Vorgegebenheit im Wirklichen steckt, verlassen zu wollen.

Wir wollen die Gruppe von Positionen, um die es geht, nachfolgend danach gliedern, inwieweit sie »die« Gesellschaft historisch-konkret erfassen. Wir werden dabei ahistorische und »relativ historische« Positionen zu unterscheiden haben. Von weiterführenden Möglichkeiten der Gliederung soll kein Gebrauch gemacht werden, weil sie sich allzu leicht als Zwangsjacke gegenüber der Varianzbreite der einzelnen Lebenswerke erweisen würden.

a) Theorie des Kollektivbewußtseins (Emile Durkheim und seine Schule)

Emile Durkheim (1858 - 1917) knüpft in seiner Frühschrift »De la division du travail social« von 1893 zunächst — ähnlich wie Simmel — nochmals an die große Tradition der älteren Soziologie an. Er verfolgt hier in einem an die Evolutionstheorie Spencerscher Herkunft erinnernden Sinne den geschichtlichen Wandel der gesellschaftlichen Arbeitsteilung, den er mit der wachsenden Bevölkerungsverdichtung als einem erstrangig bedeutsamen auslösenden Faktor in Verbindung bringt. Schon hier tritt allerdings sein Interesse an der die historische Ablaufanalyse stark verkürzenden und relativierenden Konfrontation zweier gegensätzlicher Gesellschaftstypen in den Vordergrund, die sich durch unterschiedliche Arten von sozialer Integration unterscheiden: Die älteren, weniger gegliederten Gesellschaften stellen, so meint er, »mechanische Solidarität« zur Schau, die neueren, reicher gegliederten dagegen »organische Solidarität«. Mechanische Solidarität soll bedeuten, daß die gesellschaftliche Integration ausschließlich durch gemeinsame Anschauungen und Gefühle und durch repressive Mechanismen der Abwehr gegen die Verletzung dieser Gemeinsamkeiten vermittelt ist. Bei organischer Solidarität treten kontraktuelle, vertragsmäßige Elemente, die unmittelbaren Komplemente der sozialen Arbeitsteilung also, in den Vordergrund. Allerdings reichen, wie Durkheim betont, die rein kontraktuellen (und auf die Sicherung von Verträgen gerichteten) Elemente nicht aus, um das nötige Minimum an sozialer Solidarität zu sichern. Auch die moderne Gesellschaft ist vielmehr — im Gegensatz zu den Anschauungen des Liberalismus — in beträchtlichem Maße auf außervertragliche bzw. außerökonomische Bindemittel, genauer gesagt: auf ein Minimum an gemeinsamen Anschauungen und Gefühlen, angewiesen. An dieser Stelle kommt der Begriff der »conscience collective«

ins Spiel, der für Durkheim in den nachfolgenden Jahren zum Zentralbegriff wird. Daß für die Integration einer Gesellschaft ein moralisch verpflichtend wirkendes Kollektivbewußtsein maßgeblich ist, das sich weder auf ökonomische noch auf psychologische Kategorien zurückführen läßt, von dem her sich aber nichtsdestoweniger eine Fülle von Merkmalen der betreffenden Gesellschaft bis hin zum Charakter, zu den Denk-, Anschauungs- und Gefühlsweisen der Individuen ableiten läßt, ist für Durkheim überhaupt die Voraussetzung dafür, daß »Gesellschaft« als eine Synthese sui generis begriffen werden kann. Für eine Soziologie, die auf die Analyse gesamtgesellschaftlicher Zusammenhänge zielt, konstituiert also die Existenz des Kollektivbewußtseins geradezu erst das selbständige Objekt, das sie als Wissenschaft benötigt. Dies wird von Durkheim insbesondere in seiner Schrift »Les règles de la méthode sociologique« von 1895 ausgeführt. Spätere Schriften (insbesondere »Représentations individuelles et représentations collectives« von 1898, »La détermination du fait moral« von 1906 und »Les formes élémentaires de la vie religieuse« von 1912) führen diese Perspektive weiter und rücken die Kategorie des Kollektivbewußtseins als die entscheidende soziologische Kategorie fortwährend weiter in den Mittelpunkt. Da Durkheim zunehmend dazu neigt, im Kollektivbewußtsein, in den gemeinsamen Vorstellungs-, Denk- und Gefühlsinhalten der Gesellschaft also, den Inbegriff des Sozialen überhaupt zu sehen, hat man seine späteren Schriften einer »Periode des idealistischen Soziologismus« zuzurechnen versucht.[162]

Die Frage nach der Intaktheit oder Gestörtheit des Kollektivbewußtseins liefert Durkheim nun eine Grundlage für die Bestimmung des gesellschaftlich »Normalen« bzw. »Pathologischen«. Durkheim liegt sehr daran, zu betonen, daß gesellschaftliche Normalität nicht eine »allumfassende und absolute Uniformität«[163] im Hinblick auf das gesellschaftliche Kollektivbewußtsein voraussetzt. Allerdings gibt es für ihn einen in der Gegenwart erreichten kritischen Schwellenwert, an dem »Anomie«, d. h. wörtlich übersetzt: Gesetz- oder Regellosigkeit, eintritt und an dem die conscience collective nicht mehr fähig ist, das notwendige gesellschaftliche Integrationsminimum zu sichern. Durkheim widmet der Frage der Anomie eine sehr berühmt gewordene Untersuchung, »Le suicide« von 1897, mit der er einen der entscheidenden Durchbrüche der Soziologie in Richtung theoretisch gesteuerter und methodisch bewußt reflektierter empirischer Sozialforschung vollzieht. Durkheim wertet hier unter Anwendung der Korrelationsmethode die amtliche Selbstmordstatistik aus und stellt fest, daß eine kausale Erklärung des Selbstmordphänomens nicht ohne Rückgriff auf das »soziale Milieu« der Selbstmörder zu leisten ist. Er entdeckt drei unterschiedliche Selbstmordtypen, den »altruistischen«, den »egoistischen« und den »anomischen« Selbstmord, wobei ihn der anomische Selbstmord als zeittypisches Phänomen naturgemäß besonders beschäftigt. Dieser setzt überall da verstärkt ein, wo die Autonomie und Selbstverantwortlichkeit des Einzelindividuums sehr stark betont werden und wo dem einzelnen somit die Chance der Identifikation mit der conscience collective weitgehend genommen wird. Der anomische Selbstmord ist somit ein Indikator dafür, daß soziale Pluralisierung und Individualisierung jenseits eines bestimmten Toleranzspielraums mit sozialer Desintegration deckungsgleich sind.

Durkheim entwickelt eine starke politische Aktivität, die — wie von seinem wissenschaftlichen Standpunkt her kaum anders zu erwarten ist — scharf antiliberalistisch orientiert ist. Er ist aber auch antisozialistisch eingestellt und nimmt gleichzeitig eine ablehnende Haltung gegen den von Napoleon III. verkörperten antirepublikanischen Bonapartismus ein. Er wendet sich letztlich auch gegen die nach 1871 unter der Führung von Marschall Mac Mahon nach vorn drängende katholische Restauration. Durkheim ist in einem antiideologisch verstandenen Sinne Nationalist, dem es um die Regeneration Frankreichs als einer modernen, international konkurrenzfähigen Nation geht. Sein »Rezept« für die Stärkung der internen Integration, auf die es ihm vor allem ankommt, ist die korporative Durchorganisierung der Gesellschaft in Anlehnung an die gegebenen beruflichen Gruppierungen, d. h. also die Herstellung eines politisch koordinierten Pluralismus.

Es muß hier wenigstens kurz erwähnt werden, daß Emile Durkheim innerhalb der französischen Soziologie in einem ganz außergewöhnlichen Maße schulbildend geworden ist.[164] Er kann ohne weiteres als die entscheidende Quelle der Weiterentwicklung der neueren französischen Soziologie bis in die Gegenwart herein angesehen werden.

Die Durkheim-Schule sammelt sich um eine Zeitschrift: um »L'Année Sociologique«. Der bedeutendste Vertreter der Schule ist innerhalb des von uns behandelten Zeitraums ganz sicherlich *Marcel Mauss* (1873 - 1950). Neben ihm nimmt *Maurice Halb-*

wachs (1877 - 1945) ebenfalls eine sehr bedeutende Stellung ein. Weiter sind zu erwähnen: *Paul Fauconnet* (1874 - 1938), *Georges Ambroise Davy* (geb. 1883), *Charles Blondel* (1876 - 1939), *Marcel Granet* (1884 - 1940), *Célestin Bouglé* (1870 - 1939) und *Albert Pierre Bayet* (geb. 1880). Abgesehen davon, daß diese Gruppe den Durkheimschen Nachlaß sammelt und herausgibt, ist sie um den weiteren Ausbau der Durkheimschen Arbeitsansätze bemüht. Marcel Mauss geht es insbesondere um die weitere theoretische Klärung und Differenzierung und um den empirischen Nachweis der Kategorie der conscience collective. Er rechnet sich selbst der »Kollektivsoziologie« zu. Unter den Arbeiten von Maurice Halbwachs ist besonders »Les cadres sociaux de la mémoire« von 1925 bekannt geworden (deutsch: »Das Gedächtnis und seine sozialen Bedingungen«, Berlin und Neuwied 1966), eine Arbeit, mit der er die Analyse der conscience collective auf die Langzeit-Untersuchung des »sozialen Gedächtnisses« ausdehnt. Im Werk von Fauconnet werden die gesellschaftlichen »Sanktionen« zur Aufrechterhaltung der Konformität gegenüber der conscience collective anvisiert. Georges Davy versucht, die allgemeingesellschaftlichen Aspekte der Lehre auf spezielle soziologische Anwendungsgebiete zu übertragen und wird so zu einem der Begründer der modernen empirischen Familiensoziologie. Charles Blondel wird in erster Linie durch seine »Introduction à la psychologie collective« von 1928 bekannt, die 1948 — angesichts der Trägheit des deutschen Verlagswesens gegenüber der französischen Sozialwissenschaft also schon verhältnismäßig früh — in deutscher Übersetzung erscheint. Marcel Granet endlich wendet die Durkheimschen Methodenprinzipien auf die Analyse der asiatischen Religionen an, wobei er insbesondere von »Les formes primitives de la vie religieuse« ausgeht. Im französischen Strukturalismus schließlich hat das Denken Durkheims eine neue Aktualität gewonnen, wobei sich dessen wichtigster Vertreter, Claude Lévi-Strauss, als Durkheims »ungehorsamen Schüler« bezeichnet.

Es sei zusätzlich erwähnt, daß wir abgesehen von der Durkheim-Schule im Frankreich der zwanziger Jahre noch eine zweite Gruppe von Soziologen antreffen, die sich umgekehrt von Durkheim kritisch abzusetzen versucht. Hier sind in erster Linie *Paul Bureau* (1865 - 1923), *Joseph Wilbois* (1874 - 1952) und *Paul Descamps* (geb. 1872, seit 1938 in Rumänien verschollen) zu nennen. Diese Gruppe, die sich um die Zeitschrift »La science sociale« sammelt, weist eine deutliche katholische Orientierung

auf. Sie fühlt sich in starkem Maße der empirischen Forschung verpflichtet und greift dabei verschiedentlich auf Le Play zurück. Ähnlich wie Le Play geht es der Gruppe um die Analyse der Beziehungen zwischen Familie, Arbeit und Autorität. Ebenso wie bei Le Play wird hier die monographische Methode eingesetzt, die Statistik und konkrete Geschichtsforschung kombiniert. Gegen die Durkheim-Schule wird ungeachtet der Durkheimschen Bekenntnisse zur empirischen Forschung unter anderem mit dem Vorwurf allzu ausgeprägter spekulativer Neigungen argumentiert.

b) Theorie der »Gemeinschaft«

Ferdinand Tönnies (1855 - 1936) nennt bereits im Titel seines 1887 erstmals erschienenen Hauptwerkes »Gemeinschaft und Gesellschaft« diejenigen beiden alternativen Grund- und Gesamtzustände der Gesellschaft, um deren Analyse, Beschreibung und Vergleich ihm in seiner Soziologie erstrangig zu tun ist. Es handelt sich bei »Gemeinschaft« und »Gesellschaft« um ausgesprochene Gegensatzkategorien. Tönnies neigt dazu, die »Gesellschaft« als den typisch modernen Pol des Gegensatzpaares und die »Gemeinschaft« als den Inbegriff der älteren sozialen Verhältnisse zu betrachten. Er legt sich diesbezüglich aber nicht eindeutig fest und eliminiert somit das Historische noch stärker als Durkheim. Er bringt unter Verweis auf Max Weber zum Ausdruck, daß »Gemeinschaft« und »Gesellschaft« ebensogut als überzeitlich gültige Idealtypen der »reinen« Soziologie angesehen werden könnten und daß eine Rückwendung der zukünftigen Sozialentwicklung zum Prinzip der »Gemeinschaft« nicht ausgeschlossen sei. Für Tönnies ist eine solche Rückwendung sogar wünschenswert, denn im Übergang zur »Gesellschaft«, wie er für die neuere Entwicklung kennzeichnend ist, vollzieht sich für ihn eine zunehmende Abkehr von den »natürlichen« Sozialtrieben des Menschen. Die Unterscheidung der beiden Idealtypen gewinnt von daher eine ontologische Tiefendimension.[165] »Gemeinschaft« wird zum Gegenbild gegen die moderne Zeit. Bereits eine überschlägige inhaltliche Betrachtung der viele Elemente der älteren Soziologie aufnehmenden beiden Kategorien zeigt den enorm starken Einfluß der pluralistischen Machtoffenheit als Antriebs- und Erfahrungsbasis des Tönniesschen Denkens. Nach Tönnies werden innerhalb der beiden Sozialzustände gänzlich unterschiedliche psychische Kräfte des Men-

schen angesprochen und aktiviert. In der »Gemeinschaft« dominiert der »Wesenwille«, in der »Gesellschaft« der »Kürwille«. »Wesenwille« soll dabei diejenigen menschlichen Äußerungen betreffen, die im »Gefühl« (in der »Neigung« und im »Instinkt«) ihre Wurzel haben und die in »Glaube« und »Vertrauen« manifest werden. »Kürwille« charakterisiert sich demgegenüber durch eine Vorherrschaft der rationalistischen, auf Interessendurchsetzung zielenden individuellen Reflexion. Wo der Kürwille dominant wird, werden alle Gefühle der Solidarität abgebaut. Soziale Konkurrenz beginnt das Feld zu beherrschen, und das soziale Ganze zerfällt in eine chaotische Vielfalt von Interessenkämpfen.

Der Sozialismus ist für Tönnies nur ein scheinbares Palliativ. Auch er beruht nämlich auf dem rationalistischen Prinzip der »Gesellschaft« und gibt insofern dem menschlichen Wesenwillen keinen Raum. Nach Tönnies geht es darum, der Genossenschaft als der aussichtsreichsten Form neuer »Gemeinschaft« den Weg zu bahnen. Hier steckt eine Handlungsanleitung, die insbesondere von *Hermann Schmalenbach* (1885 - 1950) durch die Einführung der Kategorie des »Bundes« in eine für gewisse Sozialbedürfnisse der Zeit (Jugendbewegung!) unmittelbar attraktive Form weiterentwickelt worden ist.

Auch *Othmar Spann* (1878 - 1950), der Schöpfer des soziologischen »Universalismus«, geht vom Prinzip der »Gemeinschaft« als einem antiindividualistischen und antirationalistischen Gegenbild gegen die modernen Gesellschaftsverhältnisse aus. Diese sind ihm durch »Kliquenwesen, Führerdespotie und ähnliche wildgewachsene Gruppen und Gewalten«, gleichzeitig durch »chaotische Zufälle, Manöver und Kunststücke aller Art«[166] charakterisiert und werden von ihm somit eindeutig mit den Merkmalen der pluralistischen Machtoffenheit belegt. Sein Gemeinschaftsbegriff ist allerdings anders gelagert als der von Tönnies. Während Tönnies dazu neigt, alle sozialen Makrogebilde der »Gesellschaft« zuzuweisen und im Hinblick auf die neuen Formen der »Gemeinschaft« dezentralistisch zu denken, geht Spann von einem Gegenbild der »Ganzheit« aus, das ausdrücklich auf der Ebene des (»wahren«) Staates angesiedelt ist. Nicht nur der einzelne Mensch, sondern auch die einzelnen Gemeinschaften müssen sich in eine übergeordnete Ganzheit »eingliedern«. Wäre dies nicht so, dann würde, so meint Spann, mit dem Bekenntnis zum Gemeinschaftsprinzip die zeitgenössische »Zerklüftung der Gesellschaft in verhältnismäßig zusammenhanglose, einander entfremdete Gemeinschaften, Teilgruppen und Teilkreise«[167] nicht überwunden werden. Demgegenüber »müssen die voneinander verschiedenen Gemeinschaften die Eigenschaft erhalten, ein Glied jenes geistigen Gesamt-Ganzen zu werden, das in der Gesellschaft gegeben ist; sie müssen die Natur der Gliedlichkeit erhalten«.[168] Gliedlichkeit bringt notwendig Über- und Unterordnung mit sich, d. h. die Transformation bzw. Einordnung der einzelnen Gruppen in »Stände« mit unterschiedlichen Werträngen. Die universalistische Theorie und Handlungsanleitung zielt also auf den Ständestaat, dessen Aufbau von Spann unter Rückgriff auf Platon, Aristoteles, die mittelalterlichen Scholastiker, Hegel und die Romantiker bis in Details hinein entfaltet wird. Spann konzentriert sich dermaßen auf die Herausarbeitung seines Gegenbildes, daß ihm — bei völliger Eliminierung des Geschichtlichen — die Grenzen zwischen Soziologie, Philosophie, Ethik und Politik notwendigerweise verschwimmen. Spann selbst wehrt sich dagegen keineswegs. Er stellt sich vielmehr ganz bewußt auf den Standpunkt einer objektiv-idealistischen Philosophie des Menschen, von der her das Gegenbild des »wahren Staates« deduktiv im Sinne der »Ausgliederung« abgeleitet wird.[169] Seine Kritik an der zeitgenössischen Gegenwart ist »richtende Kritik«. Das politische Handeln, zu dem er aufruft, führt in die »Wahrheit«. Alle anders operierende Soziologie wird als fehlerhaft verworfen.

Alfred Vierkandt (1867 - 1953) steht Tönnies und Spann sehr nahe. Ebenso wie diese polemisiert er scharf gegen die »individualistischen« Soziologieansätze und betont ihnen gegenüber die grundlegende Bedeutung einer »ganzheitlichen« Betrachtung der Gesellschaft als »Lebensgemeinschaft«. Dieses Bekenntnis zum Gegentheorie-Modell verbindet sich bei ihm mit einer heftigen Attacke gegen die pluralistische Machtoffenheit der Zeit. Das »Zeitalter des Rationalismus« charakterisiert sich nach Vierkandt durch »Auflösung und Umbildung«, »Zersetzung und Normenlosigkeit«. Das »Tiefenleben der Seele« verkümmert in diesem Zeitalter durch das Vordringen von Gesellungsformen, die ausschließlich das Ergebnis kluger Berechnung von möglichen Vorteilen sind. Außerdem brechen solche Gesellungsformen aus der »Stileinheit« des Volkes und seiner Kultur aus und geben damit einer unkoordinierten Vielfalt menschlicher Triebe Raum. Glücklicherweise eignet allerdings, wie Vierkandt meint, der Gesellschaft eine »Tendenz zur Selbstheilung«. Diese hat ihren Grund in einer »Tendenz zur Solidarität, die den auftre-

tenden Störungen und Schädigungen des Gruppenwohls gegenüber sich als solidarischer Wille zur Behebung des Übels bemerkbar macht.« Die immanente »Zielhaftigkeit des Gruppenlebens« überwindet also von sich aus die gegebene Anomie. Ein »neues Weltalter« gemeinschaftlichen Charakters ist in Aussicht.[170]
Vierkandt zufolge läßt sich die Grundcharakteristik dieses neuen Weltalters aus der die empirischen Gegebenheiten entschlossen überspringenden »phänomenologischen« Analyse des »Wesens« und der Lebensprozesse der »gesunden« »Gruppe« oder »Lebensgemeinschaft« ableiten. In dem sich dabei ergebenden Gegenbild spielt das Vorhandensein von »allgemein anerkannten Autoritäten«, von »allgemein herrschenden Wertmaßstäben« und eines »hinreichenden Willens zur Unterordnung« eine dominierende Rolle. Auch bei Vierkandt taucht in diesem Zusammenhang die Kategorie des »Ranges« und der »Rangordnung« auf, dies allerdings ohne direkte Verbindung mit dem Prinzip des Ständestaates wie bei Spann.

c) »Organizismus«

Mit dem Sammeltitel »Organizismus« wird gewöhnlich eine Anzahl von französischen und deutschen Soziologen belegt, die versuchen, die Gesellschaft in Analogie zum biologischen Organismus zu deuten. Insbesondere handelt es sich dabei um *Paul von Lilienfeld* (1829 - 1903), *Albert Schäffle* (1831 - 1903), *Alfred Fouillée* (1838 - 1912), *Jean Izoulet* (1854 - 1929) und *René Worms* (1861 - 1926).
In den Gesellschaftslehren aller dieser Sozialwissenschaftler spielt — in Zusammenhang mit der Organismusanalogie — der Begriff des Wachstums eine wesentliche Rolle. Gesellschaften sind für sie Organismen, die ebenso wachsen wie die von der Biologie untersuchten Organismen. Ebenso wie diese verändern auch Gesellschaften während ihres Wachstums ihre Struktur. Inbesondere hierüber kann die Soziologie sehr weitreichende Aussagen machen, die wie die Aussagen der Naturwissenschaft Anspruch auf gesetzmäßige Geltung erheben können.
Inhaltlich weisen die hier entwickelten Wachstumslehren mehr oder weniger große Ähnlichkeiten zu Herbert Spencers Evolutionsvorstellung auf. Man hat deshalb auch geglaubt, sie ohne weiteres als direkte Fortsetzungen und Weiterentwicklungen der Spencerschen Soziologie ansprechen zu können.[171] Nichtsdestoweniger werden die Organizisten von Spencer durch die sehr

eindeutige Tatsache getrennt, daß bei ihnen die Theorie des sozialen Wachstums und Wandels völlig enthistorisiert und als Gegentheorie zur sozialen Machtoffenheit angelegt ist. Die entscheidende Pointe dieser ganzen Ansätze liegt darin, daß sie die gesellschaftliche Gegenwart als ein fortgeschrittenes Stadium des gesellschaftlichen Wachstums ansprechen und von daher einem ganz bestimmten Abschnitt ihrer biologisch fundierten allgemeinen Theorie des sozialen Wachstums und Wandels zuordnen können. Dadurch ergibt sich ohne weiteres eine Fülle von Möglichkeiten der Konfrontation zwischen dem, was gesellschaftlich »eigentlich« da sein müßte, und dem, was wirklich vorhanden ist.

Die »gegentheoretische« Auswertung dieser Konfrontation liefert dann eine soziale »Pathologie«, in der — ganz ähnlich wie bei Vierkandt — Aussagen über »gesunde« und »kranke« Züge der Gesellschaft getroffen werden. Bereits ein kurzer Blick auf diejenigen Dinge, die als soziale Krankheitssymptome angesprochen werden, fördert die vertrauten Merkmale der pluralistischen Machtoffenheit zutage. Lilienfeld baut z. B. seine Pathologie auf den Entdeckungen Virchows über die »Heterotropie«, »Heterochronie« und »Heterometrie« der Zellen auf, d. h. auf Beobachtungen über Abweichungen in einzelnen Körperbereichen vom Gesamtbauplan des Organismus. Ähnlich liegt das, was er über den »Verfall« von sozialen Organismen sagt. Wenn Schäffle von sozialer »Involution« als der Verfallsform der Entwicklung spricht, dann meint er »Abnahme der geistigen Kraft und inneren Einigkeit der Zivilisationskreise« und »Veräußerlichung und Zerstreuung des Volksgeistes«.[172] Andere sprechen vom Gruppenkampf.

Das Bild rundet sich dadurch, daß bei den Organizisten der sozialen »Pathologie« gewöhnlich eine »Therapie« folgt, in der über quasimedizinische Eingriffe in den kranken Sozialkörper gehandelt wird. Wo man vom biologisch interpretierten »Ganzheits«-Bild her denkt, liegt dabei eine Kombination konservativer Staatsideen mit gewissen Teilen des sozialistischen Ideengutes nahe. In der Tat neigen die Organizisten in ihrer Mehrzahl zum Staatssozialismus unter Einbeziehung genossenschaftlicher Organisationsformen. Ähnlich wie die Ganzheitsdenker Spann und Vierkandt betonen sie die Wesentlichkeit einer deutlichen horizontalen und vertikalen Gliederung der Gesellschaft, wobei sie an einzelnen Stellen zu einer funktionalistischen Verteidigung des Eliteprinzips übergehen. Izoulet meint, daß die

»biosoziale Wissenschaft« dem »demokratischen Fieber« der Gegenwart eine »gründliche Abkühlung« bringen werde.[173]

d) Herrschafts- und Elitentheorie

Wenn wir für einen Augenblick pausieren und uns überlegen, welche Inhalte von Gegenbildern zur pluralistischen Machtoffenheit wir bisher kennengelernt haben, dann fallen einige Unterschiede deutlich auf. Ganz offensichtlich sind diese Gegenbilder — abgesehen von ihren inhaltlichen Divergenzen — unterschiedlich tiefgreifend. Eine Reihe von Soziologen glaubt, ihr Gegenbild vom »Rationalismus« der modernen Zeit schlechthin absetzen zu müssen — so etwa Tönnies, Spann, Vierkandt und andere, von denen wir noch hören werden. Andere Soziologen wie Durkheim und die Organizisten gehen nicht ganz so weit. Sie zielen mit ihrem Gegenbild vielmehr nur einen allgemeinen Normalzustand an, in dem verschiedenartige soziale Kräfte und Energien, die gegenwärtig dem Gesamtverband entlaufen und disfunktional geworden sind, in ein übergreifendes Ordnungsschema integriert sind.

In Le Bon hatten wir nun bereits früher einen Vertreter einer dritten Gegenbildvariante kennengelernt, die eigentlich einen Ausschnitt aus den anderen Varianten verkörpert. Für ihn geht es, wie wir hörten, ausschließlich um eine Rückbindung der Massen in die soziale Gesamtordnung, d. h. um die Herrschafts- bzw. Führungs- oder auch Elitekomponente der pluralistischen Machtoffenheit. Die Kritik der Gegenwart konzentriert sich hier auf einen Aspekt, der seine Priorität aus der starken Inanspruchnahme des spätbürgerlichen Bewußtseins durch die Abwehr der neu auftauchenden sozialistischen Massenbewegung empfängt.

Ganz ähnlich steht es damit bei einer Gruppe von italienischen Soziologen, die man als Gruppe der »Herrschaftstheoretiker« ansprechen kann: *Vilfredo Pareto* (1848 - 1923), *Gaetano Mosca* (1858 - 1941) und auch *Robert Michels* (1876 - 1936).[174]

Robert Michels ist in seiner »Soziologie des Parteiwesens in der modernen Demokratie« von 1911 um den Nachweis eines »ehernen Gesetzes der Oligarchie« bemüht. Am Beispiel moderner demokratischer Parteien, die ursprünglich den Kampf gegen oligarchische Verhältnisse geradezu auf ihre Fahnen geschrieben hatten, läßt sich, so meint Michels, die überall und immer gegebene Durchschlagskraft des oligarchischen Prinzips hervorragend nachweisen. Überall wo in der sozialen Wirklichkeit eine Differenzierung von Funktionen stattfindet, findet nach einiger Zeit auch eine Zuweisung besonders begehrenswerter Funktionen an bestimmte Minoritäten statt. Eventuell bestehende demokratische Maximen des Führungswechsels werden dabei wie Papier zur Seite gefegt oder zur bloßen Vordergrundskulisse neutralisiert. Die Gliederung der Gesellschaft in Klassen von Herrschenden und Beherrschten, das zentrale Angriffsobjekt des Sozialismus, ist somit in Wirklichkeit unaufhebbarer Bestandteil der gesellschaftlichen Wirklichkeit. Der Sozialismus enthüllt sich an diesem Punkt als uneinlösbare Utopie.

In Gaetano Moscas Buch »Elementi di scienza politica« (I. Teil 1896, II. Teil 1923) wird diese Aussage in der Feststellung fortgesetzt und erweitert, die jeweils Herrschenden strebten immer nach »Monopolisierung und Vererbung der politischen Macht«. Gleichzeitig sei aber auch immer mit dem »Bestreben neuer Kräfte nach einer Änderung der Machtverhältnisse« zu rechnen. In Verbindung damit taucht die Vorstellung auf, dieses Monopolisierungsstreben der Herrschenden sei zwar ganz natürlich, führe jedoch, wenn es sich uneingeschränkt verwirklichen könne, zur »Erstarrung« der Gesellschaft.[175] Ein laufender Prozeß der Erneuerung der herrschenden Klasse durch neue, zur Beteiligung an der Macht bereite Kräfte sei also wünschenswert, auch insofern, als soziale Erstarrungen gewöhnlich durch Revolutionen von unten beantwortet würden. Erstarrungen seien also in Wirklichkeit nur Indikator und Auslöser fundamentaler gesellschaftlicher Instabilität und müßten insofern als Symptom des Niedergangs und des Verfalls angesehen werden. Niedergang und Verfall der herrschenden Klasse seien insgesamt die Ursache für die gegenwärtige europäische Krise. Eine Reform des Repräsentativsystems bilde den Anfang aller notwendigen Erneuerungsschritte.

Vilfredo Pareto knüpft in seinem »Trattato di sociologia generale« von 1916 an diesem Punkt an. Ganz im Sinne der Lausanner Schule der Nationalökonomie, der er angehörte, entwickelt er für die Gesellschaft eine Gleichgewichtstheorie, in der die Regelung der Geschwindigkeit des »Kreislaufs der Eliten« die Hauptrolle spielt. Grundlage dieses Kreislaufs ist für ihn ein Strukturwandel der »Residuen« (der handlungsfundierenden Antriebe) der Herrschenden, welcher nach einer bestimmten Zeit der Herrschaftsausübung regelmäßig eintritt. Diejenigen, die aufgrund ihrer überragenden Fähigkeiten in der Lage sind,

Elitepositionen einzunehmen, mußten geschichtlich gesehen gewöhnlich »Löwen« sein, um die in den Händen anderer befindlichen Machtpositionen überhaupt erobern zu können (sie mußten, mit anderen Worten, das Residuum der »Persistenz der Aggregate« in starker und aggressiver Ausprägung besitzen). Nach erfolgter Machtergreifung verwandeln sich die »Löwen« dann allerdings gewöhnlich in »Rentner«, die bedingungslose Machtmonopolisierung anstreben. Dabei sind sie zunächst noch in starkem Maße zur Anwendung von Gewalt bereit, neigen später jedoch zu immer sublimeren Formen der Repression. Gewöhnlich lassen die Herrschenden in diesem Stadium in ständig wachsendem Maße aus ihren Reihen »Füchse« in die entscheidenden Stellen aufrücken. Die »Füchse«, bei denen das Residuum der »Kombination« vorwiegt, versuchen dann die Machterhaltung mit den Mitteln der schlauen Verhandlungsführung. Dadurch weichen sie aber zunehmend vor den bereits Gewehr bei Fuß stehenden »Löwen« der nächsten Generation zurück und werden von ihnen am Ende expropriiert.
Pareto folgert aus diesen Beobachtungen, daß gesellschaftliches Gleichgewicht eine mittlere Kreislaufgeschwindigkeit voraussetzt, bei der es nicht zu der geschichtlich immer wieder eingetretenen Aufeinanderfolge von Machtergreifung, Machtmonopolisierung und neuer Machtergreifung kommt. Voraussetzung dafür ist ein richtiges Mischungsverhältnis zwischen dem Residuum der »Persistenz der Aggregate« und dem der »Kombination« bei den Eliten. Auch in der Gegenwart kommt es, so meint er, erstrangig darauf an, die Tendenz zur Beharrung und die Bereitschaft zur Akzeptierung von neuen Initiativen auszubalancieren. Wenn dieses Unternehmen gelingt, dann wird, so können wir interpretieren, die allgemeine Machtergreifungsneigung, die das Sozialklima der pluralistischen Machtoffenheit kennzeichnet, verschwinden. Der italienische Faschismus glaubte, die Empfehlungen Paretos im Sinne der eigenen Doktrin auslegen zu können.

Relativ historische Positionen

Wie schon gesagt wurde, lassen sich die vorstehend behandelten Positionen als gesamtgesellschaftliche Theorieansätze verstehen. Sie alle lehnen aber die ältere, geschichtsphilosophisch orientierte und auf die Existenz einer universalhistorischen »Vernunft«

aufbauende Soziologie als allzu spekulativ ab. Sie wenden sich nur gegen den extremen »Individualismus«, der überhaupt nichts Festes und objektiv Vorgegebenes mehr bestehen lasse. Sie beharren darauf, in der Zerrissenheit der zeitgenössischen Gesellschaft (in der pluralistischen Machtoffenheit, wie wir formulierten) nur eine Krise, Abweichung oder umkehrbare Verfallsbewegung zu erblicken. Sie alle besitzen ein Gegenbild der »gesunden«, »normalen«, »richtigen« oder im »Gleichgewicht« befindlichen Gesellschaft, in welchem die pluralistische Machtoffenheit nicht vorkommt, in welchem also die Gesellschaft noch oder wieder »Gesellschaft« im »ganzheitlichen« und substantiellen Sinne ist.

In dieser Hinsicht bieten die nachfolgenden Positionen nichts Neues. Allerdings ist ihr Gegenbild anders gelagert. Das Gegenbild der bisher abgehandelten Ansätze ist — unter mehr oder weniger starkem Einfluß der Naturwissenschaften — »zeitlos« und in allgemeinen, nomologischen Sätzen formuliert. Es ist nicht von einer bestimmten Gesellschaft mit dieser oder jener Geschichte und Physiognomie die Rede, sondern von »Gesellschaft« schlechthin, allenfalls noch von »Gesellschaft« auf dieser oder jener Wachstumsstufe oder in dieser oder jener Phasensituation. Das wird nun anders. Der Schlüsselbegriff ist der der *»Kultur«*. Alle Positionen, mit denen wir es jetzt zu tun bekommen, sind »kultur«-theoretisch, wobei »Kultur« nicht im Sinne der amerikanischen »cultural anthropology« zu verstehen ist, sondern als Inbegriff raumzeittypischer historisch-gesellschaftlicher Besonderheit. Dieser Begriff fließt immer wieder mit dem des »Volkes« zusammen. Umgekehrt grenzt er sich scharf, an einigen Stellen unverhüllt polemisch, vom Begriff der »Zivilisation« ab, mit dem die bürgerliche Aufklärung bevorzugt operiert hatte und der in Westeuropa nach wie vor in Gebrauch ist. Irgendwie scheint er »typisch deutsch« zu sein und gründet da und dort in romantischen Traditionen. Er zielt das an, was einer völkisch-kulturellen Gemeinschaft oder auch einer historisch genau datierbaren »Epoche« exklusiv gemeinsam ist. Er bringt also Abgrenzungen, ja Abschottungen nach »außen« oder auch nach »hinten« und »vorn« mit sich, in denen um der »inneren« Einheit willen die Irrationalität, Zufälligkeit und Pluralität des Verhältnisses von Nationen, Völkern, Zeitaltern und geschichtlichen Epochen ausdrücklich bestätigt wird. Im Grenzfall bestätigt er sogar die zwischengesellschaftliche Machtoffenheit der Zeit einschließlich ihrer Konfliktdimensionen ausdrücklich

und bejahend, so daß er nationalistische Züge anzunehmen vermag.
Dieser Begriff hebt somit die zeitgenössischen Empfindungen der Relativität und des Chaos nicht auf. Er sichert dem gegebenen »Weltanschauungsbedürfnis«[176] aber ein Refugium von »erhebender« Größe, eine Synthese von Werten, die von aller »unverbindlichen« Subjektivität gereinigt ist, ein Identifikationssymbol von unmittelbarer Anschauungskraft und Gefühlsresonanz: die »lebendige« Kulturgemeinschaft eben, in der man existiert und der man — jenseits abstrakter Vernunftbestimmungen — vielfältig verbunden ist, den anscheinend sicheren Fels, auf dem man steht, wenn die leuchtenden Brückenkonstruktionen der universalhistorischen Vernunftdenker und Gesetzeskonstrukteure zerbrochen sind.

a) »Kultursoziologie«

Neben *Ernst Troeltsch* (1865 - 1923) ist hier zunächst *Alfred Weber* (1868 - 1958), der Bruder Max Webers, zu nennen. Alfred Weber ist sich — wie auch die meisten anderen Sozialwissenschaftler seiner Zeit — der tiefen Gräben, die ihn von den älteren Soziologen wie auch von vielen Zeitgenossen trennen, sehr deutlich bewußt. Sein Ziel ist es allerdings, sich nicht nur negativ abzugrenzen, sondern gleichzeitig auch nach Möglichkeit den anderen positiv zu- und überzuordnen. Er sieht die Älteren und sehr viele Gleichaltrige, welche die »übliche Gesellschaftslehre« repräsentieren, als Denker an, die zwar einzelne Züge der Wirklichkeit in den Griff bekamen, ohne sich jedoch der Teilhaftigkeit ihrer Erkenntnisse bewußt zu sein. So haben die »evolutiv-zivilisatorischen« und »geschichtsphilosophischen« Soziologen des 18. und 19. Jahrhunderts mit ihren Theorien keineswegs etwa, wie sie dachten, die Gesamtheit der »geschichtlichen Totalbewegung« erfaßt, sondern nur eine ihrer »Sphären«, den »Zivilisationsprozeß« nämlich. Ähnlich haben alle diejenigen Gegenwartssoziologen, die sich mit einzelnen sozialen »Formtypen und deren Wiederholung und Aufeinanderfolge« beschäftigen (vgl. im Prinzip alle vorstehend referierten Ansätze), nicht das »Ganze« der sozialen Wirklichkeit in den Griff bekommen, sondern nur eine zweite Sphäre der geschichtlichen Totalbewegung, den »Gesellschaftsprozeß«. Kaum einer von ihnen hat aber diejenige entscheidende dritte Sphäre erfaßt, die von Weber zusätzlich eingeführt und im Hinblick auf ihren

»korrelativen gegenseitigen Zusammenhang« mit den beiden anderen Sphären untersucht wird: die »Kulturbewegung«.

Der Begriff »Kulturbewegung« meint den geschichtlichen Prozeß »als eine Abfolge, ein Nebeneinanderbestehen und ein teilweises Aufeinander-Aufgebautsein verschiedener großer Kulturen (der ägyptischen, babylonischen, indischen, chinesischen, persisch-jüdischen, griechisch-römischen, byzantinischen, islamitischen, abendländischen, um einige der wichtigsten zu nennen), welche alle ihr eigenes Wesen, ihre eigene Daseinshaltung, ihre eigene Ausdrucksform und Gesamtphysiognomie, ihre eigenen Vollendungshöhen und Abfälle, ihren eigenen Rhythmus der Bewegung besitzen«.[177] Im Zentrum der Kulturbewegung eines Geschichtskörpers steht dabei eine angeblich in dessen Anfängen ins Leben tretende »seelische Entelechie«, die sich »nach allen Seiten hin kulturell auszusprechen und auszuformen trachtet, wie etwa eine biologische Entelechie auch«.[178] Insbesondere bestimmt diese seelische Entelechie nach Weber eine spezifische »Daseinshaltung«, durch die wiederum »die ganze weitere Kulturbewegung« des betreffenden Geschichtskörpers entscheidend beeinflußt wird. Wenn die Kulturbewegung nicht gestört wird, entsteht nach einiger Zeit eine »Hochkultur«, in der »das kulturelle Wollen eine bestimmte Gestalt angenommen und eine bestimmte Höhe erlangt« hat und in der eine eindeutige »Stileinheit« entstanden ist. An der Hochkultur ist die »Kulturphysiognomie« eines Geschichtskörpers am eindeutigsten ablesbar.

Der »Kulturbewegung« wohnen, nach Weber, gewisse Tendenzen zum »Aufblühen« und »Altern« inne.[179] Man muß sich allerdings, wie er meint, sehr davor hüten, diese Dinge so schematisch zu fassen wie die »Zykliker« *Oswald Spengler* (1880 - 1936) und *Arnold Toynbee* (geb. 1889), denen sich Weber im übrigen sehr verpflichtet fühlt. Jede Kulturbewegung ist individuell. Zudem muß in Betracht gezogen werden, daß sich der totale Lebensprozeß eines Geschichtskörpers aus den Bewegungen seiner drei konstitutiven Sphären zusammensetzt, die jeweils für sich betrachtet sehr unterschiedlich sind. Aufgabe des Kultursoziologen ist es somit letztlich, die aus dem Zusammenspiel der Kräfte der drei Sphären entstehende »historisch-soziologische Konstellation« zu entschlüsseln, »Konstellationsanalyse« zu betreiben. Dabei wird eine intensive Wechselbeziehung zwischen den Sphären sichtbar. Allgemeine Gesetze für die Entwicklung dieser Wechselbeziehung während des Lebensprozesses eines Geschichtskörpers gibt es nicht. Allerdings gibt es gewisse Tendenzen einer zunehmenden Ausfaltung von »Einzelgebieten der Kultur« usw. Damit verbinden sich Gefahren der »Verselbständigung« einzelner Teile des Geschichtskörpers und damit auch Gefahren des Verfalls. Für das gegenwärtige Europa ist ein Scheitern der Bemühungen um eine kulturelle Durchtränkung der neuzeitlichen zivilisatorisch-rationalistischen Kräfte und damit eine äußerst gefährliche Verselbständigung des Zivilisationsprozesses charakteristisch.

Die Kultursphäre hat hier ihre Formungsfähigkeit eingebüßt, oder auch: noch nicht wiedergefunden. »Seelisch-geistiger Relativismus«, »psychische Heimatlosigkeit«, »Formverwirrung« und »allgemeine Auflösung der Gehalte«[180] sind die Folge. Entfesselte Subjektivität und grenzenloser Pluralismus beginnen zu dominieren. Dies ist der Kern der »geschichtlichen Krise« der Gegenwart.

Wir haben an dieser Stelle nicht genügend Raum, um uns in Breite mit dem Werk von *Werner Sombart* (1863 - 1941) zu beschäftigen. Auch er bekennt sich, ähnlich wie Alfred Weber, zu einem »kulturwissenschaftlichen« Standpunkt, der sich deutlich von allen anders gelagerten Ansätzen des 18., 19. und 20. Jahrhunderts abgrenzt und sich darauf konzentriert, »Kulturerscheinungen in ihrer geschichtlichen Besonderheit zu erfassen«.[181] Sombart ist dabei in stärkerem Maße als Alfred Weber um die Herausarbeitung der methodologischen Prinzipien kulturwissenschaftlich verstandener Soziologie bemüht. Er stellt — in starker Anlehnung an Max Weber — das »Verstehen« als Erkenntnisinstrument in den Vordergrund und unterscheidet dabei zwischen »Sinnverstehen«, »Sachverstehen« und »Seelverstehen«. Das Sinnverstehen soll die alternativen Bestandteile und Aufbauprinzipien »objektiv möglicher« Kultursysteme ausweisen. Das Sachverstehen erfaßt demgegenüber die konkrethistorisch geprägte »geistige Einheit« wirklicher Kultursysteme, das Seelverstehen endlich die »Motive« der beteiligten Handelnden.[182]

Hinsichtlich der Möglichkeit, Kulturvorgänge auf »Gesetze« oder »Gesetzmäßigkeiten« zurückzuführen, ist Sombart noch wesentlich vorsichtiger als Alfred Weber. Während Weber von einer seelischen Entelechie als immanenter Kraft der Kulturbewegung spricht, will Sombart letzten Endes nur »Tendenzen« anerkennen, aus denen sich »Prognosen« mit einem mehr oder weniger hohen Grad von Wahrscheinlichkeit ableiten lassen. Wichtig sind ihm in erster Linie die »Sinngesetze«, d. h. die-

jenigen Beziehungen, die sich aus der gestaltspezifischen Logik des jeweiligen Kultursystems und aus den durch sie geprägten Motiv- und Handlungsmustern ableiten lassen. Konsequenterweise faßt Sombart diese »Gesetze« als Idealtypen auf. Der Unterschied zwischen ihm und Max Weber besteht dabei darin, daß Weber den Schwerpunkt auf individuelles Handeln, Sombart auf überindividuelle Kulturkollektivitäten legt.[183]
Das hauptsächliche Anwendungsobjekt seines kulturwissenschaftlichen Verstehensansatzes ist für Sombart bis zum Beginn der dreißiger Jahre der »moderne Kapitalismus«, den er in einer Reihe von umfangreichen und noch heute außerordentlich informativen Büchern analysiert. Ein reguläres, direkt ausformuliertes Gegenbild, wie wir es bei den vorstehend behandelten Autoren vorfanden, scheint bei Sombart zu fehlen. In Wirklichkeit steckt es aber unmittelbar in der begrifflichen Apparatur, mit der er arbeitet. Diese ist, wenn man will, immanent kritisch. Sombart »denunziert« die moderne Welt im Akt der Analyse dadurch, daß er an einer Unzahl von Beobachtungspunkten als ihr dominierendes Sinngesetz eine Tendenz zur »Entseelung« aufdeckt. Die Gegenbildsubstanz seiner Analyse ist, ebenso wie bei Tönnies, Spann und Vierkandt, antirationalistisch im weitesten Sinne des Wortes, nicht etwa sozialistisch. Sie findet in dem anthropologisch gemeinten Buch »Vom Menschen« von 1938 ihren unmittelbaren Ausdruck. Gleichzeitig offenbart sich in dem aus dem Jahr 1934 stammenden Buch »Deutscher Sozialismus« der »deutsche« Charakter des Sombartschen Weltverständnisses in ganz bewußt eingestandener und bejahter Weise.

b) »Wissenssoziologie«

Ist Sombart im Hinblick auf die Formulierung von Gesetzmäßigkeiten vorsichtiger als Alfred Weber, so muß man bei *Max Scheler* (1874 - 1928) gerade das Umgekehrte feststellen. Scheler unterscheidet wie Alfred Weber zwischen verschiedenen Sphären der sozialen Wirklichkeit. Anders als Weber kennt er allerdings nur zwei solche Sphären: »Idealfaktoren« und »Realfaktoren«. Die »Idealfaktoren« betreffen dabei — ebenfalls anders als bei Weber — »das der Wesensidee des Menschen entsprechende absolute«, also keinesfalls kulturbesondere, »Ideen- und Wertreich«, die »Idee des ewigen und objektiven Logos«.[184] Mit den »Realfaktoren« soll dahingegen umgekehrt die »Triebstruktur« des Menschen erfaßt werden. Die sich mit den Idealfaktoren befassende »Kultursoziologie« ist somit »Geistlehre«, die sich mit den Realfaktoren beschäftigende »Realsoziologie« dagegen »Trieblehre des Menschen«. Die Reduktion der Realität auf diese beiden Faktorenbereiche setzt die »Einklammerung« des unmittelbar Gegebenen und seine »phänomenologische«, auf intuitive »Wesensschau« gegründete Analyse voraus.

Scheler sucht von Anfang an nach »Regeln«, welche die Erscheinungsweise, die Wandlungsdynamik und das »Zusammenwirken« der einzelnen Faktorenbereiche betreffen. Er gelangt dabei zur Formulierung eines »Gesetzes der Folgeordnung«, das er des Näheren als »Gesetz der Ordnung der Wirksamkeit der Idealfaktoren und Realfaktoren« bestimmt.

Zunächst läßt sich — für den Bereich der Idealfaktoren — feststellen, daß es unter anderem einen »Vorgang der Differenzierung und Integrierung der Kulturgebiete« gibt. Gleichzeitig gibt es eine allgemeine Phasenordnung im Ablauf der »sozialen Formen der geistigen Kooperation«, die von der »Horde« über die »Lebensgemeinschaft« und die »Gesellschaft« zum »personalistischen Solidaritätssystem« hinführt.[185] Scheler bezieht sich bei der Formulierung dieser Regeln neben Tönnies ausdrücklich auf Spencer. Allerdings relativiert er diesen Rückgriff auf das Arsenal der älteren Soziologie sofort durch die Einführung einer weiteren, zyklischen Regel, der zufolge die Kulturgebiete der übergeordneten Bewegung des »Aufblühens, Reifens, Vergehens« unterworfen sein sollen. Innerhalb des Bereichs der Realfaktoren sieht Scheler »Ordnungsgesetze des jeweiligen Primats« der drei Hauptgruppen von Realfaktoren, »Blut, Macht, Wirtschaft«, gegeben. Er kommt dabei zu einer — ebenfalls auf ältere Vorbilder zurückweisenden — »Entwicklungsordnung der menschlichen Triebe«, die drei große Phasen unterscheidet: Primat des Blutes einschließlich der die Bluts- bzw. Verwandtschaftsverhältnisse regelnden Institutionen, Primat der staatlich-politischen Macht, Primat der Wirtschaft.

Die allgemeine Regel für das Zusammenwirken von Ideal- und Realfaktoren besteht nach Scheler darin, daß der Geist den Trieben zwar kulturinhaltliche Möglichkeiten anbietet, ohne jedoch von sich aus die Kraft und die Möglichkeit zu besitzen, die Triebe auf irgendwelche Inhalte zu verpflichten. Es sind vielmehr umgekehrt stets die »realen, triebhaft bedingten Lebensverhältnisse«, die eine so oder so ausfallende Auslese aus dem vorhandenen Gesamt-Ideenangebot vornehmen. Die Gesamtsignatur der einzelnen Kulturphasen bestimmt sich also sehr

weitgehend aus dem jeweils gegebenen Kräfteverhältnis bei den Realfaktoren. Zwar kann der Geist in gewissem Maße durch ethische Appelle »leiten und lenken«. Aber diese Möglichkeiten sind sehr begrenzt und betreffen nicht die Richtung der Gesamtentwicklung, der gegenüber der Geist ohnmächtig ist. Überdies nimmt diese Ohnmacht des Geistes im Phasenverlauf der Kultur ständig zu. Das »kollektivistische Fatalitätsmoment« wächst, »Unleitbarkeit und Unlenkbarkeit des realen Geschichtsprozesses« nehmen zu. Das Ende des Ganzen ist die »Vermassung des Lebens«, die sich mit einer immer weitergehenden Verselbständigung (vgl. A. Weber) der gesellschaftlich zunehmend freigesetzten und defunktionalisierten geistig-idealen Kulturinhalte verbindet. Es ergibt sich insgesamt die tragische Perspektive des Auslaufens der Kulturgeschichte in »Spätepochen« von großer Widersprüchlichkeit, in denen introvertierte Geistigkeit und grobmaterielle ökonomische Machtbrutalität koexistieren.[186]
Es ist von anderer Seite darauf hingewiesen worden, daß der Schelerschen Soziologie eine stark resignative Note anhaftet.[187] Die etwas einseitig aus einer bildungsbürgerlichen Intellektuellen-Perspektive heraus gesichtete und antirationalistisch interpretierte pluralistische Machtoffenheit scheint in der Tat an vielen Stellen im Sinne »negativer Geschichtsphilosophie« zum abendländischen »Schicksal« schlechthin hypostasiert zu werden. Allerdings legt Scheler Wert auf die Feststellung, es gehe ihm keinesfalls um ein allgemeines Kulturgesetz, sondern nur um Gesetzmäßigkeiten im Rahmen »individualer, einmaliger Kultursubjekte«. So kann er auch an eine »neue selbständige Erhebung des echt philosophischen und metaphysischen Geistes« in der Zukunft Europas und insbesondere Deutschlands glauben und diesen Gedanken mit der Perspektive einer allgemeinen Reform des Bildungswesens, insbesondere der Universitäten und Volkshochschulen, verbinden.[188] Da der »Geist« für Scheler per se absolut und aller Relativierbarkeit entzogen ist, bedeutet dessen Machtergreifung dann ohne weiteres die Überwindung der Krise.
Als letzte charakteristische Position in unserer gegenwärtigen Gruppe sei die von *Karl Mannheim* (1893 - 1947), genauer gesagt: die des frühen Karl Mannheim bis zur Zeit seiner Emigration aus Deutschland (1933), behandelt.
Mannheim erkennt Schelers Bedeutung als Schrittmacher der Wissenssoziologie an, lehnt ihn jedoch wegen seiner katholisierend-metaphysischen Suche nach einem statisch-formalen Werte-

himmel ab. Zwar hält er die in Schelers Werk wie auch in anderen zeitgenössischen Ansätzen zum Ausdruck gelangende »Sehnsucht nach Totalität« für gerechtfertigt. Er bekennt sich jedoch zum Standpunkt einer »dynamisch-historischen Lebensphilosophie«, die eine »dynamische Konzeption der Wahrheit« verwirklichen soll.[189]

Im Mittelpunkt seiner »Wissenssoziologie« steht die Annahme, daß das »Leben« aus sich heraus immer neue zentrale Gestaltentwürfe erzeugt, die zunächst sehr unreflektiert und rudimentär sind, die jedoch die Tendenz haben, sich fortschreitend auszufalten, zu systematisieren und zu reflektieren. Diese primären Lebensentwürfe sind die dynamischen »Zentren« von Zeitaltern, Epochen, Kulturkörpern, d. h. von »individuellen Totalitäten«. Die Nachbarschaft zu Alfred Webers Entelechie-Vorstellung ist hier sehr deutlich. Mannheim verknüpft jedoch diese eine Vorstellung mit der anderen, daß der Selbstentfaltungsprozeß der werdenden Totalitäten immer ein »mehrarmiger« Strom sei und sich gleichsam dialektisch aus verschiedenartigen Denk- und Seinspositionen aufbaue. Die »Gesamtdynamis« vollziehe sich über eine geistige und soziale »Rollenverteilung«[190], entwickele sich »vielstrahlig«.[191] Diese Rollenverteilung entfalte sich ausgesprochen konflikthaft, weil jede einzelne Position dazu neige, sich selbst absolut zu setzen und die anderen Positionen als feindliche »Welten« und »Weltwollungen« zu bekämpfen.[192]

Wir haben hier die unmittelbare Bezugnahme auf die pluralistische Machtoffenheit der Zeit vor uns. Sie wird, wie wir sehen, als notwendige Erscheinung in der Entwicklung von Kultureinheiten gedeutet. Gleichzeitig gehört, nach Mannheim, aber auch die Überwindung der pluralistischen Machtoffenheit zum normalen »Ablaufprogramm« des Lebens, zu seiner Tendenz nämlich, »System« zu werden und alle mit dem Werden verknüpften Widersprüchlichkeiten wieder wegzuarbeiten. Die »Wissenssoziologie« kann, so meint Mannheim, hierzu Wesentliches beitragen. Sie vermag es nämlich, die sich verabsolutierenden Denkstandorte auf soziale Standorte zurückführen, in denen die spezifische Rolle und Funktion der einzelnen Positionen viel unverstellter zum Ausdruck kommt. Sie deckt, mit anderen Worten, die »Seinsverbundenheit« des Denkens auf, wobei sie eine Stufenfolge von »Distanzierung«, »Relationierung« und »Partikularisierung« einhält.[193] Die sich aus dieser Prozedur ableitende Erkenntnis, daß die einander bekämpfenden Parteilichkeiten unterhalb ihrer ideologischen Verabsolutierungshülle »jeweils sich ergänzende Teileinsichten« in das Ganze der historischen Bewegung enthalten, soll dann an die »sozial freischwebende Intelligenz« in den Führungsgruppen der verschiedenen Machtverbände weitergegeben werden. Von dieser »relativ klassenlosen Schicht« erhofft sich Mannheim einen »Träger der Synthese«, der den vorliegenden Gestaltentwurf des Lebens reflektiert und gleichzeitig in politische Vermittlungs-Praxis umsetzt. Für die gegenwärtige europäische Konstellation kommt es, wie Mannheim andeutet, in erster Linie darauf an, den realen Gehalt der liberal-humanitären Idee (technisch-wissenschaftliche und ökonomische Seinsbeherrschung) mit dem der sozialistisch-kommunistischen Utopie (Fortschrittsbeteiligung der als gleich und frei anerkannten breiteren Schichten) und dem der konservativen Idee (spannungslose Garantiertheit der Existenz mit der Perspektive formal-funktioneller Planungsrationalität) zu vereinigen. Diese Perspektive mag für manchen enttäuschend sein; sie entspricht jedoch nach Mannheim dem, was das Leben für dieses Zeitalter vorgesehen hat.

Soziologie auf den Spuren der Geschichtsphilosophie

Wir sind auf den vorstehenden Seiten verschiedentlich Rückgriffen auf die ältere Soziologie begegnet. Insbesondere bei denjenigen Positionen, die ihr Theoriemodell nur relativ radikal an den Gegebenheiten der pluralistischen Machtoffenheit orientieren, besteht eine starke Neigung zur Einbeziehung älterer Aussagebestände ins eigene Denken. Nichtsdestoweniger verbindet sich diese Neigung überall mit einer strikten Ablehnung der älteren Theoriemodelle selbst. Diese werden gewöhnlich mit dem Hinweis auf ihre naive (oder auch ideologisch getönte) Spekulationshaltigkeit abgewehrt. Die Gesamtvernunft (oder auch nur den so oder so gelagerten Gesamtsinn) einer menschlichen Universalgeschichte gebe es, so wird gesagt, nicht. Historischen Vernunft- oder Sinnstrukturen könne man nur innerhalb von raumzeitlich begrenzten Kultur- und Geschichtskörpern begegnen. Wo man diese transzendieren wolle, gelange man allenfalls noch zu übergeschichtlich-allgemeinen Formgesetzen der Vergesellschaftung, zu quasi-metaphysischen Wertsubstanzen oder auch zu irrational-dynamischen Impulszentren des »Lebens«.

Eine Reihe von Soziologen, die zwischen 1880 und den dreißiger Jahren des 20. Jahrhunderts arbeiten, ist nun bemüht, den umgekehrten Weg zu gehen, d. h., sich nach wie vor primär und ausdrücklich an den älteren Theoriemodellen zu orientieren und die Fakten der pluralistischen Machtoffenheit in diese einzuarbeiten. Was dabei herauskommt, ist auch für die gegenwärtigen Bemühungen um die wissenschaftstheoretische Selbstverständigung der Soziologie noch von Interesse. Vorgreifend können wir sagen, daß jedenfalls die kontinentaleuropäischen Soziologen, die sich auf den Spuren der Geschichtsphilosophie bewegen, größte Schwierigkeiten haben, den alten Modellen unter den veränderten gesellschaftlichen Bedingungen noch dieselbe Aussageleistung abzugewinnen, d. h., dem Menschen eine an den Dimensionen der Gesamtgeschichte abgemessene Sinndeutung seiner sozialen Existenz und Aufgabe zu vermitteln und damit das gesellschaftliche Selbstverständnis und Handeln zukunftshaltig zu orientieren.
Die Stolperschwelle, die hier überall sichtbar wird, besteht in der Kalamität, die Subjektivität, Entscheidbarkeit und Entwurfsoffenheit der sozialen Existenz auf irgend eine Art und Weise bewältigen zu müssen. In einigen Fällen wird sie, wie wir sehen werden, direkt in den Modellansatz eingebaut, wodurch eine neue, voluntaristische Variante der älteren Theoriemodelle entsteht. In anderen Fällen wird sie jedoch kaschiert, woraus einerseits eine »verschwiegene Orthodoxie«[194], andererseits ein »verschwiegener Dezisionismus« hervorgehen. Einige Soziologen sind endlich bemüht, sie als eine notwendige Durchgangsstufe der Gesamtentwicklung zu kennzeichnen, wobei sie aber stets vom Absturz in die Fallgruben der allzu frei flutenden Spekulation bedroht sind.

Englischer Neo-Evolutionismus

»Felix Britannia«, möchte man angesichts der Tatsache sagen, daß in England auch nach dem Fin de siècle die reale gesellschaftliche Basis des alten Glaubens an die evolutionäre Selbstdurchsetzungskraft des Fortschritts noch keineswegs gänzlich geschwunden ist. Die herkömmliche civil society hat zwar inzwischen einige gravierende Unvollkommenheiten enthüllt, die sich in sozialen Konflikten entladen und staatliche Interventionen hervorrufen. Eine entfesselte »pluralistische Machtoffenheit«, wie wir sie für den Kontinent (und hier insbesondere für Deutschland) feststellen können, gibt es in England jedoch eigentlich nicht. Dazu ist, bei allen Erschütterungen, die einformende und Sicherheit ausstrahlende Kraft der langsam gewachsenen bürgerlichen Haltungsbestände und Institutionen zu stark. Dementsprechend finden wir hier neben einer verhältnismäßig kontinuierlichen Fortführung der weiter oben erwähnten Ansätze zur empirischen Sozialforschung eine geradezu dominierende spät- und neuevolutionistische Theorieströmung auf den Spuren Spencers.

Benjamin Kidd (1858 - 1916) liefert in seinem 1898 erschienenen Buch »Control of the Tropics« eine evolutionistisch angelegte »Verteidigung des britischen Imperialismus«.[195] Im wesentlichen handelt es sich dabei darum, daß Kidd die Auffassung zu begründen versucht, für die von der neuen Kolonialisierungswelle betroffenen Eingeborenenbevölkerungen sei die europäische Eroberung eigentlich ein Geschenk, da diese sie aus der entwicklungsgeschichtlich rückständigen Situation des struggle for life auf der Ebene militärisch-religiöser Kleingesellschaften befreie. Gleichzeitig gebe sie ihnen die Möglichkeit, mit einem großen Sprung in die fortschrittlich weiterentwickelte europäische Situation des regulierten Daseinskampfes zwischen den Mitgliedern pazifizierter Großgesellschaften überzuwechseln.

Größere Bedeutung als Kidd wird von der Soziologiegeschichtsschreibung im allgemeinen *Leonard Trelawney Hobhouse* (1864-1929) zugemessen. Auch Hobhouse schließt eng an Spencer an, wie sich aus der Lektüre seiner Hauptwerke »Mind in Evolution« (1901), »Morals in Evolution« (1906) und »Social Development« (1924) ohne Schwierigkeiten ablesen läßt. Ebenso wie Spencer entwickelt Hobhouse seine Soziologie als Teil einer allgemeinen Evolutionstheorie. Hinsichtlich der Grundvorstellungen über den Verlauf des Evolutionsprozesses lassen sich zwischen Hobhouse und Spencer keine markanten Unterschiede feststellen. Auch er ist der Anschauung, daß Entwicklung als Wandel von unzusammenhängender Gleichheit zu zusammenhängender Verschiedenheit definierbar sei. Hobhouse stimmt allerdings da nicht mehr mit Spencer überein, wo dieser den spontanen und von jeglicher bewußter Steuerung und Kontrolle unabhängigen Charakter des Evolutionsprozesses betont. Hobhouse steht vielmehr umgekehrt sehr dezidiert auf dem Standpunkt, der Fortgang der sozialen Evolution hänge zunehmend von ihrer bewußten Kontrolle und Steuerung durch den menschlichen Intellekt ab. »Es scheint mir«, so schreibt er, »daß die moderne Zivilisation ihre hauptsächlichen Fortschritte dadurch gemacht hat und macht, daß die Wissenschaft damit beginnt, die physischen Bedingungen des Lebens zu kontrollieren, und daß sie, Seite an Seite mit der Ethik und der Religion, diejenigen Vorstellungen über die Menschheitsentwicklung und über die Anpassung des Rechts, der Moral, wie auch der allgemeinen Sozialbedingungen an die Bedürfnisse einer solchen Entwicklung formuliert, welche die Voraussetzung für den Aufbau der erforderlichen Kontrolleinrichtungen sind.«[196] Soziale Entwicklung ist für Hobhouse somit eine »Entwicklung organischer Harmonie durch die Ausdehnung der intellektuellen Kontrolle unter zunehmend durch den Intellekt beherrschten Bedingungen«.[197] Am Ende der sozialen Evolution steht für ihn eine »rationale Ordnung des Verhaltens, gegründet auf die Bedingungen der menschlichen Entwicklung und gerichtet auf die Förderung dieser Entwicklung als ihrem obersten Ziel«.[198]

Wir sehen hier ganz eindeutig eine eingeschränkt liberalistische Evolutionstheorie vor uns, welche die alte Selbstsicherheit des Laissez-faire-Denkens verloren oder vielmehr abgestreift hat. Die politische Position von Hobhouse ist leicht lokalisierbar, weil er sich in seinen Büchern »Democracy and Reaction« von 1905 und »Liberalism« von 1912 gegen den Kolonialminister Joseph Chamberlain und für die Reformer Asquith und Lloyd George ausspricht. Gleichzeitig hat Hobhouse aber auch enge Beziehungen zur englischen Arbeiterbewegung, insbesondere zu den »Fabiern« *Beatrice Webb* (1858 - 1943), *Sydney Webb* (1859 - 1947) und *Graham Wallas* (1858 - 1932). Er wird daher im Jahr 1907 auf den Martin-White-Lehrstuhl für Soziologie an der von den Fabiern gegründeten London School of Economics berufen.

Die von Hobhouse entwickelte reformliberalistische Linie der Evolutionstheorie wird von seinem Nachfolger auf dem Martin-White-Lehrstuhl, *Morris Ginsberg* (geb. 1889), fortgesetzt. Ginsberg sieht sehr deutlich, daß das Evolutionskonzept im 20. Jahrhundert einer außerordentlich vielfältigen Kritik ausgesetzt ist.[199] Er glaubt jedoch, daß die schon von Hobhouse in Angriff genommene Reinigung des Evolutionskonzeptes von den noch bei Spencer vorherrschenden Vorstellungen eines automatischen Fortschritts und von allen damit verbundenen deterministischen Zügen eine Wiederauferstehung der Entwicklungstheorie mit sich bringen werde. Folgende Annahmen können, wie er meint, ungeachtet aller Kritik heute von der Entwicklungstheorie vertreten werden:

»1. Der Fortschritt der menschlichen Entwicklung liegt in der zunehmenden Rationalität, d. h. in der systematischen Organisation der Erfahrung.
2. Der Begriff der Rationalität bezieht sich auf das Handeln wie auf das Denken. Die Kriterien des Fortschritts sind in beiden Bereichen wesensmäßig gleich.
3. Die Organisation des Handelns besteht zum Teil in der Anwendung des Wissens über die Natur zur Verfolgung menschlicher Zwecke, zum Teil in der Enthüllung dieser Zwecke und der Konstruktion von Idealzwecken. Ob die fortschreitende Entwicklung zum sozialen Fortschritt wird, hängt nicht nur von der Zunahme des Wissens und der moralischen Erkenntnisse ab, sondern auch von dem Ausmaß, in welchem dieses Wissen und diese Erkenntnisse in sozialen Institutionen verkörpert werden und durch sie das Verhalten und den Charakter formen.
4. Die Entwicklung ist in den verschiedenen Bereichen des Denkens und Handelns sehr ungleich. Die Veränderungen der Sozial- und Wirtschaftsstruktur, der Wissenschaft und der ethisch-religiösen Grundhaltung sind zweifellos auf lange Sicht irgendwie korreliert. Wir wissen aber nur sehr wenig über die Bedingungen, die diesen wachsenden Zusammenhang hervorbringen. Deshalb fällt es schwer, Vorhersagen in dieser Richtung zu machen.
5. Obwohl keine Gesetze der sozialen Entwicklung entdeckt worden sind, können doch einige auf lange Sicht berechnete Trends in der Geschichte der Menschheit deutlich erkannt werden. Sie lassen einen Fortschritt auf gewissen Linien erkennen und zeigen, daß ein weiterer Fortschritt zwar keineswegs sicher, aber doch möglich ist.«[200]

Das Zitat zeigt, mit welcher Vorsicht Ginsberg vorgeht. Er sieht durchaus, daß wesentliche Teile der Evolutionstheorie in der Gegenwart nur noch als eine Verbindung von mehr oder weniger gesicherten Forschungshypothesen durchhaltbar sind (These 4). Die abgeschlossene Theorie ist für ihn kein Faktum, vielmehr ein in der Zukunft liegendes Ziel, zu dessen Erreichung empirische Forschung erforderlich ist. Die Wege der Theorie und der Empirie, die einander während des gegenwärtig behandelten Zeitabschnitts so häufig völlig zu verlieren scheinen, treffen hier plötzlich wieder zusammen.
Gleichzeitig hat die Vorsicht Ginsbergs aber noch die zweite Bedeutung, die Verwirklichung des Fortschritts, den die Theorie in Aussicht stellt, von geeigneten politisch-sozialen Entscheidungen und Organisationsmaßnahmen abhängig zu machen (Thesen 3 und 5). Pointiert ausgedrückt heißt das, die Theorie

sei dann richtig, wenn ihre Wertprämissen von der Praxis übernommen bzw. geteilt und realisiert werden. Die damit vollzogene Umfunktionierung der Evolutionstheorie in ein System von konditionalen Aussagen eröffnet wieder einmal die höchst erregende Aussicht auf eine Soziologie, welche den zunehmenden Möglichkeiten der Entwerfbarkeit oder »Machbarkeit« sozialer Lebensmuster gerecht wird. Diese Aussicht ist allerdings auch hier durch die Grenzen dessen, was die Zeitsituation zuläßt, eingeengt und getrübt. Ginsberg legt sich nämlich auf eine ganz bestimmte (»unilineare«) Fortschrittslinie fest, ohne vorher den gegebenen Möglichkeitsraum gesellschaftlich-politischer Entscheidungen mit der ganzen Vielfalt seiner konkreten Fortschrittsangebote ausgeleuchtet und kennengelernt zu haben. So hebt er die Grenze zwischen Wissenschaft und Politik an einem gefährlich frühen Punkt auf und wird nur durch sein Engländertum davor bewahrt, zum unkonkreten (und zudem verschwiegen dezisionistischen) »Fortschrittsprediger« zu werden.

Neo-Evolutionismus auf dem Kontinent

Zeittypische kontinentale Abwandlungsformen des Spätevolutionismus finden wir neben dem Belgier *G. de Greef* (1842 - 1924) bei den Österreichern *Ludwig Gumplowicz* (1838 - 1909) und *Gustav Ratzenhofer* (1842 - 1904), die öfter als Kern des im übrigen sehr unscharf abgegrenzten »Sozialdarwinismus« angesprochen werden.

Die Auffassungen von Gumplowicz lassen sich in dem überpointierenden Satz zusammenfassen, daß die von Spencer für die Gegenwart proklamierte Ablösung kriegerischer durch friedliche Formen des Kampfes ums Dasein in Wirklichkeit noch nicht stattgefunden habe und voraussichtlich auch nie stattfinden werde. Zwar ist Gumplowicz der Anschauung, daß sich in der Geschichte eine stete Zusammenfassung kleinerer zu größeren Sozialeinheiten abspielt. Auch ist er der Überzeugung, daß aus diesem Vorgang wesentliche Voraussetzungen höherer gesellschaftlicher Organisation erwachsen. Insbesondere bildet sich, seiner Ansicht zufolge, von einer bestimmten Entwicklungsstufe an aus dem Sieg größerer Gruppen über andere der Staat als Herrschaftsorganisation der Sieger heraus. Dem ganzen Vorgang fehlt in dieser Perspektive aber die Pazifizierungskomponente, die Spencer so stark herausgestellt hatte. Gumplowicz geht davon aus, daß der Staat immer Herrschaftsinstitution bleibt, auch wenn sich der ursprüngliche »Rassenkampf« später in »Klassenkampf« und Kampf zwischen »Nationen« wandelt und wenn sich »höhere Kulturformen« entwickeln. Unfreiheit und Ungleichheit sind dem Staat, der wegen der stets drohenden Anarchiegefahr unverzichtbar ist, wesentlich. Immer wird man auf Eliten angewiesen sein, die den Kulturfortschritt tragen, auch wenn die beherrschten Gruppen bestimmte Kulturgüter mitbringen, die in die »Kulturform« eingehen. Der Mensch im allgemeinen wird nicht anders und besser und kann somit nur durch starke institutionelle Bollwerke gebändigt werden. Die Zerrissenheit der Zeit zeigt an, daß das notwendige Disziplinierungsminimum unterschritten ist und daß die Eliten durch falsche humanitäre Ideen irregeführt sind.

Auch Gustav Ratzenhofer betont die nachhaltige Bedeutung des Konflikts sehr viel stärker als Spencer; auch er vertritt die Theorie der exogenen Staatsentstehung, die man heute allgemein als »Überschichtungs«- oder »Überlagerungstheorie« anspricht. Allerdings wird bei ihm die Gegenwartsszenerie in ein positiveres Licht getaucht als bei dem durch und durch konservativen und mit Hobbes, de Maistre, de Bonald und anderen Gegenrevolutionären verwandten Gumplowicz. Seiner Auffassung zufolge beginnt »die Entwicklung der Gesellschaft im allgemeinen mit der individuellen Gleichheit und sozialen Freiheit, wurde über die individualistische Barbarei hinweg zur höchsten (vereinzelten) individuellen Freiheit bei sozialer Ungleichheit und schreitet nunmehr vor zur sozialen Gleichheit unter möglichster individueller Freiheit«.[201] Die Pointe liegt hier darin, daß die zeitgenössische bürgerlich-liberal bestimmte Industriegesellschaft, die bei Spencer Endzustand der geschichtlichen Entwicklung ist, als ein relativ unvollkommenes und von großen Spannungen gekennzeichnetes Durchgangsstadium interpretiert wird, dem das von starker Staatsaktivität bestimmte positive Endstadium erst noch folgen soll.

Noch wesentlich »optimistischer« ist die Position des in Frankreich naturalisierten Russen *Jakow Alexandrowitsch Nowikow* (1849 - 1912). Er wendet selbst noch gegen Spencer ein, daß bei ihm die Kampfkomponente der Entwicklung allzu sehr betont werde. Er meint, Krieg sei »Dissoziation«, die immer sozial unproduktiv sei. Der Grad des Lebens könne nur durch »Assoziation« erhöht werden. Bei dem Russen Fürst *Peter Kropotkin* (1842 - 1921) endlich wird der Kampf ums Dasein völlig eliminiert. An seiner Stelle wird das Prinzip der gegenseitigen Hilfe (»Mutualismus«), das in der Natur angeblich vorherrschend ist, auf die Gesellschaft übertragen. Als Ziel der sozialen Evolution wird ein anarcho-kommunistisches Gesellschaftssystem gesichtet.

Die Überschichtungstheorie, die bei Gumplowicz und Ratzenhofer entwickelt wird, findet unter anderem Aufnahme bei zwei deutschen Soziologen: *Franz Oppenheimer* (1864 - 1943) und *Alexander Rüstow* (1885 - 1963). Nach Oppenheimer war in der bisherigen Geschichte das »politische Mittel«, d. h. also die Unterwerfung, Beherrschung und Ausbeutung anderer Gruppen, die hauptsächliche Triebkraft der Entwicklung. Diese Dynamik setzt sich bis in den »Klassenkampf« der Gegenwart fort. Hauptquelle des Klassenkampfes ist die »Bodensperre« (das Bodenmonopol der Großgrundbesitzer), welche die Abwanderung breiter besitzloser Massen vom Land in die Städte und damit die Entstehung der industriellen Reservearmee verursacht hat. Die Lösung der sozialen Frage hängt also von der »Aufhebung der Bodensperre«, d. h. von der Enteignung des Großgrundbesitzes und einer nachfolgenden Bodenreform ab. Diese soll — in Verbindung mit breiter Kleineigentumsbildung — eine massenhafte Rückwanderung aufs Land ermöglichen. Diese Oppenheimersche Entwicklungstheorie mündet hier in das Programm eines »liberalen Sozialismus« ein. Das durch dieses Programm vermittelte Gleichgewicht zwischen Industrie und Landwirtschaft soll seinerseits den Weg für die automatische (durch eine gemutmaßte »Mechanik der gesellschaftlichen Welt« unterstützte) Entstehung einer völlig spannungs- und herrschaftslosen sozialen Ordnung freimachen. Der Staat stirbt ab, und es entsteht, so meint Oppenheimer, von selbst eine Weltgesellschaft freier und friedlicher Eigentümer. — Auch für Alexander Rüstow geht es darum, den »Sündenfall« der historischen Überlagerung einzelner Völker durch andere zu überwinden. Die Menschheit konnte, wie er meint, in den vergangenen Jahrtausenden zwar bereits einen beachtlichen »Weg der Freiheit« durchlaufen. Sie muß sich jedoch auch heute noch vor der Gefahr schwerer Rückfälle (neuer Überlagerungen) hüten. Auch Rüstows Denken mündet in liberal-sozialistische Handlungsperspektiven ein, die sich mit Warnungen vor totalitären Scheinbewältigungen gegebener Schwierigkeiten verbinden.

Zum Abschluß dieser Skizzierung des kontinentalen Spät- und Neo-Evolutionismus sei noch kurz auf *Norbert Elias* eingegangen, in dem sich ältere und neue Motive der Entwicklungstheorie in großer Differenziertheit vereinigen.[202] Besonders bemerkenswert erscheint, daß Elias verschiedene Arbeitshypothesen der Psychoanalyse aufnimmt und damit eine Reihe von oft allzu einfachen triebtheoretischen Prämissen der älteren Ansätze hinter sich läßt. Auch bei Elias spielt dabei die überschichtungstheoretische Perspektive eine wichtige Rolle. Aus den »Konkurrenz- und Ausscheidungskämpfen kleinerer Herrschaftseinheiten« entwickeln sich geschichtlich die Kämpfe immer mächtigerer »Monopolzentralen«, die gegenwärtig noch nicht abgeschlossen sind und die auch solange nicht abgeschlossen sein werden, wie kein »Zentralmonopol« besteht. Gleichzeitig spielt sich innerhalb der größer werdenden Einheiten ein selbst konkurrenz- und konfliktgeladener Prozeß der zunehmenden Funktionsteilung und Funktionsverflechtung ab. Dieser bürdet dem einzelnen zunehmende Lasten der »Affektdämpfung und Triebregelung« auf, die sich von den Spitzenschichten zunehmend auch auf die breiteren Schichten ausdehnen. Das Zusammenfallen von Rationalisierung und Konflikt führt gleichzeitig zu einer sozialen »Angstspannung« mittlerer Intensität. Dieser doppelseitige Druck fördert die Entstehung von Emanzipationsphantasien der verschiedensten Art. Sie sind jedoch erst dann realistisch einlösbar, wenn die »zwischenstaatlichen und innerstaatlichen Spannungen ausgetragen« sind, wenn die binnen- und zwischenstaatlichen Verhältnisse durch »Zentralmonopole« mit Planungscharakter geregelt werden. Die Emanzipation des Individuums, die — ganz im Sinne der Aufklärungstradition — als Endziel der Geschichtsbewegung erwartet wird, setzt also die Ablösung der sozialen Konfliktgeschichte durch evolutionär entstehende rationale Planung voraus.[203]

Hegel-Renaissance: »Bürgerliche« Positionen

Das »Weltanschauungsbedürfnis« (G. Lukács) oder »Bedürfnis nach Totalität« (K. Mannheim), das der Zeit zwischen der Jahrhundertwende und den dreißiger Jahren anhaftet, führt insbesondere in den zwanziger Jahren auch zu einer »Hegelrenaissance« in der Soziologie. Diese Renaissance macht sich insbesondere im marxistischen Denken bemerkbar. Sie findet sich aber auch bei einzelnen »bürgerlichen Soziologen« wie *Hans Freyer* (1887 - 1969) und *Hermann Heller* (1891 - 1933), die beide auf

die Hegelsche Vorstellung vom »dialektischen« Werden der Wirklichkeit zurückgreifen.
Der jüngere Freyer vollzieht eine Schwenkung vom kulturwissenschaftlichen zum geschichtsphilosophisch orientierten Standpunkt, indem er sich fragt, ob es denn oberhalb der einzelnen Kultursysteme nicht noch ein »System der Kultursysteme« gebe.[204] Ein solches System würde eine »notwendige innere Ordnung« und damit auch »die Richtungen, in denen ein menschlicher Sinngehalt objektiviert werden muß«, festzulegen haben. Dieses Thema findet, wie er meint, »seine volle Durchführung« und »eine wirkliche Antwort« in Hegel, der in seiner Geschichtsphilosophie »der durchgängigen dialektischen Struktur des Geistes auf allen seinen Stufen und in allen seinen Schichten nachgegangen ist«.[205]
Hegel hat, so meint Freyer, in seiner Philosophie des Rechts auch bereits Ansätze zur Formulierung einer Lehre von der Dialektik der Gesellschaft unternommen, die allerdings insofern an einem entscheidenden Punkt ins Undialektische umschlage, als sie den revolutionären Gehalt der bürgerlichen Gesellschaft übersehe.[206] Im Unterschied zu den älteren ständischen Gesellschaften produziert die bürgerliche Gesellschaft als »Klassengesellschaft« den Klassenkampf. Sie offenbart darin ihren Übergangscharakter.
In welche Zukunftsform der Gesellschaft wird die Klassengesellschaft aber übergehen? Für Freyer markiert diese Frage denjenigen Punkt, an dem die älteren soziologischen Theoriemodelle wie auch einige gegenwärtige Fortsetzungsversuche in ihrem Wissenschaftsanspruch unglaubwürdig werden. Freyer beobachtet, wie der Marxismus, der Liberalismus, der konservative Staatssozialismus und andere Standorte gänzlich unterschiedliche Weltwollungen entwickelt haben oder noch entwickeln. Was sie vereinigt, ist zwar der Anspruch, eine objektive Theorie mit Wahrheitsgehalt zu finden. Dieser gemeinsame Anspruch trennt sie angesichts der inhaltlichen Unterschiedlichkeit ihrer Aussagen aber auch wieder. Die richtige Einstellung zu diesem Plural von wissenschaftlich sein wollenden Weltdeutungen ist nach Freyers Ansicht von Karl Mannheim gefunden worden. In allen diesen Denksystemen treten nämlich »Gegenwartsanalyse und Utopie« zusammen. Sie alle vereinigen wissenschaftliches Erkenntnisstreben und seinsverbundenes Wollen. Der Soziologe beteiligt sich mit der Schöpfung dieser Systeme existentiell wollend an der Bewegung der Realität. Der »Pfeil« der

Zukunft, den er in seine Aussage legt, repräsentiert ein seiner Wissenschaftlichkeit vorgelagertes Willensziel.
Mannheim geht allerdings, so meint Freyer, den falschen Weg, wenn er die Soziologie auf die systematische Erforschung der »Ideologien und Utopien, die in der Gegenwart wirksam sind«[207], festlegt. In deren Konkurrenz und Gegensätzlichkeit verkörpern sich Freyers Auffassung zufolge nämlich nicht nur subjektive und einseitige Spiegelungen einer jenseits von ihnen liegenden »wirklichen« Realität, sondern vielmehr echte Alternativen der Zukunft. Die fraglichen Weltwollungen sind unmittelbar Zukunft in potentia. Wie die Zukunft wird und welches wissenschaftliche Wirklichkeitsbild somit »richtig« ist, entscheidet sich im Sieg der einen oder anderen Weltwollung. Die Soziologie hat angesichts dessen keine andere Wahl und Chance, als die, den unmittelbaren Willensgehalt, das »Ethos der Geschehenswirklichkeit«, zur »Achse ihrer Erkenntnishaltung« werden zu lassen.[208] Das »Problem des Plurals« der vorhandenen Willensrichtungen muß sie dabei dadurch lösen, daß sie sich radikal von allen Versuchungen der »Wertfreiheit« trennt und sich entschlossen auf den Boden ihrer existentiell-willensmäßigen Zugehörigkeit zur Geschehenswirklichkeit stellt. Sie muß, mit anderen Worten, dieses Problem dadurch lösen, daß sie seine Unvermeidlichkeit erkenntnistheoretisch reflektiert. Wenn in einer Gesellschaft ein Pluralismus von Weltwollungen existiert, dann muß auch die Soziologie pluralistisch und konfliktgeladen sein. Der einzelne Soziologe muß — in dieser oder jener Richtung — einen ganz bestimmten Willen, die »Sozialstruktur künftig umzubilden, ihr diese oder jene Entwicklungsrichtung zu geben, im Wege persönlicher Entscheidung, als geschichtlich gültig« setzen.[209] Nur wer »gesellschaftlich etwas will«, sieht in einer pluralistisch-machtoffenen Zeit noch etwas.
Freyer glaubt, als den entscheidenden Willensgehalt der Zeit das Prinzip des »Volkes« erkennen zu können. Er erwartet dementsprechend das Ende der Zerrissenheit von einer »Revolution von rechts«. Daß das von ihm entworfene »ethoswissenschaftliche« Theoriemodell auch in gänzlich anderer Richtung ausgewertet werden kann, beweist Hermann Heller. Auch er wendet sich in Verbindung mit einem Bekenntnis zum dialektischen Deutungsprinzip gegen eine »Verdinglichung« des Flusses der Geschichte. Auch er betont, daß die Substanz des Seins in »menschlich-gesellschaftlichem Wollen« bestehe und daß sich das Werden des Zukünftigen jeweils im »Kampf zwischen wirklichen

Willensmächten, denen gegenüber eine absolute Neutralität des Erkenntnissubjektes glattweg unmöglich ist«, entscheide. Auch er erklärt endlich mit ganz ähnlichen Worten wie Freyer, ein wissenschaftliches »Gegenwartsbild« könne immer nur dadurch entstehen, »daß wir die eine der andern Willensmacht gegenüber als zukunftsgestaltend, also unter mehreren Entwicklungstendenzen als die für die Zukunft gültige setzen, sei diese nun dem Gegenwartszustand gegenüber reaktionär, konservativ oder revolutionär«.[210] Anders als Freyer glaubt Heller jedoch, daß die Überwindung der pluralistischen Machtoffenheit durch die Tätigkeit eines rationalen Staates garantiert werden könne. Dieser brauche die Willensunterschiede und Willensgegensätze zwischen den Individuen und Gruppen nicht auszulöschen. Er könne diese vielmehr durch die Ermöglichung von Kompromissen wie auch durch herrschaftliche Begrenzungsakte zusammenhalten. Die Perspektive läuft hier auf eine Staatslehre hinaus, welche die aus Gegensätzen aufgebaute Wirklichkeit im Staat zu einer dialektischen Einheit von Spontaneität und Ordnung vermitteln will und somit ältere Ansätze zur Vereinigung aufklärerischer und konservativer Motive fortsetzt.

Hegel-Renaissance: Marxismus

Aus marxistischer Perspektive gesehen handelt es sich bei den Positionen, mit denen wir uns bisher im Rahmen dieses Kapitels beschäftigt haben, um »bürgerliche« Standorte — sei es emanzipatorisch-liberaler oder konservativer Natur. Ein Marxist wird deshalb dazu neigen, die Probleme der Auseinandersetzung mit neuen gesellschaftlichen Gegebenheiten, von denen bisher die Rede war, als spezifische Probleme »bürgerlicher Soziologie« und als Symptome einer speziell diese Soziologie betreffenden Krise anzusehen. Er mag glauben, demgegenüber im Marxismus eine von den Zeitläufen ungebrochene Trutzburg überlegener Wissenschaftlichkeit vorzufinden, welche die Erfassung und Interpretation des gesellschaftlichen Wandels und seiner sozialwissenschaftlichen Bewußtseinsreflexe von einem gleichbleibenden Beobachtungspunkt her ermöglicht. Er mag von daher glauben, daß unser existentialgeschichtlich zentrierter Ansatz der Soziologie-Geschichtsschreibung versagen muß, sobald es an die Analyse des Marxismus selbst geht.
Nichtsdestoweniger läßt sich unser analytisches Instrumentarium aber sehr wohl auf die marxistische Soziologie anwenden. Die

Probleme, die wir im Bereich der »bürgerlichen« Soziologie antreffen, sind offensichtlich zugleich auch Probleme der marxistischen Soziologie. Die »Krise«, um die es geht, ist nicht nur eine Krise des bürgerlichen Bewußtseins, sondern eine Epochalkrise schlechthin, der auch der Marxismus nicht entgehen konnte.
Die Auswirkungen der umfassenden Strukturveränderungen, die Ende des 19. Jahrhunderts unübersehbar wurden, auf den Marxismus werden zunächst durch die Entstehung des »Revisionismus«[211] signalisiert, dem in Deutschland, Frankreich, Rußland und in anderen europäischen Ländern eine ganze Reihe von prominenten sozialistischen Theoretikern zuneigen. Der Kern der revisionistischen Bewegung im Marxismus ist die Entdekkung, daß die Eigengesetzlichkeits-Diagnose von Marx angesichts der im »kapitalistischen« System vor sich gehenden Wandlungen zunehmend ihre analytische und prognostische Kraft verliert. *Eduard Bernstein* (1850 - 1932), zeitweilig einer der engsten Mitarbeiter von Engels und später einer der führenden Revisionisten, geht in seinem Buch »Die Voraussetzungen des Sozialismus und die Aufgaben der Sozialdemokratie« von 1898 ausführlich auf diese Wandlungen ein. Er stellt insbesondere fest, daß sich die Marxsche Prognose einer zunehmenden Verwandlung der »bürgerlichen« Gesellschaft in eine Gesellschaft von Arbeitern nicht erfüllt habe. Vielmehr habe sich — teils in Verbindung mit der Entstehung und schnellen Expansion der neuen Angestelltenschicht — umgekehrt eine Tendenz zur zunehmenden Differenzierung der Sozialstruktur und zur Senkung des relativen Anteils der Arbeiterschaft an den Erwerbstätigen eingestellt. Gleichzeitig hätten die lohn- und arbeitspolitischen Erfolge der Arbeiterbewegung die frühere Proletarisierungstendenz aufgefangen und teilweise sogar schon in eine Tendenz der steigenden Wohlstandsbeteiligung der arbeitenden Massen umgekehrt. Schließlich habe das dadurch tiefgreifend veränderte kapitalistische System eine ständig zunehmende Fähigkeit entwickelt, mit den Wirtschaftskrisen fertigzuwerden und dadurch den Wirtschaftsablauf zu stabilisieren.
Die erste Konsequenz, die Bernstein zusammen mit anderen Revisionisten aus diesen Entdeckungen zieht, ist die, daß es für die sozialistischen Bewegungen nicht mehr darum gehen könne, auf den Zusammenbruch des Kapitalismus als den Zeitpunkt der proletarischen Revolution zu warten. Es könne überhaupt nicht mehr um die Konzentration der Kräfte auf diese Revolution gehen. Notwendig sei vielmehr eine kontinuierliche Wei-

tertreibung der schon in Gang gekommenen evolutionären Wandlungstendenzen durch eine alle systemimmanenten Chancen nachhaltig auswertende sozialistische Reformbewegung.

Bernsteins zweite Konsequenz besteht darin, daß er den von Marx und Engels repräsentierten Typus marxistischer Theorie überhaupt ablehnt. Er greift die marxistischen Klassiker dabei genau an dem Punkt an, an dem das eigengesetzlichkeitsanalytische Theoriemodell verankert ist. Für ihn ist Marx nämlich bereits in dem Augenblick in die »Fallstricke« der »Hegeldialektik« geraten, in dem er es unternahm, die an der Tatsachenanalyse orientierte Wissenschaftlichkeit zugunsten eines deduktiven Schemas zu opfern, in dem ein feststehendes und das Handeln normativ verpflichtendes Endziel der gesellschaftlichen Gesamtbewegung mit dem Aussageanspruch der exakten Naturwissenschaften aus den Verknüpfungen gewisser Gesetzlichkeiten abgeleitet wird. Bernsteins Auffassung zufolge ist eine derartige Soziologie als Kern des Sozialismus unmöglich. Kern des Sozialismus ist für ihn vielmehr die vom sittlichen Bewußtsein und Interesse der Masse angetriebene wirkliche soziale Bewegung. Die Soziologie kann, so meint er, ihr gegenüber nur die eine Funktion haben, als »angewandte« wertfreie Wissenschaft der von ihrem eigenen Wollen her motivierten Bewegung empirische Informationen über die gegebenen gesellschaftlichen Verhältnisse und Entwicklungstendenzen zu liefern und sie dadurch zu effektiverem Handeln zu befähigen.[212] Die Parallele zu Max Webers handlungswissenschaftlichem Soziologiekonzept ist auffallend.

Bernstein wird nun zusammen mit den übrigen Revisionisten während der ersten beiden Jahrzehnte des 20. Jahrhunderts im wesentlichen von zwei marxistischen Flügeln her angegriffen: Einerseits von W. I. Lenin, andererseits von einer Gruppe, die man bald als die »Orthodoxen« anspricht. Für beide Flügel lautet der Haupteinwand, die gesellschaftliche Lage sei substantiell gesehen nicht verändert, der Kapitalismus habe nur einige interne Umstrukturierungen, Anpassungen und Weiterentwicklungen vollzogen und sei im ganzen allenfalls dabei, im Hinblick auf die Ausbeutung des Menschen noch effizienter zu werden. Dies müsse den Massen mit den Mitteln der theoretischen Analyse vor Augen geführt werden; die theoretische Analyse sei also nach wie vor Bedingung der proletarischen Bewußtseinsbildung, deren Existenz die Revisionisten einfach voraussetzen. Marx sei somit ebenso im Hinblick auf seine konkrete Diagnose

wie auch im Hinblick auf die wissenschaftstheoretische Struktur seines Systems noch aktuell.
Das Dilemma, in dem sich die Orthodoxen in ungewollter Gemeinsamkeit mit den Revisionisten befinden, besteht nun allerdings darin, daß seit den zwanziger Jahren ein zunehmender Zerfall des proletarischen Klassenbewußtseins erkennbar wird. Dieser Zerfall desavouiert sowohl Bernsteins Glaube an die Kraft des sittlichen Interesses und Bewußtseins der Massen als Träger der sozialistischen Bewegung als auch die Erwartung der Orthodoxen, die Massen mittels der konventionellen Theorie motivieren und zur klassenkämpferischen Aktion hinführen zu können. Das Gespenst einer zunehmenden »Verbürgerlichung« der Arbeiterschaft und des Verschwindens der Massenbasis der sozialistischen Bewegung und der proletarischen Revolution taucht auf. Nur der russische Leninismus entgeht ihm, weil er sich — in einem Lande, in dem die Industriearbeiterschaft ohnehin noch klein ist — auf die Durchschlagskraft der durch »Berufsrevolutionäre« gelenkten Parteiorganisation und auf die Strategie der revolutionären Umfunktionierung und Auswertung nichtrevolutionärer Krisen und Spannungen im Sozialgefüge einstellt und weil er seit 1918 ohnehin die Macht in der Hand hat. Der Verzicht des russischen Leninismus auf eine bewußtseinsmäßig »reife« Massenbasis wird allerdings von der Mehrheit der mittel- und westeuropäischen Sozialisten nicht mitvollzogen. Hier bleibt also das Dilemma, das sich für viele entschiedene Sozialisten in einer zunehmend »bürgerlichen« und systemkonformen Politik der sozialdemokratischen Parteiführungen manifestiert, unverändert bestehen.
War die erste innermarxistische Reaktion auf die vor sich gehenden gesellschaftlichen Wandlungen der revisionistische Angriff auf die »Hegeldialektik« gewesen, so macht sich nun, da das Dilemma des zerfallenden proletarischen Klassenbewußtseins immer deutlicher spürbar wird, an einigen Punkten die genau entgegengesetzte Tendenz zu einer Wiederbelebung dialektischer Geschichtsphilosophie bemerkbar. Nachdem wir im vorliegenden Abschnitt bereits die Spanne zwischen Max Weber und Hans Freyer durchmessen haben, braucht uns die Ankündigung, daß auch diese Gegentendenz von der pluralistischen Machtoffenheit der Zeit gezeichnet ist, nicht mehr zu überraschen. Zur Exemplifizierung der neuen Tendenz sei kurz auf den jüngeren *Georg Lukács* (geb. 1885) eingegangen. In seinem 1923 erschienenen Buch »Geschichte und Klassenbewußtsein« wendet

sich Lukács zunächst gegen Lenin, weil dieser den Geschichtsprozeß »mehr und mehr instrumental« verwendet und somit anscheinend einen unmittelbar »machiavellistischen« Mitvollzug pluralistischer Machtoffenheit praktiziert.[213] Selbstverständlich wendet er sich gleichzeitig auch gegen den antidialektischen Revisionismus, dem er »bornierten Empirismus« vorwirft. Er wendet sich letztlich aber auch gegen die marxistische »Orthodoxie« (Karl Kautsky und andere), die sich die inhaltliche Auseinandersetzung mit der empirischen Marxkritik des Revisionismus zu leicht macht und die im Hinblick auf die ideologische Krise des Proletariats keine befriedigende Antwort und Handlungsperspektive zu bieten vermag.

Für Lukács ist es wesentlich, das Wesen der dialektischen Methode darin zu erkennen, daß »isolierten und isolierenden Tatsachen gegenüber die konkrete Einheit« und »der geschichtliche Charakter« »des Ganzen« zur Geltung gebracht wird.[214] Diese Feststellung scheint zunächst den Marxschen Theorienansatz voll zu bestätigen. In Wirklichkeit ist dies aber nur sehr bedingt der Fall. Lukács erklärt nämlich nachdrücklich, daß das »Erkenntnisideal der Naturwissenschaften« der konkreten Totalität, um die es geht, nicht angemessen sei, weil diese dem Denken gar nicht unmittelbar gegeben sei. Die richtige Erfassung der Gesellschaft müsse vielmehr das menschliche »Sichselbstsetzen«, die Fähigkeit und den Willen zur Wirklichkeitsänderung, mit einbeziehen und als eigentliche Substanz der Wirklichkeit bewerten. Gleichzeitig müsse sie das »Ziel«, genauer gesagt: das »Endziel« des menschlichen Sichselbstsetzens (d. h. also hier: die klassenlose Gesellschaft) ins Wirklichkeitsbild einbeziehen. Dieses Endziel müsse geradezu als »Mittelpunkt der Wirklichkeit« begriffen werden.[215]

Die Erkenntnis der konkreten Totalität des Wirklichen soll also das zukünftig Mögliche (und zwar, wie Lukács formuliert, das »objektiv Mögliche«) mit erfassen. Von dieser Perspektive her kann das Proletariat ungeachtet seiner ideologischen Krise nach wie vor als potentieller Weltemanzipator angesehen werden, denn die objektive Möglichkeit, daß es diese Rolle wahrnimmt, besteht nach wie vor. Wenn nun das Proletariat in seiner »empirischen Vorfindlichkeit« nicht dazu bereit und fähig ist, dies zu tun und wenn es gänzlich anders liegende Interessen entwickelt, dann heißt das für Lukács noch lange nicht, daß man ihm ein Interesse am »Endziel« nicht als objektive Möglichkeit »zurechnen« kann. Allerdings bleibt die Frage, wie das Proletariat vom »falschen« zum »richtigen« Bewußtsein gelangen soll, wie also der »Widerspruch« zwischen dem empirisch Wirklichen und dem objektiv Möglichen überwunden werden soll, dabei zunächst noch offen. Lukács glaubt aber, daß das Bewußtsein des Proletariats eine bis jetzt durch den Marxismus nicht angesprochene und insofern auch unausgeschöpfte utopische Valenz besitze. Diese könne dadurch aktiviert werden und geschichtswirksam gemacht werden, daß man das Proletariat unmittelbar mit dem Endziel als Zukunftsbild konfrontiere und ihm somit eine Möglichkeit biete, den bestehenden Widerspruch zwischen empirischen und zugerechneten Interessen zu empfinden und ins Bewußtsein zu übernehmen. Dazu kommt als praktisch-politische Organisationsmaxime ein Programm der »demokratischen Diktatur«.[216]

Sehr ähnlich liegen die Vorstellungen, die *Karl Korsch* (1886 - 1961) in seiner ebenfalls 1923 erschienenen Schrift »Marxismus und Philosophie« entwickelt. Auch Korsch geht davon aus, daß im »sozialistischen Lehrgebäude« eine »Lücke« bestehe. Der »Sozialismus sei nur ›negativ‹ bestimmt als Abschaffung der kapitalistischen Produktionsweise, nach der ›positiven Seite aber sei seine Formel leer‹«.[217] Der Sozialismus müsse durch Hinzufügung einer »Willensorientierung« ergänzt werden. Die sozialistische Gesamtkonzeption müsse das »Ziel« (wie auch die zu ihm hinführende »Praxis«) mitenthalten. Nur durch eine solche Erweiterung sei der aktivistische Gehalt der Marxschen Lehre wieder herzustellen. Nur so sei der notwendige Zusammenhang zwischen Theorie und Praxis sicherzustellen.

Sowohl Lukács als auch Korsch sind aus begreiflichen Gründen bemüht, den Eindruck einer grundsätzlichen Differenz zu Marx gar nicht erst entstehen zu lassen. Vielmehr verschafft sich die von ihnen repräsentierte Interpretationslinie gewissermaßen ein »Alibi« durch die Wiederentdeckung und Publizierung der Marxschen Ökonomisch-Philosophischen Manuskripte von 1844, die einen neuen (den »jungen«, »philosophischen«) Marx ins Blickfeld treten lassen. Nichtsdestoweniger ist klar, daß hier im Stillen ebendieselbe »Voluntarisierung« der Dialektik vor sich geht, die von Freyer öffentlich und programmatisch verkündet wird. Auch hier geht es um Weltwollung und um Zukunft in potentia. Auch hier geht es um den substantiellen Willens- und Möglichkeitsgehalt der Gegenwart. Auch hier geht es — gegenüber der pluralistischen Machtoffenheit der Zeit — letztlich um »dialektischen Dezisionismus«. Der Unterschied besteht nur darin, daß der Möglichkeitsgehalt der Gegenwart, das die Zukunft in potentia beherrschende Prinzip, nicht aus den realen, empirischen Entwicklungspotenzen der Zeit abgeleitet wird, sondern vielmehr aus einem diesen Tendenzen gegenüber vertretenen »philosophischen« Zukunftskonzept. Hier wird die Auseinandersetzung zwischen Marx, Engels und dem utopischen Sozialismus wieder von Bedeutung. Für Marx und Engels bedeutete die Übernahme des Hegelschen Dialektikprinzips zugleich eine »Aufhebung der Philosophie«. Das Proletariat war für sie nur deswegen der auserwählte »Vollstrecker« der Philosophie, weil es in einem un- und antiphilosophischen Zeitalter ohne direkte Hilfestellung und Anleitung der Philosophie so handeln *mußte*, wie es der Philosophie gefiel. Das Proletariat war nicht deswegen das »Messer« der Philosophie, weil es »entfremdet« war — das waren, nach Marx und Engels, alle anderen Menschen auch. Es konnte nur deshalb »Messer« sein, weil es unter dem Druck absoluten materiellen »Elends« stand und weil somit seine Rebellion und seine wachsende Aufnahmebereitschaft für revolutionäre Ideen ebenso erwartbar waren wie das Platzen eines unter zunehmendem Überdruck stehenden Dampfkessels. Dies war die entscheidende Voraussetzung für die Marxsche und Engelssche Eigengesetzlichkeitsdiagnose des kapitalistischen Systems und damit auch für die Entwicklung des Sozialismus von der »Utopie« zur »Wissenschaft«. Dies war, mit anderen Worten, die Voraussetzung für ihre »Aufhebung der Philosophie«.

Bei Lukács und Korsch wird nun der Sozialismus wieder »philosophisch« und »utopisch«. Das Proletariat soll jetzt zur direkten Aneignung und Vertretung des philosophischen Gedankens in der Lage sein. Wodurch, so muß man wohl fragen und einwenden, ist aber eigentlich gewährleistet, daß nicht nur »der Gedanke zur Verwirklichung drängt«, sondern auch »die Wirklichkeit selbst« zum Gedanken?[218] Ist das Proletariat etwa nunmehr bewußtseinsmäßig so entscheidend weiterentwickelt, daß es unabhängig von dem Druck der »absolut gebieterischen Not«[219] sozialistisch zu denken und zu handeln versteht? Ist nicht vielmehr die Ausgangslage der Dialektikrenaissance gerade umgekehrt die, daß das Proletariat in einer »ideologischen Krise« steckt und sein Klassenbewußtsein mehr und mehr verliert?

Gewiß, wir haben gerade eben erst registriert, daß Lukács daran glaubt, es gebe im Proletariat eine reale utopische Potenz, die durch den Sozialismus bisher nicht ausgeschöpft worden sei. Es handelt sich dabei aber um eine Größe, die im Prinzip ebenso metaphysisch ist wie z. B. die von Vierkandt postulierte »Tendenz zur Selbstheilung«. Auch Korsch, der die Notwendigkeit einer neuerlichen Beantwortung der Frage nach der »Aufhebbarkeit« der Philosophie deutlich sieht,[220] liefert keine weiterführende Antwort. Die Frage bleibt fürs erste unbeantwortet — eine Tatsache, die vielleicht am tiefsten erklärt, weshalb der Stalinismus bisher noch die beste, wenn auch illegitimste Garantie für eine langfristige Mobilisierung der Massen in Richtung marxistischer Ziele war. Die Hegelrenaissance im Marxismus konfrontiert uns nochmals mit derjenigen Perspektive der Ohnmacht angesichts unbewältigter Wirklichkeit, von der wir bereits einmal im Zusammenhang des Terrors von 1792 gesprochen hatten. Die Perspektive ständig drückender erfahrender Ohnmacht scheint auch da noch aktuell zu sein, wo heute — wie im Bereich der »Frankfurter Schule« der Soziologie — die Hegelrenaissance im Marxismus ihre Fortsetzung findet.

6. KAPITEL

AMERIKANISCHE SOZIOLOGIE BIS ZU DEN DREISSIGER JAHREN

Der Eigencharakter der amerikanischen Soziologie

Nach dem Durchspielen einer großen Zahl von europäischen Ansätzen scheint der Übergang zur amerikanischen Soziologie kaum mehr Neues verheißen zu können. Die Vermutung, daß wir es hier in erster Linie mit Kopien oder Varianten europäischer Vorbilder zu tun bekommen, mag naheliegen. Und doch ist die Wirklichkeit völlig anders.

Kurz gesagt stellt die amerikanische Soziologie von ihren Anfängen an ein durchaus anderes Gesicht zur Schau als die europäische. Dieser Eindruck verstärkt sich um so mehr, je mehr man »die« amerikanische Soziologie als ganze in den Blick nimmt. Im Einzelfall mögen zwar durchaus Kopien oder Varianten vorliegen. Diese Einzelfälle stehen doch in einem veränderten Bedeutungskontext, so daß die Übereinstimmungen an Gewicht verlieren und die Differenzen aussagekräftiger werden. Wir können von daher sagen, daß die Beschäftigung mit der Geschichte der amerikanischen Soziologie nicht nur wegen einer in diesem schmalen Band sowie nicht erzielbaren Vollständigkeit von Interesse ist. Sie ist vielmehr auch deshalb von Interesse, weil sie es möglich macht, von der Geschichte der europäischen Soziologie größeren Abstand zu gewinnen und ihre Eigenart noch schärfer zu reflektieren, als dies unser existentialgeschichtlich zentrierter Ansatz bisher leisten konnte. Dieser Ansatz erfaßte die europäische Soziologie ja immer noch innerhalb eines Bezugsrahmens, der aus der europäischen Gesamtgeschichte abgeleitet war. Er legte also einen europäischen Maßstab an sie an. Nunmehr wird jedoch der Bezugsrahmen ein anderer und der Maßstab wechselt. Es können daher jetzt Gesamteigenschaften sichtbar werden, welche Europa im allgemeinen und den Kontinent im besonderen betreffen und von der »neuen Welt« abgrenzen.

Es ist gut, sich von vornherein einiges von der Andersartigkeit, auf die wir nun stoßen, vor Augen zu führen. Als Karl Mann-

heim im Jahr 1932 vom American Journal of Sociology dazu aufgefordert wurde, eine Rezension zu einer amerikanischen Neuveröffentlichung über »Methods in Sociology« zu schreiben, lieferte er eine Art »Offenbarungseid« als Europäer, indem er bekannte, durch das Buch mit einer Auffassung von Soziologie konfrontiert worden zu sein, die es in Deutschland nicht gebe.
Offensichtlich, so meint er, sei die amerikanische Soziologie zunächst einmal viel kooperativer als die europäische. In Europa sei ein »exzessiver Individualismus« unter den Soziologen vorherrschend. Beinahe jeder Autor »hält es«, so sagt er, »für notwendig, ganz von vorn anzufangen, und die meisten Gelehrten leiten ihr Selbstbewußtsein davon ab, daß sie ein eigenes System erdacht haben.«[221] Man spreche zwar viel über soziale Arbeitsteilung, aber man sei selbst nicht dazu bereit, sie zu praktizieren.

In der Tat, wenn wir zurückblicken, finden wir diese Feststellung sofort bestätigt. Was wir in den letzten Kapiteln zur Kenntnis genommen haben, war eine Art »Porträtgalerie berühmter Soziologen«. Die Art der Darstellung spiegelte dabei die soziale und professionelle Realität. Die amerikanische Soziologie, so werden wir finden, kann viel eindeutiger im Sinne einer von Einzelpositionen abstrahierenden Gesamtanalyse behandelt werden. Gleichzeitig werden wir aber sehen, daß sie zwar weniger Individualität, dafür aber mehr Entwicklungsdynamik aufweist. Während zumindest die kontinentaleuropäische Soziologie in dem zuletzt behandelten Zeitraum zwischen dem Jahrhundertende und den dreißiger Jahren einen verhältnismäßig stationär bleibenden Fächer von Alternativpositionen ausbildet, erlebt die amerikanische Soziologie in derselben Zeit ein reguläres »Entwicklungsschicksal«.

Mannheim erwähnt noch einen zweiten Unterschied, der mindestens ebenso wichtig erscheinen muß. Die amerikanische Soziologie ist, so meint er, im ganzen viel konkreter, praxis- und tatsachennäher als die europäische. Während etwa deutsche Abhandlungen über die Methode der Sozialwissenschaften unvermeidlich mit tiefschürfenden Betrachtungen über das Wesen des »Verstehens« und des »Erklärens« anfingen, würden sich die Amerikaner ziemlich schnell ganz konkreten Fragestellungen einer meist empirischen Forschungspraxis zuwenden. Ebenso würden die amerikanischen Untersuchungen selbst in ganz ungewöhnlichem Maße von konkreten und praktisch gelagerten Problemstellungen ausgehen und auf praktische Lösungen zusteuern. Dabei stünden Fragen des täglichen Lebens im Vordergrund, die insbesondere in Deutschland gewöhnlich — abgetrennt von der Soziologie — unter der Überschrift »Sozialpolitik« behandelt würden.

In der Tat erfaßt Mannheim damit eine Unterschiedlichkeit zwischen der amerikanischen und der europäischen Soziologie von großer und grundsätzlicher Bedeutung. Die amerikanische Soziologie ist weithin praktisch, konkret, empirisch und auf »social reform« orientiert, wo die europäische theoretisch-systematisch, spekulativ und »weltanschaulich« ist. Jedenfalls gilt dies für den Zeitraum, mit dem wir es hier zu tun haben. Wir werden hierüber noch eingehender zu sprechen haben.

Für den Augenblick wollen wir uns aber einem dritten wichtigen Unterschied zuwenden, der uns den Zugang zum Verständnis der vorerwähnten Besonderheiten öffnet. Dieser Unterschied betrifft den Zeitpunkt des Beginns der amerikanischen Soziologie. »Die Gelehrten streiten sich«, so schreibt Dahrendorf, »ob sie den Anfang der amerikanischen Soziologie bei der Gründung der American Sociological Society 1905, dem ersten Heft des American Journal of Sociology 1894 oder der Veröffentlichung von Wards Dynamic Sociology 1883 ansetzen sollen.«[222] Schenken wir dem Glauben, dann heißt das, daß die amerikanische Soziologie erst um die Zeit des Fin de siècle entsteht, d. h. also in einem Augenblick, in dem die europäische Soziologie bereits eine bewegte Geschichte von 200 Jahren hinter sich gebracht hat.

Natürlich dürfen wir diese Feststellung einer »relativen Geschichtslosigkeit« der amerikanischen Soziologie nicht unbesehen hinnehmen. Auf den ersten Blick spricht vieles dafür, daß die fragliche Zeitverschiebung ausschließlich auf eine unterschiedlich weite Fassung des Begriffs »Soziologie« zurückgeht. Warum sollten, so muß man sich auch fragen, ausgerechnet die gesellschaftsfreudigen Amerikaner die Soziologie so lange verschmäht haben?

Nichtsdestoweniger fördert die nähere Untersuchung der Verhältnisse nicht sehr viel zutage, was zur Relativierung der genannten Zeitverschiebung beiträgt. Das 19. Jahrhundert ist ohne Zweifel in Nordamerika relativ soziologieleer. Pedanterie in der Aufdeckung dieser oder jener Einzelausnahme (Henry Hughes, Georges Fitzhugh, Henry C. Carey) würde diesen Sachverhalt nur verschleiern. Und zudem fördert einiges Nachdenken über die Fakten der nordamerikanischen Geschichte die Tatsache zutage, daß die Amerikaner, schlicht gesagt, die Soziologie nicht brauchten — bis zu jenem Augenblick des Fin de siècle wenigstens, in dem ein genau angebbares soziales Bedürfnis nach Soziologie entstand.

Die Begründung für eine langfristige »Überflüssigkeit« der Soziologie in Amerika liegt kurz gesagt darin, daß sich dort das bürgerliche »Gesellschafts«-Prinzip auf geschichtslosem Grunde als herrschendes Prinzip etablieren konnte, ohne sich gegen ältere Gesellschaftsstrukturen durchsetzen und behaupten zu müssen. Wie wir in den ersten Abschnitten dieses Buches gesehen haben, erwuchs die europäische Soziologie aus dem Konflikt zwischen bürgerlichen und vorbürgerlichen Kräften und Bestrebungen, die sich gegeneinander intellektuell zu legitimieren versuchten und die um der Selbstverständigung wie auch um der Desavouierung des Gegners willen eine Sinndeutung gesellschaftlich-politischer Geschehnisse aus ihrer jeweiligen Selbstbehauptungs- oder Selbstdurchsetzungsperspektive heraus erwarteten. Soziologie war hier in ganz wesentlicher Beziehung Oppositions- und Defensivwissenschaft zugleich. Sie war intellektuelles (in vieler Hinsicht: ideologisches) Vehikel eines säkularen Sozialkonfliktes, der den Aufstieg des Bürgertums begleitete und der dann in den bürgerlichen Revolutionen seinen Niederschlag fand.

Die amerikanischen »founding fathers« und die nachfolgenden Einwandererwellen gingen demgegenüber den zweiten Weg, der neben dem Kampf um den alten Boden noch möglich war: Sie verwarfen die überkommenen Strukturen und Autoritäten, indem sie auf sie verzichteten.[223] Sie gründeten die »civil society«, die ihnen vorschwebte, in der Wildnis. Ihre Ideen wurden zum Grundgesetz. In diesem wurden die Prinzipien der europäischen Revolutionen »im Recht inkarniert«.[224] Den Widerspruch zwischen Ideal und Wirklichkeit, der für die europäische Situation typisch war, schienen die Amerikaner also hinter sich gelassen zu haben — jedenfalls den sozialen Konflikt, der dem Europäer täglich vor Augen stand.

Soweit in Amerika Widersprüche sichtbar wurden, waren es solche, die entweder moralisch bekämpft werden mußten oder die durch eigene Anstrengung, durch konsequente Anspannung der eigenen Leistungs- und Willenskraft zu beseitigen waren. Außerdem gab es die »open frontier«, die große Offenheit nach dem Westen zu, das unbegrenzte Gebiet der unbegrenzten Möglichkeiten, in das man alles, was im schon besiedelten Raum an Unerfülltheiten blieb, hineinprojizieren konnte. Alle Motive, die

in Europa zur Entstehung der Soziologie führten, fehlten hier also völlig.
Hinzu kommen weitere »Ausfallserscheinungen«.[225] Zunächst gab es in den USA während des 19. Jahrhunderts keinen Klassenkonflikt, der mit der sozialen Frage Europas vergleichbar gewesen wäre.[226] Arbeitskräfte waren fast ständig knapp; die ländliche Basis einer industriellen Reservearmee fehlte. Der Marxismus fand dementsprechend keinen Zugang. Dies bedeutete wiederum, daß das Motiv der Auseinandersetzung mit dem Marxismus ausblieb. Auch alle anderen über das Gegebene hinausweisenden Zielvorstellungen, an denen Europa so reich war, fehlten. So gab es keine Reichsidee und keine konservativen Rückwärtsträume. Auch transbürgerliche Ideenbildungen außerhalb des Marxismus spielten nur eine geringe Rolle. Das Selbstverständigungsinteresse wurde im wesentlichen durch die Gründungsurkunden und durch eine grundsätzlich systemkonforme Religiosität gedeckt. Das amerikanische Bewußtsein war ohne Zwischenschaltung der Soziologie mit sich im klaren und im reinen. Die amerikanische Gesellschaft war »sich selbst Sinn und Ziel«. Es gehört mit zu ihrer Typik, daß sie ein »außerhalb des Systems gelegenes Leitbild«[227] nicht kannte (und im Prinzip auch heute noch kaum kennt).

Die erste Generation: Social Survey und Spencerianische Theorie

Wie schon gesagt, entsteht nun gegen Ende des 19. Jahrhunderts in den USA ein gesellschaftliches Bedürfnis nach Soziologie. Dieses Bedürfnis ist allerdings, wie sich jetzt schon vermuten läßt, anders gelagert als sein europäisches Pendant. Und auch die Soziologie, die sich hier entwickelt, kann mit der zeitgenössischen europäischen Soziologie nicht gleichgesetzt werden, wenngleich sie sich zunächst in einem Strom von Rezeptionen europäischer Soziologieelemente entfaltet.
Fragen wir noch einmal, wie es zu einem solchen Bedürfnis kommen konnte, dann finden wir einige unterschiedliche, wenn auch eng verflochtene Ursachenkomplexe.
Einmal ist gegen Ende des 19. Jahrhunderts der große Treck nach dem Westen abgeschlossen, weil »das siedlungsfähige Land

unter den Pflug genommen« worden ist.[228] Die europäische Einwanderung von siedlungswilliger Landbevölkerung flaut ab. Die neuen Einwanderer, die vorwiegend aus Ost-, Südost- und Südeuropa kommen, stauen sich in den Städten, und erstmals entwickelt sich eine nennenswerte Beschäftigungslosigkeit.

Auf diesem Hintergrund wirkt die Wirtschaftsdepression der neunziger Jahre schlimmer als die zeitweiligen Depressionen in den vorangegangenen Jahrzehnten. Hinzu kommt aber vor allem noch, daß in den neunziger Jahren — ähnlich wie in Europa — die industriellen Monopol- und Trustbildungen gewaltig zunehmen. Eine Reihe von Skandalen läßt dann im allgemeinen Bewußtsein der Bevölkerung zunehmend den Eindruck reifen, daß wirtschaftliches Laissez faire und allgemeine Wohlfahrt durchaus nicht immer Hand in Hand gehen müssen, daß vielmehr schrankenlose Wirtschaftsfreiheit, eines der klassischen bürgerlichen Ideale, durchaus mit der Entstehung von Machtzentren neuen Stils und insofern auch mit der Aufhebung der bürgerlichen Freiheit verknüpft sein könne.

Wir haben verfolgt, wie im kontinentalen Europa diese Entwicklung zu einem der Auslöser für eine die gesamte Gesellschaft ergreifende und verwandelnde »pluralistische Machtoffenheit« wird. In Amerika verlaufen die Dinge anders. Zwar gibt es auch hier entgegenwirkende Zusammenschlußbewegungen verschiedener Art. Die Szenerie charakterisiert sich aber vor allem dadurch, daß die »gesellschaftliche Öffentlichkeit« (die es zumindest im kontinentalen Europa gar nicht gibt) »allergisch« reagiert und im Interesse der amerikanischen Ideale eine Abschaffung der bestehenden »Mißstände« fordert.

Zum ersten Mal tritt hier eine Gefährdung der bisher so problemlosen Identität der amerikanischen Gesellschaft mit sich selbst ins soziale Bewußtsein. Schon 1879 veröffentlicht Henry George sein Buch »Fortschritt und Armut«, in dem er auf die fortschreitende Entstehung von sozialen Klassenschranken hinweist und eine antimonopolistische Steuergesetzgebung fordert. 1887 erscheint Edwards Bellamys »Rückblick aus dem Jahr 2000«, in dem unverhüllt eine kommunistische Gesellschaftsordnung als die logische Konsequenz der amerikanischen Ideale bezeichnet wird. Beide Bücher erregen größtes Aufsehen und andere, ähnliche folgen. Als in den ersten Jahren des 20. Jahrhunderts die Forderungen nach einer wirksamen Monopolkontrolle immer noch keinen Erfolg gezeitigt haben, greift eine von tiefen moralischen Impulsen getragene Entrüstungswelle um sich.

Die sogenannten »muckrakers« (wörtlich: Mistkratzer, die den Abfall der Gesellschaft untersuchen, das, was verächtlich ist), sozialkritische Journalisten und Schriftsteller, schreiben eine Fülle von Artikeln und Büchern, in denen die »rücksichtslose Mißachtung des Gemeinwohls durch die Interessen großer Konzerne«[229] enthüllt wird. Diese Aufdeckungen führen seit 1903 zur Verabschiedung einer Reihe von Gesetzen zur Kontrolle der Konzerne durch den Kongreß.

Die »muckrakers« greifen aber tiefer, als die Antitrustgesetzgebung zu wirken vermag. Sie leuchten in die während der vorangegangenen Jahrzehnte entstandenen Slums der Städte, enthüllen Arbeitslosigkeit, Alkoholismus und Kriminalität. Der amerikanische Fortschritt produziert, so behaupten sie, nicht nur Wohlstand und wachsendes menschliches Glück, sondern in zunehmendem Umfang auch moralischen Verfall, soziales Elend und menschliches Leid. Die totale Infragestellung ist da. Die Frage, ob der american way of life wirklich fortschrittlich ist, stellt sich immer dringlicher. Und diese Frage ist es, welche die amerikanische Soziologie entstehen läßt — mit einer Schnelligkeit und Nachdrücklichkeit, die einzelne Beobachter dazu verführt hat, die Soziologie im ganzen als ein für Amerika charakteristisches Phänomen zu begreifen.[230]

Die amerikanische Soziologie erinnert gegen Ende des 19. Jahrhunderts auf den ersten Blick sehr an die zeitgenössische englische Situation. In der Tat ist sie auch zunächst noch stark von England (in geringerem Umfang zusätzlich von Deutschland und Frankreich) beeinflußt.

Auf der einen Seite steht hier nämlich eine sehr intensive Social-survey-Bewegung, die auf das Boothsche Vorbild zurückgreift. Auf der anderen Seite steht eine vorwiegend von Spencer beeinflußte evolutionistische Theorie, die sich als »Soziologie« im engeren Sinne begreift.

Die Social-survey-Bewegung repräsentiert dabei, wenn man so will, die Beteiligung der Sozialwissenschaft am unmittelbar praktischen (und herkömmlich amerikanischen) Teil der Antwort auf die aufgetretene Infragestellung. Wie wir schon gesagt haben, gehört es zum klassischen Bestand des american way of life, auftretende Widersprüche zwischen Ideal und Wirklichkeit aus einer Kombination moralischer Impulse und unmittelbar auf Einzelprobleme gerichteter Aktivitätsbereitschaften heraus anzugehen. Das war bereits die Grundstimmung gewisser »Social reform«-Ansätze während des 19. Jahrhunderts gewesen; das ist nun auch die Grundstimmung bei der Social-survey-Bewegung, welche ihrerseits nicht irgendwelchen wissenschaftlichen Motiven entspringt, sondern vielmehr überall, wo sie auftritt, auf rein praktisch-sozialreformerische Beweggründe zurückgeht. Man untersucht das, was man für problematisch hält, um Informationen aus erster Hand über Verhältnisse zu gewinnen, die man verbessern will. Relativ schnell entwickelt sich dabei ein Problemkatalog von überörtlicher Verbindlichkeit, in dem sich die einzelnen Problemseiten der american society in einer gleichsam deskriptiven Form widerspiegeln. Dieser Problemkatalog wird schnell universitätsfähig. R. L. und G. N. Hinkle berichten, daß in den Jahren 1885 - 1895 an den nordamerikanischen Universitäten bereits durchgehend Kurse abgehalten werden, die sich in einer weitgehend standardisierten Weise mit den »praktischen Sozialproblemen, die mit der Verelendung in den Städten zusammenhängen«, beschäftigen. Dabei geht es gewöhnlich um »Verarmung, Wohltätigkeit, wissenschaftliche gelenkte Wohlfahrtsmaßnahmen, Fürsorge, Arbeitslosigkeit, Wanderarbeitertum, Kinderarbeit, Berufstätigkeit der Frauen, Gewerkschaftsbewegung, Probleme der Krankheit, Jugend- und Erwachsenenkriminalität, Auflösung der Familie, Alkoholismus und Einwanderer- und Rassenfragen«.[231]

Auf der evolutionistisch-theoretischen Seite der Entwicklung spielen zunächst zwei Einzelpersonen eine Hauptrolle: *William Graham Sumner* (1840 - 1910) und *Lester Frank Ward* (1847 - 1913).

Sumner ist, so können wir abkürzend sagen, ein Spencerianer, der Spencer mit Gumplowicz und Ratzenhofer zu verbinden versucht. Bereits aus dieser Charakterisierung läßt sich ableiten, daß er konservativ eingestellt ist. In der Tat geht er davon aus, daß Konkurrenz zwischen sozialen Gruppen durch die gesamte menschliche Geschichte hindurch der eigentlich elementare gesellschaftliche Sachverhalt sei. Man habe infolgedessen nüchtern damit zu rechnen, daß Menschen ihrer »ingroup« gegenüber solidarisch sind, während sie sich den »outgroups« gegenüber kompetitiv, ja antagonistisch verhalten. Alle Vorstellungen, die Gesamtgesellschaft durch ein auf den Prinzipien der allgemeinen Gleichheit, Freiheit und Brüderlichkeit aufruhendes demokratisches Normensystem zu homogenisieren, seien illusionär. Wirklich verbindlich seien für die Menschen faktisch nur die »folkways«, d. h. Sitten und Brauchtümer, die aber ihrerseits immer nur in »ingroups« ausgebildet werden und somit den pluralistischen Charakter der Gesellschaft bestätigen. Das Prinzip des laissez faire möge gewisse moralische Gefühle verletzen; der Kampf gegen dieses Prinzip, der in der letzten Zeit modern geworden sei, bedeute aber nichts als ein Anrennen gegen Windmühlenflügel.

Sumner ist der einzige unter den älteren amerikanischen Soziologen, der die zeitgenössische Situation durch die Adoption eines dezidiert kontinentaleuropäischen Deutungsschemas zu interpretieren versucht. Sein Denken demonstriert nichtsdestoweniger die Schwere der Probleme, mit denen die USA zu kämpfen haben, sehr eindringlich. Denn die Übernahme einer konservativ-kontinentalen Ausdeutung »pluralistischer Machtoffenheit« als amerikanisches Selbstverständigungsmedium bedeutet auf dem Hintergrund der amerikanischen »Verwerfung« europäischer Geschichte natürlich eine Paradoxie.

L. F. Ward ist Sumners entscheidender Antipode. Er ist ein Spencerianer, der Spencer mit Comte zusammenzubringen versucht. Zwar deutet auch dies auf gewisse konservative Abwandlungen des englischen Evolutionismus hin. Immerhin aber dominiert im Wardschen Denken die Idee des Fortschritts — eines Fortschritts allerdings, der nun nicht mehr im Sinne des laissez faire automatisch eintreten soll, sondern der sich im Sinne einer bewußten, durch den menschlichen Geist kontrollierten Entwicklung vollzieht. J. Maier resumiert die Hauptzüge von Wards System folgendermaßen: »1. Eine optimistische Weltanschauung; 2. individuelle und gesellschaftliche Telesis, d. h. rationale Zweckerfüllung; 3. wissenschaftlicher Meliorismus, d. h. Verwendung der Wissenschaft im Dienste der Verbesserung des menschlichen Schicksals; 4. die sozialen Funktionen der Erziehung; 5. die Stufen der Entwicklung sollen schließlich (nach einer Comte entlehnten Vorstellung) zur Soziokratie führen, in der die Gesellschaft Armut und Ausbeutung abgeschafft hat und sich bewußt um ihre vornehmsten Interessen bemüht — eine Stufe, die ihrerseits von der Entwicklung der wissenschaftlichen Kenntnis überhaupt und der Sozialwissenschaften im besonderen abhängt.«[232] Während in der amerikanischen Soziologie vor der Jahrhundertwende der Einfluß Sumners vorherrscht, beginnt Ward, der nach den Worten von Richard Hofstadter »zwei Jahrzehnte zu früh« lebte und der deshalb zu seinen Lebzeiten lange im Schatten von Sumner existieren mußte,[233] nach der Jahrhundertwende dominierenden Einfluß zu gewinnen. Dies zeigt sich z. B. in der wissenschaftlichen Entwicklung des etwas

jüngeren *Franklin Henry Giddings* (1855 - 1931), der sich als eine der spürfreudigsten Persönlichkeiten der älteren amerikanischen Soziologie um diese Zeit vom laissez-faire-Evolutionismus abkehrt. Dies zeigt sich auch darin, daß *Albion Woodbury Small* (1854 - 1926) und *Edward Alsworth Ross* (1866 - 1951), die beiden »Sterne« der jüngeren Pioniergeneration, ungeachtet ihrer individuellen Besonderheiten eindeutig auf seiner Seite stehen.
Der theoretische Flügel der amerikanischen Soziologie nähert sich in diesem Klärungsprozeß einer Linie, die dem im Social-survey-movement völlig ungebrochen zum Ausdruck gelangenden sozialreformerischen Praktizismus auf eine distanzierte Art und Weise sehr nahe kommt. Beides, sowohl Distanz als auch Nähe, kommt in einem Vortrag zum Ausdruck, mit dem A. W. Small im Jahre 1906 bei der ersten Zusammenkunft der amerikanischen Gesellschaft für Soziologie die »points of agreement among sociologists« zusammenfaßt. Small entwickelt hier — unwidersprochen — vier Grundsätze, von denen drei hier angeführt seien: »1. Es ist die Aufgabe der Soziologie, wissenschaftliche Gesetze über das menschliche Verhalten aufzustellen, die den unveränderlichen Naturgesetzen in der physikalischen und organischen Welt entsprechen. 2. Sozialer Wandel ist gleichzusetzen der ›sozialen Evolution‹ und ist als Fortschritt aufzufassen, der zu einer besseren Gesellschaftsordnung führt. 3. Diese Aufwärtsentwicklung kann durch ständiger Besserung dienende Eingriffe im Sinne des Meliorismus, durch Kenntnisse der soziologischen Gesetze, beschleunigt werden.«[234]

Die Empirisierungsbewegung der zwanziger Jahre

Der Identitätswandel der Professionellen

Wie uns die vorstehenden »points of agreement« zeigen, ist sich der theoretische Flügel der amerikanischen Sozialwissenschaft zu Beginn des 20. Jahrhunderts mit der empirischen Social-survey-Bewegung über die Notwendigkeit praktisch-fortschrittlicher Sozialarbeit einig. Der Titel »Soziologie« wird dabei allerdings für diejenigen reserviert, die über die Diagnose konkreter Probleme hinaus zu einer Wissenschaft von der Gesamtgesellschaft vorstoßen, welche sich — in einer gewissen Nachbarschaft zu

Hobhouse — auf den Spuren der europäischen Geschichtsphilosophie bewegt. Blicken wir nun auf die Situation der amerikanischen Soziologie am Anfang der zwanziger Jahre, dann sehen wir, daß sich demgegenüber ein radikaler Wandel vollzogen hat, der geradezu einer »Abkehr von europäischen Traditionen«[235] gleichkommt.

Die amerikanischen zwanziger Jahre sind, so schreibt John Madge, »a bleak period for sociological theory«.[236] Und in der Tat: Das Primat der evolutionistischen Theorie in der amerikanischen Soziologie, oder, um genauer zu sein: der Theorie überhaupt, ist um diese Zeit verschwunden. Anstelle dessen dominiert nun eine an das Social survey-movement anknüpfende empirische Sozialforschung, die sich nicht mehr nach »Systemen«, sondern nur noch nach der Unterschiedlichkeit ihrer Forschungsstoffe gliedern läßt und deren hauptsächlicher Bezug zur »Theorie« in einzelnen Theoremen besteht, die aus der konkreten Forschungsarbeit abgeleitet werden. Die amerikanische Soziologie hat, so müssen wir feststellen, ganz offensichtlich ihre Identität ausgetauscht.

Dies ist ganz wörtlich zu nehmen. Es gibt auch in den zwanziger Jahren noch »Theoretiker«. So z. B. beschäftigen sich *Charles Horton Cooley* (1864 - 1929) und *George Herbert Mead* (1863 - 1931) — in einer nicht mehr evolutionistischen, sondern vielmehr auf eine Mittelstellung zwischen Simmel und Tönnies hindeutenden Weise — theoretisch mit den Binnenaspekten der sozialen Beziehung, wobei sie die fruchtbaren Kategorien des »Spiegel-Ich« und des »generalisierten anderen« entwickeln und damit die moderne Rollentheorie vorbereiten. Cooley entwikkelt außerdem seine berühmt gewordene Unterscheidung von »primary groups« und »secondary groups«, die eine starke Beziehung zu der Tönniesschen Unterscheidung von »Gemeinschaft« und »Gesellschaft« aufweist und die ganz ähnlich wie bei Tönnies in gesamtgesellschaftliche Betrachtungen über die Substitution der einen durch die andere Vergesellschaftungsform überleitet. Gleichzeitig arbeitet *Pitirim A. Sorokin* (1889 - 1968) an einer durchaus europäisch orientierten Theorie der Gesellschafts- und Kulturdynamik. Solche Theoretiker verkörpern aber im Unterschied zur früheren Zeit nicht mehr das Zentrum der amerikanischen Soziologie, sondern sind mehr oder weniger deutlich in Rand- und Außenseiterpositionen abgewandert. Sie werden zwar als interessante Anreger gewertet, gelten jedoch nicht als Motoren der »scientific sociology«, der wissenschaftlichen

Soziologie, die nach der Überzeugung der meisten mit der empirisch gesicherten Ausleuchtung der Wirklichkeit zu tun hat.

Der Wandel der Anschauungen kann recht gut an der Entwicklung der berühmten »Chicago School« demonstriert werden, des ältesten Department of Sociology der USA an der University of Chicago, dessen Gründungsdatum ins Jahr 1892 fällt.

Dieses Department ist zunächst — unter A. W. Small — im damals aktuellen Sinne theoretisch orientiert. Dies ändert sich jedoch schon merklich, nachdem der Nachfolger von Small, *William I. Thomas* (1863 - 1947), die Leitung des Department übernommen hat. Thomas, der sich während seiner Ausbildungszeit ähnlich wie Small einige Male in Deutschland aufhält und der ursprünglich stark von Small beeinflußt ist, beginnt bereits im Jahr 1908 mit einer großangelegten empirischen Studie über das Einwandererproblem, in deren Bearbeitung nach einiger Zeit der aus Polen stammende *Florian Znaniecki* (1882 - 1958) eintritt. Im Verlauf dieser Studie, die sich auf polnische Einwanderer konzentriert und die 1918 -1921 in fünf Bänden unter dem Obertitel »The Polish Peasant in Europe and America« erscheint, wird eine sehr große Zahl von Einzelfallstudien durchgeführt und ausgewertet. In die Auswertung der Materialien gehen Theoriekomplexe verschiedener wissenschaftlicher Herkunft ein, denen jedoch typischerweise nurmehr Hypothesencharakter zugebilligt wird. Die Methode dieser ersten großen empirischen Untersuchung, die aus der amerikanischen Theorietradition herauswächst, ist, wie in späteren Kritiken festgestellt wird, in vieler Hinsicht noch roh und unvollkommen. Das besagt aber nichts gegenüber der Tatsache, daß hier neue Wegweiser aufgestellt werden, denen die amerikanische Soziologie nun unter zunehmender Verfeinerung des Methodenapparates folgen wird.

Die nächste entscheidende Stufe der Neuorientierung der Chicago School wird dadurch eingeleitet, daß Thomas im Jahr 1914 *Robert Ezra Park* (1864 - 1944) an das Department beruft. Auch Park folgt zwar noch der Schultradition, sich eine Zeitlang in Deutschland aufzuhalten, um dort Soziologie zu studieren. Für ihn steht es jedoch endgültig fest, daß die Soziologie mit spekulativ-theoretischem Ballast überladen ist und daß sie zur empirischen Wissenschaft werden muß, wenn sie Anspruch darauf erheben will, »Wissenschaft« im modernen Sinn zu sein.

Bereits im Jahr 1916 bringt er dies unmißverständlich in seinem berühmt gewordenen Aufsatz »The City: Suggestions for the Investigation of Human Behavior in the Urban Environment«

zum Ausdruck. Park entwirft hier gleichzeitig die Umrisse eines Forschungsprogramms, das in der Tat während der folgenden Jahre die Forschungstätigkeit der Chicago School in starkem Maße bestimmt. Was ihm vorschwebt, ist die Anwendung derjenigen Beobachtungsmethoden, die von Kulturanthropologen wie *Franz Boas* (1858 - 1942) und *R. H. Lowie* (1883 - 1957) bei der Untersuchung von Frühkulturen ausgebildet worden sind, auf die städtische Gesellschaft der USA. Inhaltlich gesehen scheint ihm dabei eine ganze Welt von ununtersuchten Problemen auf den Soziologen zu warten: Wie vollzieht sich der Wachstumsprozeß der Städte? Wie sehen die Mobilitätsvorgänge aus? Wie entwickeln sich die Muster der räumlichen Bevölkerungsverteilung? Welche Regelmäßigkeiten lassen sich im Hinblick auf »competition«, »invasion« und »succession«, d. h. im Hinblick auf die Verdrängung einzelner Bevölkerungsgruppen oder Bodennutzungen durch andere, feststellen? Wie entstehen Nachbarschaften bzw. »natural areas«, in denen verdichtete Kommunikation und erhöhte Gleichartigkeit zwischen den Bewohnern feststellbar sind? Wie vollzieht sich der Assimilationsprozeß, der bei der Einwanderung stattfindet? Wie kommt es zu Isolationen und Minoritätsbildungen? Welche Unterschiedlichkeiten der Wertsetzungen und der Attitüden finden sich bei den einzelnen Gruppen der Bevölkerung? Welche Entwicklungen technisch-ökonomischer Art stärken oder schwächen die »moral order« der community? Welche Entwicklungen bringen »social disorganization« mit sich?

Park wendet seine Fragestellungen, die er oft »ökologisch« nennt, insbesondere auf die Untersuchung von Chicago an. Er wird dabei in verschiedenen größeren Forschungsarbeiten von seinem wachsenden Schülerkreis unterstützt. *Nels Anderson* z. B. veröffentlicht 1923 eine Studie über den Landstreicher mit dem Titel: »The Hobo: The Sociology of the Homeless Man«. *Frederic M. Thrasher* veröffentlicht 1927 »The Gang«, *Louis Wirth* 1928 »The Ghetto«, *Harvey Warren Zorbaugh* 1929 »The Gold Coast and the Slum«. Auf Parksche Anregungen geht auch noch das Buch »Marginal Man« (1937) von *Everett V. Stonequist* zurück, mit dem — unter Anwendung auf die im Niemandsland des »color belt« lebenden amerikanischen Rassenmischlinge — die Literatur zum Thema der sozialen Randpersönlichkeiten eingeleitet wird. »Das Gebiet der Erforschung rassischer und kultureller Beziehungen verdankt Park seine Entstehung und Ausbreitung. Es gibt kaum eine zwischen 1920 und 1950 veröffentlichte Studie auf diesem Gebiet, die nicht von Park angeregt, mit einem Parkschen Vorwort versehen oder auf Parksche Kategorien ausgerichtet wäre.«[237]

Der Advent der Amateure

R. E. Park repräsentiert eine entscheidende Stufe in der Neuorientierung der amerikanischen Soziologie. Dies ist ganz wörtlich zu nehmen. In Park und einigen anderen Gleichaltrigen verwandelt sich die etablierte Soziologie selbst von einer spekulativ-theoretischen zu einer empirisch ausgerichteten Disziplin. Der Identitätswechsel, von dem wir sprachen, wird von der Disziplin selbst getragen und von vielen der Älteren protegiert.
Dies ist aber nicht das einzige, was sich über die Gesamtentwicklung, die sich seit dem Beginn der zwanziger Jahre abspielt, sagen läßt. Zum »immanenten« Wandel der amerikanischen Soziologie kommt nämlich noch ein »induzierter«, von außen hereingetragener Wandel, der sich durch einen starken Zustrom von Amateuren mit empirisch-sozialwissenschaftlichen Interessen charakterisiert.
Ein gutes Beispiel für den Wandel liefert das Forscherehepaar *Robert S. Lynd* (geb. 1892) und *Helen M.* Lynd, das durch seine »Middletown«-Studien (»Middletown«, 1929; »Middletown in Transition«, 1937) berühmt geworden ist. Robert S. Lynd, der Theologie studiert hat, wird im Ersten Weltkrieg Soldat, heiratet nach seiner Entlassung aus dem Wehrdienst Helen und nimmt, um Geld zu verdienen, eine Stellung in einem »Institute of Social and Religious Research« an, das eine Untersuchung über die Religiosität in den kleineren amerikanischen Städten plant und ihm überträgt. Der Kontakt mit der Sozialwissenschaft, den die Lynds hier erstmalig haben, hat nur wenig mit dem zu tun, was sich um diese Zeit »Soziologie« nennt. Entscheidender Bezugspunkt ist für sie der Anthropologe *Clark Wissler* (1870 - 1947), der gerade dabei ist, ein Klassifikationsschema für die Kulturanalyse zu entwickeln und der auf das Forschungsprogramm des Instituts einigen Einfluß hat. Im wesentlichen arbeiten die Lynds, als sie sich erstmals in das Untersuchungsgebiet (Muncie / Indiana) begeben, ohne ein eindeutiges Hypothesen- und Methodenkonzept. Sie richten sich schlicht darauf ein, das Leben des Menschen in der Gemeinde möglichst weitgehend kennenzulernen, wobei sie sich vorher auf sechs

zentral wichtige Bereiche (Lebensunterhalt, Wohnweise, Kindererziehung, Freizeitgestaltung, Religiosität und Teilnahme am Gemeindeleben) festgelegt haben. Sie informieren sich »by going around, attending meetings of different kinds, watching behaviour and talking to anybody they can find who might be able to give them information«.[238] Bei der in den dreißiger Jahren startenden zweiten Middletown-Untersuchung haben die Lynds dann dieses ursprüngliche Operationsniveau, das sie nunmehr selbst als »raw empiricism« ansprechen, überwunden. Inzwischen ist Robert angesichts des großen Publikumserfolges der ersten Veröffentlichung auch Professor der Soziologie an der Columbia University geworden, wo er die Nachfolge von Franklin H. Giddings angetreten hat. Die Assimilation des nicht doktorierten Amateurs ist abgeschlossen.

Ähnlich verhält es sich im Hinblick auf die berühmten »Hawthorne-Studien«, die heute allgemein als »die« klassischen Untersuchungen im Bereich der amerikanischen Betriebssoziologie, Betriebspsychologie und Kleingruppenforschung zugleich gelten. Diese Studien werden Mitte der zwanziger Jahre gemeinsam vom »Harvard Fatigue Laboratory« und vom »Harvard Department of Industrial Research«, zwei neugegründeten Einrichtungen, die arbeitsphysiologisch und -psychologisch ausgerichtet sind, gestartet. Die Problemstellung besteht hier in der Aufdeckung von Faktoren, welche die Arbeitsleistung des Industriearbeiters neben der rein physiologischen Ermüdung sonst noch beeinflussen, wobei man zunächst in erster Linie an die Arbeitsplatzbeleuchtung und ähnliche physische Umgebungsfaktoren denkt. Die entscheidenden Persönlichkeiten des Teams, das die Untersuchungen durchführt, sind die Psychologen *Elton Mayo* (1880 - 1949) und *Fritz Roethlisberger* (geb. 1898), denen sich *William J. Dickson*, der Chef des Employee Relations Research Department der Western Electric Company, in der die Untersuchung durchgeführt wird, zugesellt.

Die Wendung der Untersuchung zur soziologischen Betrachtungsweise vollzieht sich hier aus der empirischen Arbeit heraus in einem dramatischen Prozeß der Widerlegung nichtsoziologischer Arbeitshypothesen durch Experimentergebnisse. Man weiß am Ende der Untersuchung, daß die Arbeitsleistung des Industriearbeiters in starkem Maße von der gesellschaftlich vorgeformten Interpretation der industriellen Sozialsituation durch den einzelnen wie auch von seiner Zugehörigkeit zu »informellen Gruppen« abhängt. Erst in diesem Stadium beginnt insbesondere Mayo, soziologische Autoren wie Le Play (!) und Durkheim zur Erklärung und Interpretation heranzuziehen. Ein tastender Prozeß der Selbstzuordnung zur Soziologie findet statt, der bei den Team-Mitgliedern selbst verschiedentlich noch im Unklaren steckenbleibt und der dann durch andere und spätere Autoren, so insbesondere durch *George Caspar Homans* (geb. 1910) in seinem 1950 erscheinenden Buch »The Human Group«) weitergeführt werden muß.

Nicht viel anders verhält es sich etwa bei der berühmten Untersuchung »Street Corner Society«, die *William Footh Whyte* (geb. 1914) in der zweiten Hälfte der dreißiger Jahre unternimmt. Whyte widmet sich in seiner Studienzeit der Wirtschaftswissenschaft und liest während dieser Zeit einige soziologische Arbeiten. Dabei erwacht in ihm das Interesse an der Durchführung einer Untersuchung. Er reicht der Society of Fellows der Harvard University einen sehr ambitiösen Projektvorschlag ein, wird jedoch höflich darauf hingewiesen, daß er noch keine Erfahrungen und Kenntnisse auf dem Gebiet der sozialwissenschaftlichen Forschung habe und somit auch nicht beanspruchen könne, ein Forschungsteam zu leiten. Whyte vertieft sich nunmehr in die Lektüre von Lynds »Middletown« und Mayos »Human Problems of an Industrial Civilization« und mietet sich in Cornerville ein, um als Autodidakt auf eigene Faust mit der Erforschung der »subculture« von männlichen Arbeitslosen und Jugendlichen in einem Slumgebiet zu beginnen. Er gelangt zu wichtigen Entdeckungen über die Binnenstruktur informeller Gruppen.

Etwas anders ist der Fall von *Gunnar Myrdal* (geb. 1898) gelagert, der Ende der dreißiger Jahre im Auftrag der Carnegie Corporation eine große Untersuchung des Negerproblems beginnt (»An American Dilemma«, 1944). Myrdal ist — als schwedischer Nationalökonom — ein Nichtsoziologe, der sozusagen aus dem europäischen Ausland »importiert« wird, um bei der wissenschaftlichen Bearbeitung und Klärung dieses »emotional belasteten« Themas als zuverlässiger neutraler Beobachter zu fungieren.[239] Immerhin legt er seinen Untersuchungsplan einer ganzen Reihe von etablierten amerikanischen Soziologen (einschließlich R. E. Park, W. I. Thomas und Louis Wirth) vor und engagiert Mitarbeiter wie Samuel A. Stouffer, Edward A. Shils und Arnold M. Rose, welche den begabten Nachwuchs der ersten und zweiten Empirikergeneration der amerikanischen Soziologie repräsentieren.

Ausblick: Rückwege oder neue Pfade zur Theorie?

Wir haben an dieser Stelle keinen Raum mehr für eine vollständig erschöpfende Schilderung dessen, was in den zwanziger und beginnenden dreißiger Jahren von diesen beiden Generationen erarbeitet wird. Wenn wir statt dessen versuchen, zu einer Gesamtwürdigung vorzustoßen, muß es uns vordringlich darum gehen, das Entwicklungspotential, das sich hier zusammenfindet, erkennbar zu machen.

Wir sprachen weiter oben davon, daß die Wendung zur Empirie in der amerikanischen Soziologie an die ältere Social-survey-Bewegung anknüpft. Diese eine Feststellung haben wir nunmehr durch die andere zu relativieren, daß sich die empirische Soziologie der USA in ihrer Weiterentwicklung in einer dreifachen Weise von diesem Anknüpfungspunkt wegbewegt.

Dies betrifft erstens die angewandten Methoden, welche bei den Ansätzen, die wir gerade kennengelernt haben, zunächst noch beinahe ebenso roh sind wie im älteren Social-survey-movement. Es ergibt sich insbesondere in den vierziger und fünfziger Jahren eine kumulative Weiterentwicklung. Diese führt von Untersuchung zu Untersuchung zu weiterführenden Durchbrüchen und erreicht z. B. bei den nach dem Zweiten Weltkrieg unter dem Sammeltitel »The American Soldier« veröffentlichten Studien über den Gruppeneinfluß auf Einstellungen und Verhalten des Menschen unter wechselndem »stress« einen Höhepunkt.

Zweitens betrifft die Wegbewegung der empirischen Soziologie Amerikas von ihrem ursprünglichen Anknüpfungspunkt aber auch den Aussagegehalt der Arbeiten. Wir erwähnten an früherer Stelle, daß die älteren social surveys zu deskriptiven Problemaufdeckungen und -katalogen führten. Bereits in den vorstehend geschilderten Arbeiten macht sich jedoch eine Entwicklung vom »descriptive« zum »explanatory survey« bemerkbar.[240] Zwar werden auch jetzt noch in großem Umfang Daten erhoben. Dies hat jedoch nicht mehr wie früher nur die eine Funktion, örtliche Problemsituationen als solche sichtbar zu machen, um für örtliche Verbesserungen geeignete Operationsgrundlagen zu liefern. Die Datenerhebung zielt vielmehr bereits bei der Middletown-Untersuchung (1929) auf paradigmatische Ergebnisse.

»Middletown« steht nicht mehr ausschließlich für sich, sondern repräsentiert stellvertretend alle amerikanischen Mittelstädte mit

einer charakteristischen Bevölkerung und charakteristischen Problemlagen. Es ist also eine Tendenz zur Erarbeitung *verallgemeinerungsfähiger* Resultate da, die man durchaus als »Wissenschaftsanspruch« dieser neuartigen Form von Soziologie deuten kann. Sie entspricht der Forderung von R. E. Park, die Soziologie müsse zu »allgemeinen Aussagen über den Menschen und die Gesellschaft gelangen«,[241] und wird auch von den »Amateuren« mitvertreten. Sie liegt teils als Erbstück der älteren Theoriebestrebungen, teils aber auch als ein von den Naturwissenschaften herkommender Wissenschaftsstandard vor. Typischerweise enden nunmehr praktisch alle Untersuchungen in der Formulierung von bestimmten Thesen oder Thesenkomplexen, deren Geltungsbereich, wie wir in unseren Darstellungen an einigen Punkten angedeutet haben, weit über den Bereich der Untersuchung selbst hinauszielt. Gleichzeitig werden aus der empirischen Arbeit heraus ständig neue Kategorien geschaffen, in denen die gesellschaftliche Realität konkret gedacht werden kann. Diese teils unerwartete und für den Forscher selbst überraschende Produktivität steigert sich im weiteren Fortgang. Sie wird in den vierziger Jahren bei *Robert K. Merton* (geb. 1910) in die Fernperspektive einer induktiven Erarbeitung von »Theorien mittlerer Reichweite« (»theories of the middle range«) einmünden, die Bauteile für eine spätere Totalerkenntnis der Gesellschaft repräsentieren sollen. Mit dieser Fernperspektive wird sich die Forderung eines stets steigenden Theorisierungsgrades der Untersuchungsansätze, d. h. ihrer wachsenden Steuerung durch Hypothesen, die aus bereits vorhandenem Wissen abgeleitet sind, verbinden. Die Empirie wird wieder theorieabhängig — von einer Theorie allerdings abhängig, mit der sie nicht nur in ständiger Wechselwirkung steht, sondern die sie gewissermaßen selbst gezeugt hat.
Drittens betrifft die Wegbewegung der empirischen Soziologie der USA von ihren Anfängen ihre Beziehung zur sozialreformerischen Praxis. Diese Beziehung wird, kurz gesagt, im Durchschnitt zunehmend dünner, was zum Teil mit dem eben skizzierten »Verwissenschaftlichungs«-Prozeß zusammenhängt.
Wo die Forschungsarbeit sich von der Maxime stets wachsender Gesamterkenntnis der das Gesellschaftsleben tragenden Gesetzlichkeiten führen läßt, befindet sie sich vorerst immer noch in einem grundsätzlichen Unfertigkeitszustand, der es ihr nur selten erlaubt, aus dem »Labor« herauszutreten und praktische Handlungsanweisungen zu geben. Überdies wird der Spielraum

dadurch zusätzlich eingeengt, daß sich eine Adoptierung irgendwelcher praktisch-politischer Handlungsinteressen mit der prinzipiell nach allen Seiten hin offenen Erkenntnishaltung des Forschers, die noch gefordert wird, nicht verträgt. Die amerikanische Soziologie läuft hier in eine Parallele zu Max Webers Forderungen nach »Werturteilsfreiheit« der Wissenschaft hinein, die seit den zwanziger Jahren von dem »Neopositivisten« *George A. Lundberg* (geb. 1895) am schärfsten vertreten wird. Im Gegensatz zu ihm und mehreren anderen fragt *Robert S. Lynd* bereits 1938 in seinem Buch »Knowledge for What?« nach der kritischen Funktion der Soziologie gegenüber der Gesellschaft. Diese Funktion sei als unverzichtbares Erbe der Soziologiegeschichte wiederzuerwecken. Auf seinen Spuren wird — mit wesentlich verschärftem Nachdruck — 1959 *C. Wright Mills* (1916 - 1965) in seinem Buch »The Sociological Imagination« den »abstracted empiricism« in Bausch und Bogen verurteilen und dabei auf den gesellschaftskritischen Ansatz von Marx zurückgreifen. Die Entwicklungsgeschichte der amerikanischen Soziologie wird sich an diesem Punkt mit der der europäischen wieder voll verbinden und zugleich auch wieder in deren uns bekannte Problematik zurücklaufen.

Ein Ausblick, wie wir ihn gerade skizzieren, muß neben alledem noch eine weitere Entwicklungsbewegung miterwähnen.

Wie wir uns erinnern, gehört zu den Ursachen der Entstehung der amerikanischen Soziologie gegen Ende des 19. Jahrhunderts unter anderem die Depression der neunziger Jahre. Bekanntlich tritt nun gegen Ende der zwanziger Jahre eine neue Depression, die »Weltwirtschaftskrise«, ein, die ihrerseits für die Weiterentwicklung der amerikanischen Soziologie einen starken Einschnitt bedeutet.

Im Unterschied zu der Depression der neunziger Jahre geht es bei der Krise der ausgehenden zwanziger Jahre nicht mehr bloß um sichtbar werdende Abweichungen vom amerikanischen Ideal. Vielmehr handelt es sich hier — ob aufgrund einer verschärften Depression oder aufgrund geschärfter Sensibilität für Depressionen sei dahingestellt — um die bare Existenzfrage der gesellschaftlichen Ordnung. Das »Gleichgewicht im Wirtschaftssystem« erscheint jenseits aller sozialen Gleichheits- und Gerechtigkeitsfragen in dem ganz elementaren Sinn der Möglichkeit dauernder Stagnation gefährdet. Was in dieser Situation für die USA erstmals aktuell wird, ist eine aktive staatliche Politik, die im Sinne einer »Gesamtplanung«, d. h. in Verbindung mit ausgedehnter »Überwachung« und »Kontrolle« gesellschaftlicher Vorgänge, auf die Wiederherstellung des Gleichgewichts hinzielt. Dies ist die Grundkonzeption des sogenannten »New Deal«, der 1933, nach der Wahl von Franklin Delano Roosevelt zum Präsidenten der Vereinigten Staaten, zur offiziellen Regierungspolitik wird. Roosevelt ist in der neuen Lage, die in den USA ohne Vorbild ist, bemüht, einen »Gehirntrust«, d. h. eine Gruppe von wissenschaftlichen Fachleuten, aufzubauen.[242] Die Soziologie hat dabei durchaus eine Mitwirkungschance. Allerdings sind nunmehr im Unterschied zu früheren Zeiten Prämien auf Aussageleistungen ausgesetzt, welche weniger die Gemeinde, das Wohnviertel, den Slum, den Betrieb oder das Getto betreffen, als vielmehr Zusammenhänge auf der höheren Ebene der Gesamtgesellschaft, die für Gesamtplanungsentscheidungen von Wichtigkeit sind.

Solche Aussageleistungen können von der oben geschilderten empirischen Soziologie kaum erbracht werden. In den Vordergrund tritt in dieser Lage ein Mann wie *William Fielding Ogburn* (1886 - 1959), der aus den Bemühungen, die in den vergangenen Jahren stattgefunden haben, nicht nur ein gewisses Methodenarsenal und einen gewissen Kategorienapparat übernommen hat, sondern der sich bemüht, kulturanthropologische Ansätze zur gesamtgesellschaftlichen Analyse und Theoriebildung in die Soziologie zu übernehmen.[243] Ogburn, der von Roosevelt zum Chairman des »Subcommittee on Technology« im neuen »National Resources Committee« berufen wird, ist insbesondere durch seine »cultural lag«-These bekannt geworden. In ihr wird ausgesagt, daß in der modernen Gesellschaft die Technik eine Schrittmacherfunktion der Gesellschaftsdynamik übernommen habe und die immaterielle Kultur immer wieder unter Anpassungsdruck stelle. Diesem Druck könne nur durch eine grundsätzliche Bereitschaft zum dauernden Sozialinterventionismus begegnet werden, für den geeignete Programme zu entwickeln seien. Wesentlich sei von daher die Weiterentwicklung der Soziologie zu einer Wissenschaft, welche die Voraussage des zukünftigen Gesellschaftswandels leiste, indem sie die erwartbare technologische Entwicklung mit voraussehbaren gesellschaftlichen Folgetrends verknüpfe. Auf dieser Basis könne die Soziologie in Zusammenarbeit mit anderen Wissenschaften dann zu direkten Planungsempfehlungen übergehen.

Auch diese auf gesamtgesellschaftliche Systemerkenntnis zielende soziologische Aussageposition verlängert sich in die Zukunft, wobei sie im weiteren Verlauf die von Ogburn vielfach abweichende Gestalt der »strukturell-funktionalen« Theorie annehmen wird. Im Zeichen der Ausbreitung dieser gesamtgesellschaftlich orientierten Theorie, die sich heute in erster Linie mit dem Namen *Talcott Parsons* (geb. 1902) verknüpft, wird seit den vierziger Jahren die Vorherrschaft der empirischen Soziologie des geschilderten Typs weiter relativiert. Die amerikanische Soziologie kehrt hier auf einer zusätzlichen Bahn zur Theorie zurück, so daß sich insgesamt drei Wege der Re-Theoretisierung (»Theorien mittlerer Reichweite«, »kritische Theorie«, »strukturell-funktionale Systemtheorie«) unterscheiden lassen. Die amerikanische Soziologie begegnet uns auf diesem dritten Weg als der eindeutigste sozialwissenschaftliche Reflex einer Gesellschaft, in der sich der Anspruch, angesichts einer in der Verfassung inkarnierten Revolution immer schon auf dem Weg des Fortschritts zu sein, mit einem starken Bedürfnis nach möglichst störungs- und reibungsloser Ordnung vereinigt. Sprechen wir diesen Weg als den eines dynamisch-konservativen Neo-Evolutionismus an, bezeichnen wir die Entwicklungsperspektive der empirischen Soziologie mit dem Stichwort »Neopositivismus« und beachten wir gleichzeitig die bei Mills und anderen antreffbaren Elemente einer »Dialektikrenaissance«, dann haben wir Entwicklungsfronten vor uns, die auch für die gegenwärtige Selbstverständigung der europäischen Soziologie von großer Bedeutung sind.

Dabei muß man sich allerdings vor allzu bündigen Aussagen über eine Re-Europäisierung der amerikanischen Soziologie hüten. Der amerikanischen Soziologie eignet aus ihrer Entwicklung heraus ein Erbe des Konkreten, das insbesondere die kontinentaleuropäische Soziologie kaum besitzt.

Überlegungen über die möglichen Folgen eines zukünftigen Zusammenwachsens der europäischen und der amerikanischen Soziologie scheinen hier durchaus legitim. Die erste Welle der Rezeption amerikanischer Soziologie in Europa nach dem Zweiten Weltkrieg hat allerdings im Grunde genommen nur die schon in den zwanziger Jahren angelegten internen Spannungen der europäischen Soziologie in den verhältnismäßig unproduktiven Konflikt zwischen einer empirisch-analytischen und einer »kritisch«-philosophieorientierten Soziologie verschärft und vergröbert. Eine zweite Begegnungswelle hat es bisher noch nicht gegeben. Sie wird dann, wenn sie stattfindet, wohl kaum mehr im Sinne einer einseitig von Amerika nach Europa zielenden

Rezeption erfolgen können. Die Fragen, um die es heute diesseits und jenseits des Atlantiks geht, sind auch in den USA noch nicht gelöst. Auch dort ist noch keine Soziologie erkennbar, welche den typisch modernen Möglichkeitsgehalt der gesellschaftlichen Entwicklung jenseits eines system-immanenten Neo-Evolutionismus oder einer bloßen Dialektikrenaissance aufschließt und von daher eine gesteuerte Balance zwischen Empirie und Theorie realisiert.

7. KAPITEL

RESÜMEE UND KRITISCHER AUSBLICK AUF DIE GEGENWÄRTIGE LAGE DER SOZIOLOGIE

Wir haben im Verlauf der vorstehenden Darstellung gesehen, daß die europäische Soziologie immer den Anspruch erhoben hat, das Selbstbewußtsein ihres Zeitalters zu verkörpern. Von daher wird sie über lange Strecken hinweg unabgrenzbar gegenüber aller »Philosophie« wie auch gegenüber jeder auf eine allgemeine Welterklärung ausgehenden »Naturwissenschaft«. Soziologie wird allerdings als eine spezifisch »moderne« Bewußtseinsform erst in dem Augenblick möglich, als eine Trennung zwischen der »Metaphysik« des Wirklichen und dem Bemühen um seine Real-Erfahrung einsetzt. Es ist durchaus kein Zufall, daß das, was wir seit Comte als »Soziologie« bezeichnen, zunächst unter dem provozierenden Titel einer *»physique sociale«* auftritt. Denn am Anfang der Soziologie steht die auf das Erkenntnismodell der exakten Naturwissenschaften zurückgreifende säkularisiert-theologische Vorstellung von »Gesetzen« des menschlichen Zusammenlebens, die dem menschlichen Geist aus der Beobachtung des Möglichen zugänglich seien. Die Soziologie wird, indem sie sich als Wissenschaft von diesen »Gesetzen« versteht, de facto zur weltentschlüsselnden scientia universalis, wobei es kein Wunder ist, daß sie eine Zeitlang unter den verschiedensten Namen auftritt und in die unterschiedlichsten Lager zerfällt.

Für die Soziologie — genauer gesagt, für das, was wir aus der Perspektive des nunmehr abgeschlossenen Überblicks als »Soziologie« ansprechen — ergeben sich dabei ganz offensichtlich *drei durchgängige Probleme der Standortbestimmung:*

Erstens kann man gegenüber den »Gesetzen« — je nachdem, in welchen Gesamtdeutungsrahmen man sie einbringt — eine unterschiedliche existentielle Haltung einnehmen. Diese Gesetze können — nach dem Vorbild der neuen naturwissenschaftlichen scientia experimentalis — als Grundlagen eines aktiv auf sie Bezug nehmenden weltverändernden Handelns angesehen werden. Sie können aber auch als geschichtsbestimmende Geschehensdeterminanten interpretiert werden, die dem Menschen das Ziel seines Daseins aufschließen und ihm die »Vernunft« der Anpassung ans Verhängte und Vorbestimmte nahelegen.

Zweitens können die »Gesetze« der Wirklichkeit, um die es geht, entweder als Gesetze des historischen »Fortschritts« oder im Sinne der Unveränderlichkeit und zeitlosen »Dauer« interpretiert werden.

Drittens schließlich können diese »Gesetze« entweder in der Haltung der vorgreifend-spekulativen oder auch deduktiv von bestimmten Grundannahmen her operierenden »Theorie« entwickelt oder aber im Sinn der induktiv-empirisch vorgehenden Wissensbemühung aus der unmittelbaren Erfahrung gewonnen werden.

Wenden wir diese Aufgliederung auf den hier behandelten Stoff an, dann finden wir, wie sich die moderne europäische Soziologie bei Hobbes in der Konstellation einer auf universelle Geschehensdetermination und zeitlose Dauer abstellenden Gesetzesbetrachtung entwickelt. Wir finden gleichzeitig, wie sich mit diesem Standortbezug in einer für lange Zeit charakteristisch bleibenden Weise ein Bekenntnis zur induktiv-empirischen Erfahrungswissenschaft verbindet, das aber zunächst — aufgrund eines sehr großzügigen Operierens mit Evidenzen und hypothetischen Sätzen — mit einer auf deduktiv und spekulativ bleibenden Vorgriffen beruhenden Ausführungspraxis zusammengeht.

Im weiteren Verlauf der Entwicklung beobachten wir zunächst die Antithese eines auf die Vereinigung von »Fortschritt« und Geschichtsdetermination zielenden Ansatzes, später, nach der Französischen Revolution, wiederum die konservative Negation dieser Antithese im Sinn der Wiedervereinigung von Determination und Zeitlosigkeit. Endlich finden wir den Saint-Simonschen und Comteschen Versuch einer Vereinigung von »Fortschritt« und »Ordnung«.

Die industrielle Revolution ermöglicht im Anschluß daran einen die soziale Eigengesetzlichkeit (also wiederum Geschichtsdetermination) betonenden, spekulativ-fortschrittsbezogenen Soziologietypus, der aber um die Wende vom 19. zum 20. Jahrhundert zunehmend mit der wachsenden pluralistischen Machtoffenheit der Wirklichkeit kollidiert und verfällt.

Wir konnten feststellen, daß die Entwicklung der europäischen Soziologie gerade in ihren entscheidenden Abschnitten mit den »von außen« kommenden und gewissermaßen »existentialgeschichtlich« deutbaren Wandlungen der europäischen Wirklichkeit stark verknüpft ist, und haben der Nachzeichnung dieser Verknüpfungen breiten Raum gewidmet. Wir sehen, daß sich mit den Zäsuren, die sich dabei abzeichnen, regelrechte »Wellen«

der Empiriezuwendung verbinden, in denen sich der Zerfall von vorher unbestritten geltenden theoretischen »paradigms«[244] und die damit verbundene Orientierungsnot niederschlagen. Die existentialgeschichtliche Beeinflussung insbesondere der kontinentaleuropäischen Soziologie läßt deren Entwicklung somit vorwiegend als eine Aufeinanderfolge von Krisen und Krisenbewältigungen erscheinen, in der sich die Elemente einer rein wissenschaftsimmanent und kumulativ verstehbaren »Fortschrittsgeschichte« nur spärlich ausbilden konnten.

Wenn überhaupt, dann zeigen sich solche Elemente in erster Linie in einer Reihe von immer wieder durchkreuzten Versuchen zum Ausbau synthetischer Positionen von Soziologie, in denen Fortschritt und Ordnung, menschliche Handlungsfreiheit und historisch-gesellschaftliche Determination, Spekulation und empirische Erfahrung in »ausgeglichener« Weise zur Geltung gelangen. Sie zeigen sich weiter in der gerade in letzter Zeit beschleunigten Entwicklung der Methoden und Techniken der empirischen Sozialforschung. Welche Kraft gegenüber solchen Elementen der wissenschaftlichen Selbstentfaltung die existentialgeschichtlichen Einflußfaktoren hatten und haben, zeigt sich jedoch gerade am Beispiel der *gegenwärtigen europäischen Soziologie.*

Die Entwicklung zur pluralistischen Machtoffenheit brachte die europäische Soziologie in eine Krise, die heute noch keineswegs beendet ist. Die Betrachtung der europäischen Soziologie in den dreißiger Jahren lieferte uns das Bild eines breiten Fächers von Positionen, in denen sich — ganz ähnlich wie nach der Französischen Revolution — die einzelnen Pole der aufgeführten drei Standortbestimmungen zu teilweise sehr extremen und hochgradig kontroversen Kombinationen zusammenfinden. Es stehen hier neben Positionen, die in einer stark induktiv-empirisch orientierten und ins Sozialtechnische gehenden Weise jegliche geschichtsanalytisch deutbare Determination leugnen, solche, die in einer stark spekulativen Haltung an älteren geschichtsphilosophischen Ansätzen festhalten. In Deutschland zumindest beendet der Faschismus die im Detail sehr vielstimmige Kontroverse dadurch, daß er die Soziologie entweder zum bloßen Herrschaftsinstrument verwandelt oder zum Rückzug »auf die formale Erörterung von Grundkategorien« zwingt.[245] Nach 1945 kommt es zunächst zu einer neuen, in ganz Europa spürbaren und vielfältig fruchtbaren Empirie-Welle, dann allerdings zunehmend zu einer Wiederherstellung der nunmehr um mehrere

»rechte« oder »konservative« Elemente verkürzten Konfrontationen des ersten Jahrhundertdrittels. Die eben gekennzeichneten Alternativen einer sozialtechnisch orientierten, handlungs- und empiriebezogenen soziologischen Forschung und einer im hochspekulativen Sinne geschichtsphilosophisch orientierten Soziologie gruppieren sich insbesondere in Deutschland zu einer alles beherrschenden Polarität. Diese findet in einer immer wiederholten Debatte über »Neopositivismus« und »Dialektik« ihren Niederschlag[246] (mit unterschiedlichen Gewichten stehen daneben in Deutschland, England, Frankreich und in anderen Ländern Konfrontationen, die sich aus der Rezeption des amerikanischen Funktionalismus oder auch aus dem Bemühen um eine neuthomistische oder neo-evolutionistische Soziologie ergeben).

Diese Debatte erscheint nicht nur deshalb so problematisch, weil sie unter zunehmender Auskristallisierung von sozialmoralisch unterbauten Bekenntnisforderungen verhältnismäßig stationär verläuft. Sie erhält vielmehr ihre existentialgeschichtlich deutbare Problemhaltigkeit zusätzlich daraus, daß sich — in einer gewissen Verbindung mit der weltpolitischen Gesamtlage — die handlungs- und empiriebezogene Soziologie stark mit *amerikanischen* Wissenschaftsmotiven auflädt, während sich die spekulativ-geschichtsphilosophisch orientierte Seite deutlich am *Marxismus* orientiert.

Es kommt dadurch auf der einen Seite dazu, daß die empirisch-erfahrungswissenschaftliche Soziologie heute weitgehend ihre alte Funktion, in Krisensituationen zum Aufbau neuer gesamtgesellschaftlich bezogener Theoriemodelle beizutragen, eingebüßt hat. Pointiert ausgedrückt geht ihr angesichts einer weithin verdeckt und unreflektiert bleibenden Mitübernahme des spezifisch amerikanischen Glaubens an die bewegende und sichernde Kraft der in den Institutionen aufbewahrten gesellschaftlichen Fortschrittlichkeit das Bewußtsein um die nach wie vor gegebene Dringlichkeit der herkömmlichen Probleme der Standortbestimmung der europäischen Soziologie verloren. Sehr häufig werden diese Probleme hier sogar als Ausfluß von empirisch-methodischen Unvollkommenheiten der älteren Soziologie mißverstanden und als »ideologisch« abgetan. Die Entwicklungslinien, die dabei beschrieben werden, scheinen zwingend auf eine nomothetisch basierte und zunächst kleinere oder mittlere Reichweiten anstrebende Planungswissenschaft hinauszulaufen, die sich, mehr oder weniger bewußt, an konservativen Ordnungs- und Anpassungswerten orientiert.

Auf der anderen Seite kommt es demgegenüber dazu, daß die Soziologie ihre ehemalige Fähigkeit zur kreativen Aufsprengung älterer Erfahrungsbestände und Theoriemodelle verliert und sich regressiv an vergangenen Positionen festmacht, die ihre Aufschließungskraft angesichts des Wandels der Wirklichkeit inzwischen weitgehend eingebüßt haben. Einer verschiedentlich dogmatisierten Empirieverhaftung der einen Seite steht hier eine ebenfalls zum Dogma werdende Empirieabweisung gegenüber. Diese führt bei einigen prominenten Angehörigen der »dialektischen« Richtung zu einem zunehmend »philosophisch« werdenden Denken, das Marx wieder »auf den Kopf« stellt und ihn somit aus dem Bereich der wirklichkeitsanalytischen Wissenschaft, in dem die Analyse des »Kapital« angesiedelt ist, in die Sphäre der Hegelschen Philosophie zurückführt. Mit dieser methodischen Seite der Wirklichkeitsabwehr verknüpft sich hier dann leicht eine bedingungslose Gegenwartsfeindschaft, zu deren Grundlagen allerdings die eigene intellektuelle Ohnmacht gegenüber dem, was vor sich geht, zu rechnen ist. Was sich hier realisiert und zu rechtfertigen versucht, ist eben diejenige vorhin schon einmal angesprochene Gefahr des Marxismus, sich als »kritische Theorie« gegenüber den Entwicklungstendenzen der gegenwärtigen Gesellschaft auf einen belanglosen solipsistischen Voluntarismus oder auf kulturkritischen Protest zu reduzieren.
Gegenwärtig scheint sich von den beiden gänzlich unvereinbar werdenden extremen Flügeln des soziologischen Selbstverständnisses her ein gegen die jeweils andere Seite gerichteter Exorzismus zu entwickeln. Es wird zunehmend alltäglich, sich gegenseitig als verantwortungslosen »Gesellschaftstheologen« oder als gesinnungslosen »Technokraten« zu disqualifizieren. Die Soziologie trägt in dieser Auseinandersetzung ungewollt dazu bei, sich selbst vor der wissenschaftlichen und außerwissenschaftlichen Öffentlichkeit in Frage zu stellen. Die gegenwärtige gesellschaftliche Wirklichkeit, die hier nicht mehr zu beschreiben ist, ist demgegenüber paradoxerweise so »soziologieoffen« wie vielleicht noch nie zuvor in der europäischen Geschichte.
Die Frage, wie das neue soziologische Theoriemodell beschaffen sein muß, das — auf dem bewußt reflektierten geschichtlichen Entwicklungshintergrund der Soziologie als Wissenschaft — hier eintreten kann, ist in diesem Rahmen nicht mehr zu stellen. Die vorliegende Schrift möchte ihre Aufgabe dann als erfüllt betrachten, wenn es ihr gelungen ist, auf diese Frage hinzuführen und Vorbedingungen für ihre Beantwortung zu schaffen.[247]

ANMERKUNGEN

1 *Thurnwald,* Richard (Hg.): Soziologie von heute, Leipzig 1932, S. 102.
2 *Krockow,* Christian Graf *von:* Die Entscheidung, Stuttgart 1958, S. 153.
3 *Freyer,* Hans: Einleitung in die Soziologie, Leipzig 1931, S. 30.
4 Vgl. dazu *Dahrendorf,* Ralf: Gesellschaft und Freiheit, München 1961, S. 27 ff.
5 Vgl. *Stegmüller,* Wolfgang: Hauptströmungen der Gegenwartsphilosophie, Stuttgart 1960, S. 441 ff.
6 Vgl. dazu die nachfolgende Literaturübersicht.
7 *v. Aster,* Ernst: Geschichte der Philosophie, Stuttgart 1958, S. 182.
8 op. cit., S. 185. Vgl. *Macpherson,* C. B.: Die politische Theorie des Besitz-Individualismus von Hobbes bis Locke, Frankfurt 1967.
9 *Habermas,* Jürgen: Theorie und Praxis. Sozialphilosophische Studien, Neuwied und Berlin 1963, S. 35 ff. Vgl. auch *Strauss,* Leo: Hobbes' politische Wissenschaft, Neuwied und Berlin 1965.
10 *Sombart,* Werner: Die Anfänge der Soziologie, in: Noo-Soziologie, Berlin 1956, S. 18.
11 *Habermas:* op. cit., S. 53.
12 op. cit., S. 47.
13 *Löwith,* Karl: Weltgeschichte und Heilsgeschehen, Stuttgart 1953, S. 148.
14 *Spaemann,* Robert: Der Ursprung der Soziologie aus dem Geist der Restauration. Studien über L. G. A. de Bonald, München 1959, S. 141.
15 op. cit.
16 *Kant,* Immanuel: Idee zu einer allgemeinen Geschichte in weltbürgerlicher Absicht, in: Kleinere Schriften zur Geschichtsphilosophie, Ethik und Politik, Hamburg 1959 (Philosophische Bibliothek, Band 471), S. 16 ff.
17 *Bury,* J. B.: The Idea of Progress. An Inquiry into its Growth and Origin, New York 1955, S. 218.
18 *Sombart:* op. cit., S. 25.
19 *Gide,* Charles, und *Rist,* Charles: Geschichte der volkswirtschaftlichen Lehrmeinungen, Jena 1923, S. 99.
20 Vgl. dazu *Taine,* Hippolyte: Die Entstehung des modernen Frankreich, Berlin und Frankfurt am Main 1954, S. 9 ff.
21 *Kesting,* Hanno: Geschichtsphilosophie und Weltbürgerkrieg, Heidelberg 1959, S. 5.
22 Vgl. *Sorokin,* Pitirim: Soziologische Theorien im 19. und 20. Jahrhundert, München 1931, S. 31 und 48.
23 *Freyer:* op. cit., S. 48 f.
24 *v. Aster:* op. cit., S. 267.
25 *Landmann,* Michael: De Homine. Der Mensch im Spiegel seines Gedankens, Freiburg und München 1962, S. 241.
26 Zum Problem des Materialismus vgl. den von Arno *Baruzzi* herausgegebenen Band: Aufklärung und Materialismus im Frankreich des 18. Jahrhunderts, München 1968.

27 *Bury:* op. cit., S. 177.
28 *Rousseau,* Jean Jacques: Staat und Gesellschaft (»Contrat Social«), München 1959, S. 39. Vgl. *Fetscher,* Iring: Rousseaus politische Philosophie. Zur Geschichte des demokratischen Freiheitsbegriffs, Neuwied 1960, 2. Aufl. 1968.
29 *Habermas:* Theorie und Praxis, op. cit., S. 75.
30 op. cit., S. 76.
31 op. cit.
32 *Arendt,* Hannah: Über die Revolution, München 1963, S. 59.
33 Vgl. *Arendt:* op. cit., S. 59 f. Eine differenzierte Analyse, zu der hier kein Raum zur Verfügung steht, hätte nachzuweisen, wie der Terror auch Ausdruck von »Fraktionskämpfen« der Revolutionäre untereinander gewesen ist, letztlich Ausdruck des Scheiterns aller Versuche, diese Revolution über ihren »bürgerlichen« Anspruch hinauszutreiben. Die Stellung zur Revolution bleibt bei vielen ambivalent; andere, wie Kant, vermag auch der Terror nicht von ihrer positiven Meinung abzubringen: »Die Revolution eines geistreichen Volks, die wir in unseren Tagen haben vor sich gehen sehen, mag gelingen oder scheitern; sie mag mit Elend und Greueltaten dermaßen angefüllt sein, daß ein wohldenkender Mensch sie, wenn er sie, zum zweitenmale unternehmend, glücklich auszuführen hoffen könnte, doch das Experiment auf solche Kosten zu machen nie beschließen würde — diese Revolution, sage ich, findet doch in den Gemütern aller Zuschauer (die nicht selbst in diesem Spiele mit verwickelt sind) eine *Teilnehmung* dem Wunsche nach, die nahe an Enthusiasm grenzt ...« (*Kant:* Der Streit der Fakultäten [1798] in: Werke, hg. von *Weischedel,* Darmstadt 1968, Bd. 9, S. 358). Zur Rolle Hegels vgl. *Ritter,* Joachim: Hegel und die französische Revolution, Frankfurt am Main 1965, und das Nachwort von Jürgen *Habermas* zu *Hegel:* Politische Schriften, Frankfurt am Main 1966.
34 op. cit., S. 60.
35 *Rousseau:* Staat und Gesellschaft, op. cit., S. 36.
36 *Arendt:* op. cit., S. 62.
37 *Talmon,* J. L.: Politischer Messianismus. Die romantische Phase, Köln und Opladen 1963, S. 263.
38 *Landmann:* op. cit., S. 189.
39 *Talmon:* op. cit., S. 266.
40 *Talmon:* op. cit.
41 Zitiert nach *Talmon:* op. cit., S. 270.
42 op. cit., S. 279.
43 *Spaemann:* op. cit., S. 149.
44 Vgl. dazu ausführlicher *Jonas,* Friedrich: Geschichte der Soziologie II, Hamburg 1968, S. 51 ff.
45 *Talmon:* op. cit., S. 32.
46 Vgl. dazu *Salomon,* Albert: Fortschritt als Schicksal und Verhängnis. Betrachtungen zum Ursprung der Soziologie, Stuttgart 1957, S. 31 f.
47 Vgl. *Negt,* Oskar: Strukturbeziehungen zwischen den Gesellschaftslehren Comtes und Hegels, Frankfurt am Main 1964.
48 Vgl. *Hayek,* F. A.: Mißbrauch und Verfall der Vernunft. Ein Fragment, Frankfurt am Main 1959, S. 194.

49 Vgl. dazu *Salomon-Delatour*, Gottfried (Hg.): Die Lehre Saint-Simons, Neuwied 1962.
50 *Comte*, Auguste: Soziologie, I. Band, Jena, 2. Aufl. 1923, S. 186.
51 op. cit., S. 297.
52 op. cit., S. 296.
53 op. cit., S. 304 f.
54 op. cit., S. 306.
55 Vgl. dazu *Barnes:* An Introduction to the History of Sociology, Chicago 1948, S. 96.
56 *Comte:* op. cit., S. 346.
57 op. cit., S. 167.
58 op. cit., S. 189.
59 *Waentig*, Heinrich, in: *Comte:* op. cit., S. VIII.
60 *Salomon:* op. cit., S. 21.
61 Vgl. hierzu *Lukács*, Georg: Die Zerstörung der Vernunft (Berlin 1954), Neuwied und Berlin 1962, vor allem S. 37 ff.: »Über einige Eigentümlichkeiten der geschichtlichen Entwicklung Deutschlands«, und *Kofler*, Leo: Zur Geschichte der bürgerlichen Gesellschaft. Versuch einer verstehenden Deutung der Neuzeit, Neuwied und Berlin 1966, besonders S. 535 ff.: »Deutschland und Preußen«.
62 Vgl. dazu *Barnard*, Frederick M.: Zwischen Aufklärung und politischer Romantik. Eine Studie über Herders soziologisch-politisches Denken, Berlin 1964.
63 Vgl. zum folgenden *Freyer*, Hans: Die Romantiker, in: *Mann*, F. K. (Hg.): Gründer der Soziologie, Jena 1934, und *Mannheim*, Karl: Das konservative Denken, in: Wissenssoziologie, hg. v. Kurt H. Wolff, Neuwied 1964.
64 *Baxa*, Jakob: Gesellschaft und Staat im Spiegel deutscher Romantik, Jena 1924, S. 16.
65 Vgl. dazu wieder *Negt:* Strukturbeziehungen zwischen den Gesellschaftslehren Comtes und Hegels, op. cit.
66 Hier zitiert nach *Bloch*, Ernst: Subjekt — Objekt. Erläuterungen zu Hegel, Berlin 1951, S. 103.
67 *Bloch:* op. cit., S. 114.
68 *Bloch:* op. cit., S. 114.
69 *Bloch:* op. cit., S. 114 f.
70 *Hegel*, G. W. F.: Grundlinien der Philosophie des Rechts, § 158, hier und im folgenden zitiert nach der 4. Auflage, Berlin 1956.
71 Vgl. z. B. *Dahrendorf*, Ralf: Gesellschaft und Demokratie in Deutschland, München 1965, S. 225 ff.
72 *Freyer*, Hans: Über das Dominantwerden technischer Kategorien in der industriellen Gesellschaft, in: Veröffentlichungen der Akademie der Wissenschaften, Abhandlungen der Geistes- und Sozialwissenschaftlichen Klasse, Jg. 60, Nr. 7, S. 544.
73 Vgl. § 246 in *Hegels* »Grundlinien der Philosophie des Rechts«.
74 Vgl. dazu *Maus*, Heinz: Zur Vorgeschichte der empirischen Sozialforschung, in: *König*, René (Hg.): Handbuch der empirischen Sozialforschung, 1. Bd., Stuttgart 1962 (^{2}1967), S. 21.
75 *Maus:* op. cit., S. 21.
76 *Engels*, Friedrich: Die Lage der arbeitenden Klasse in England, Berlin 1952, S. 10.

77 *Gide* und *Rist:* op. cit., S. 541.
78 *Gide* und *Rist:* op. cit.
79 *Jahoda,* Marie, *Lazarsfeld,* Paul, und *Zeisl,* Hans: Die Arbeitslosen von Marienthal, Leipzig 1933; hier zitiert nach *Maus:* op. cit., S. 21.
80 *Weber,* Max: Roscher und Knies und die logischen Probleme der historischen Nationalökonomie, in: *Weber:* Gesammelte Aufsätze zur Wissenschaftslehre, 2. durchgesehene und ergänzte Aufl., Tübingen 1951, S. 3.
81 Vgl. dazu *Salin,* Edgar: Politische Ökonomie, 5. erw. Aufl. der Geschichte der Volkswirtschaftslehre, Tübingen 1967, S. 137.
82 Vgl. dazu *Schumpeter,* J. A.: Konjunkturzyklen. Eine theoretische, historische und statistische Analyse des kapitalistischen Prozesses, 1. Bd., Göttingen 1961, S. 314 ff.
83 *Schnabel,* Franz: Deutsche Geschichte im neunzehnten Jahrhundert, 3. Bd., Erfahrungswissenschaft und Technik, Freiburg 1954, S. 389 f.
84 Vgl. dazu *Feldhoff,* Jürgen: Die Politik der egalitären Gesellschaft. Zur soziologischen Demokratie-Analyse bei Alexis de Tocqueville, Köln und Opladen 1969.
85 *de Tocqueville:* Die Demokratie in Amerika, Frankfurt am Main und Hamburg 1956, S. 219.
86 op. cit., S. 20.
87 op. cit., S. 21.
88 op. cit., S. 221.
89 *Engels,* Friedrich: Die Entwicklung des Sozialismus von der Utopie zur Wissenschaft, in: *Marx-Engels:* Werke, Bd. 19, Berlin (Dietz) 1962, S. 193/194.
90 op. cit., S. 206.
91 *Marx:* Das Kapital, 1. Bd., Berlin (Dietz) 1947, S. 16 f.
92 Als Beispiel einer Position dagegen, welche die Marxsche Theorie konsequent von Hegel (und Feuerbach) absetzen will und einer von Hegel beeinflußten marxistischen »Ideologie« einen Marxismus als »Wissenschaft« gegenüberstellt, vgl. *Althusser,* Louis: Für Marx, Frankfurt am Main 1968.
93 Vgl. *Marx:* Die Frühschriften, Stuttgart 1953, S. 340.
94 op. cit., S. 218.
95 op. cit., S. 532 ff.
96 op. cit., S. 537.
97 op. cit., S. 223.
98 Vgl. dazu *Marx:* Das Kapital, 1. Bd., op. cit., S. 153 ff.
99 Vgl. *Schumpeter,* Joseph A.: Kapitalismus, Sozialismus und Demokratie, München 1950, S. 19 ff.
100 Vgl. *Gide* und *Rist:* op. cit., S. 380.
101 *Gide* und *Rist:* op. cit., S. 394.
102 op. cit., S. 400.
103 *Sombart,* Nicolaus: Herbert Spencer, in: *Weber,* Alfred (Hg.): Einführung in die Soziologie, München 1955, S. 115.
104 *Dahrendorf,* R.: Spencer, Herbert, in: *Bernsdorf,* W. (Hg.): Internationales Soziologenlexikon, Stuttgart 1959, S. 529.
105 Vgl. *Giddings,* Franklin H.: Sociology. A Lecture, New York 1908, hier — mit einigen kleinen Änderungen — zitiert aus:

Barnes: An Introduction to the History of Sociology, op cit., S. 114.
106 Vgl. *von Stein,* Lorenz: Geschichte der sozialen Bewegung in Frankreich von 1789 bis auf unsere Tage, 1. Bd., München 1921, S. 11 f.
107 op. cit., S. 24.
108 op. cit., S. 99.
109 op. cit., S. 126.
110 op. cit., S. 130.
111 op. cit., S. 130 f.
112 op. cit., S. 131.
113 *Habermas,* Jürgen: Strukturwandel der Öffentlichkeit, Neuwied und Berlin, 2. Aufl. 1965, S. 160.
114 *Michel,* Ernst: Sozialgeschichte der industriellen Arbeitswelt, ihrer Krisenformen und Gestaltungsversuche, Frankfurt am Main, 4. Aufl. 1960, S. 23.
115 *Schumpeter:* Konjunkturzyklen, op. cit., S. 315.
116 *Habermas:* op. cit., S. 160.
117 op. cit.
118 *Predöhl,* Andreas: Außenwirtschaft, Weltwirtschaft, Handelspolitik und Währungspolitik, Göttingen 1949, S. 104.
119 Vgl. dazu *Willeke,* Rainer J.: Marktformen, in: Handwörterbuch der Sozialwissenschaften, 7. Bd. (1961), S. 136 ff.
120 *Born,* K. E.: Der soziale und politische Strukturwandel Deutschlands am Ende des 19. Jahrhunderts, in: *Wehler,* Hans-Ulrich (Hg.): Moderne deutsche Sozialgeschichte, Köln und Berlin 1966, S. 271. Vgl. *Böhme,* Helmut: Prolegomena zu einer Sozial- und Wirtschaftsgeschichte Deutschlands im 19. und 20. Jahrhundert, Frankfurt am Main 1968.
121 *Seraphim,* Peter Heinz: Deutsche Wirtschafts- und Sozialgeschichte von der Frühzeit bis zum Ausbruch des zweiten Weltkrieges, Wiesbaden 1962, S. 161.
122 *Briefs,* Götz: Laissez-faire-Pluralismus. Demokratie und Wirtschaft des gegenwärtigen Zeitalters, Berlin 1966, S. 40.
123 *Habermas:* Strukturwandel der Öffentlichkeit, op. cit., S. 161.
124 *Troeltsch,* Ernst: Der Historismus und seine Überwindung, Berlin 1924, S. 3.
125 *Goll,* Reinhard: Gedanken vor einer Arbeit über die letzte Jahrhundertwende, in: Soziale Welt XV (1964), H. 3, S. 198.
126 *Ziegler,* Theobald: Die geistigen und sozialen Strömungen des neunzehnten Jahrhunderts, Berlin 1899, S. 524.
127 *Nietzsche,* Friedrich: Der Wille zur Macht. Versuch einer Umwertung aller Werte, Stuttgart 1959, S. 695 ff.
128 *Lukács,* Georg: Die Zerstörung der Vernunft, Berlin 1954, S. 326.
129 op. cit., S. 321.
130 *v. Aster:* op. cit., S. 376.
131 op. cit., S. 406 f.
132 *Maus,* Heinz: Zur Vorgeschichte der empirischen Sozialforschung, op. cit.,. S. 24 f.
133 *Marx — Engels:* Kleine ökonomische Schriften, Berlin 1955, S. 392.
134 Vgl. *Albrecht,* Gerhard: Verein für Sozialpolitik, in: Handwörterbuch der Sozialwissenschaften, 11. Bd. (1961), S. 10.

135 *Weber,* Max: Gesammelte Aufsätze zur Soziologie und Sozialpolitik, Tübingen 1924, S. 2.
136 op. cit., S. 61 ff.
137 *Maus:* Zur Vorgeschichte der empirischen Sozialforschung, op. cit., S. 26.
138 Vgl. dazu *Pfeil,* Elisabeth: Großstadtforschung, Bremen-Horn 1950, S. 47 ff.
139 *Durkheim,* Emile: Die Regeln der soziologischen Methode, hg. von René *König,* Neuwied 1961, S. 222. Zu Durkheim vgl. auch die Einleitung von Th. W. *Adorno* zu *Durkheim:* Soziologie und Philosophie, Frankfurt am Main 1967.
140 *Durkheim:* Regeln, op. cit., S. 115 f. und S. 218 ff.
141 *Schelsky,* Helmut: Ortsbestimmung der deutschen Soziologie, Düsseldorf und Köln 1959, S. 21.
142 Vgl. z. B. *Martindale,* Don: The Nature and Types of Sociological Theory, op. cit., weiter: *Wössner,* Jakobus: Mensch und Gesellschaft, Berlin 1963.
143 *Jaspers,* Karl: Max Weber. Politiker — Forscher — Philosoph, München 1958, S. 55 ff.
144 Vgl. zu den vorstehenden Zitaten: *Weber,* Max: Wissenschaft als Beruf, in: Gesammelte Aufsätze zur Wissenschaftslehre, 2. durchgesehene und ergänzte Aufl., besorgt von Johannes Winckelmann, Tübingen 1951, S. 566 ff.
145 *Lukács,* Georg: Die Zerstörung der Vernunft, op. cit., S. 483 ff.
146 *Weber,* Max: Soziologische Grundbegriffe, in: Gesammelte Aufsätze zur Wissenschaftslehre, op. cit., S. 528.
147 Vgl. *Weber,* Max: Die »Objektivität« sozialwissenschaftlicher und sozialpolitischer Erkenntnis, in: Gesammelte Schriften zur Wissenschaftslehre, op. cit., S. 202 ff.
148 *Weber,* Max: Kritische Studien auf dem Gebiet der kulturwissenschaftlichen Logik, in: Gesammelte Aufsätze zur Wissenschaftstheorie, op. cit., S. 266 ff.
149 Vgl. dazu *Weber,* Max: Der Sinn der »Wertfreiheit« der soziologischen und ökonomischen Wissenschaften, in: Gesammelte Aufsätze zur Wissenschaftslehre, op. cit., S. 496 f.
150 *Popper,* Karl Raimund: Das Elend des Historizismus, Tübingen 1965, S. 113 (Fußnote 105).
151 *Weber,* Max: Die »Objektivität« ..., op. cit., S. 203.
152 *Abel,* Theodore: The Operation Called *Verstehen,* in: American Journal of Sociology, LIV (1948/49), S. 210 ff.
153 *Weber,* Max: Gesammelte Aufsätze zur Religionssoziologie, Bd. I, 4., photomechanisch gedruckte Aufl., Tübingen 1947, S. 205.
154 *Fischer,* Rudolf: Masse und Vermassung, Zürich 1961, S. 19.
155 op. cit., S. 18.
156 *Mannheim,* Karl: Das konservative Denken, op. cit., S. 431 und S. 497.
157 *Simmel,* Georg: Philosophie des Geldes, Leipzig 1900, S. 492.
158 op. cit., S. 501 ff.
159 *von Wiese,* Leopold: System der Allgemeinen Soziologie, Berlin, 3. Aufl. 1955, S. 58.
160 op. cit., S. 81.
161 op. cit., S. 610 ff.

162 Vgl. *Lichnowsky*, Leonore: Emile Durkheim, in: *Weber*, Alfred (Hg.): Einführung in die Soziologie, München 1955, S. 153 ff.
163 *Durkheim*, Emile: Regeln der soziologischen Methode, op. cit., S. 159.
164 Vgl. dazu *Gugler*, Josef: Die neuere französische Soziologie, Neuwied 1961.
165 Vgl. *König*, René: Die Begriffe Gemeinschaft und Gesellschaft bei Ferdinand Tönnies, in: Kölner Zeitschrift für Soziologie und Sozialpsychologie, VII (1955), H. 3, S. 361 ff.
166 *Spann*, Othmar: Der wahre Staat, Leipzig 1923, S. 115 f.
167 op. cit., S. 200.
168 op. cit., S. 205.
169 Vgl. dazu *Freyer*, Hans: Soziologie als Wirklichkeitswissenschaft. Logische Grundlegung des Systems der Soziologie, Darmstadt, 2. Aufl. 1964, S. 68 ff.
170 Vgl. dazu *Vierkandt*, Alfred: Kleine Gesellschaftslehre, Stuttgart, 2. Aufl. 1949, S. 103 ff.
171 Vgl. dazu *Barth*, Paul: Die Philosophie der Geschichte als Soziologie, op. cit., 2. Aufl. 1915, S. 243 ff.
172 op. cit., S. 357.
173 op. cit., S. 388.
174 Vgl. zu diesem Komplex *Hübner*, Peter: Herrschende Klasse und Elite, Berlin 1967.
175 *Mosca*, Gaetano: Die herrschende Klasse. Grundlagen der politischen Wissenschaft, Bern 1950, S. 64 ff.
176 *Lukács*, Georg: op. cit., S. 326.
177 *Weber*, Alfred: Prinzipien der Geschichts- und Kultursoziologie, München 1951, S. 21.
178 op. cit., S. 28.
179 op. cit., S. 51.
180 op. cit., S. 113.
181 *Sombart*, Werner: Die drei Nationalökonomien, München und Leipzig 1930, S. 183.
182 op. cit.,. S. 206 ff.
183 Vgl. *Weippert*, Georg: Werner Sombarts Gestaltidee des Wirtschaftssystems, Göttingen 1953.
184 *Scheler*, Max: Die Wissensformen und die Gesellschaft, Bern und München, 2. Aufl. 1960, S. 6 f.
185 op. cit., S. 29 ff.
186 op. cit., S. 40 f.
187 Vgl. dazu *Lenk*, Kurt: Das tragische Bewußtsein in der deutschen Soziologie der zwanziger Jahre, in: Frankfurter Hefte, XVIII (1963), H. 5.
188 Vgl. *Scheler:* op. cit., S. 382 ff.
189 *Mannheim*, Karl: Historismus, in: Wissenssoziologie, op. cit., S. 257 u. 288 f.
190 Historismus, op. cit., S. 296.
191 *Mannheim:* Das Problem einer Soziologie des Wissens, op. cit., S. 375.
192 op. cit., S. 379.
193 Vgl. dazu *Mannheim*, Karl: Ideologie und Utopie, Frankfurt am Main, 3. Aufl. 1952, S. 227 ff.

194 *Habermas,* Jürgen: Theorie und Praxis, op. cit., S. 170.
195 *Barnes,* Harry Elmer: An Introduction to the History of Sociology, op. cit., S. 612 f.
196 Hier zitiert aus *Barnes:* op. cit., S. 616.
197 op. cit., S. 617.
198 Hier zitiert nach *Dahrendorf,* R.: L. T. Hobhouse, in: Internationales Soziologenlexikon, op. cit., S. 224.
199 Vgl. dazu *Ginsberg,* Morris: Evolution and Progress, Melbourne / London / Toronto 1961, S. 2 ff.
200 *Ginsberg,* Morris: Das Problem einer soziologischen Entwicklungstheorie, in: *Dreitzel,* Hans Peter (Hg.): Sozialer Wandel, Neuwied und Berlin 1967, S. 140 f.
201 Hier zitiert nach *Barth,* Paul: op. cit., S. 439.
202 Siehe besonders das Hauptwerk von *Elias:* Über den Prozeß der Zivilisation, 2 Bde., Basel 1939, Neuauflage im Druck.
203 Zitate aus *Elias,* Norbert: Der fortschreitende Zivilisationsprozeß, in: *Dreitzel,* Hans Peter (Hg.): Sozialer Wandel, op. cit., S. 416 ff.
204 *Freyer,* Hans: Theorie des objektiven Geistes (1934), Darmstadt, 3. Aufl. 1966, S. 146.
205 op. cit., S. 148 f.
206 *Freyer,* Hans: Soziologie als Wirklichkeitswissenschaft, op. cit.
207 op. cit., S. 299.
208 op. cit., S. 206.
209 op. cit., S. 304.
210 Vgl. *Heller,* Hermann: Staatslehre, Leiden, 3. Aufl. 1963, S. 48 ff. Ferner *Schluchter,* Wolfgang: Entscheidung für den sozialen Rechtsstaat. Hermann Heller und die staatstheoretische Diskussion in der Weimarer Republik, Köln und Berlin 1968.
211 Vgl. *Labedz,* Leopold (Hg.): Der Revisionismus, Köln 1965.
212 Vgl. *Bernstein,* Eduard: Wie ist wissenschaftlicher Sozialismus möglich? Berlin 1901.
213 *Ludz,* Peter Christian: Der Begriff der »demokratischen Diktatur« in der politischen Philosophie von Georg Lukács, in: *Lukács,* Georg: Schriften zur Ideologie und Politik (ausgw. u. eingel. v. P. Chr. Ludz), Neuwied und Berlin 1967, S. XXX.
214 *Lukács,* Georg: Geschichte und Klassenbewußtsein, Berlin 1923, S. 19. Neuauflage: Frühschriften II. Geschichte und Klassenbewußtsein, Neuwied und Berlin 1969.
215 op. cit., S. 38.
216 Vgl. dazu *Ludz:* op. cit., S. XLVIII ff.
217 *Gerlach,* Erich: Die Entwicklung des Marxismus von der revolutionären Philosophie zur wissenschaftlichen Theorie proletarischen Handelns bei Karl Korsch, in: *Korsch,* Karl: Marxismus und Philosophie (hg. v. Erich Gerlach), Frankfurt am Main und Wien 1966, S. 9.
218 *Marx:* Frühschriften, op. cit., S. 218.
219 op. cit., S. 318.
220 Vgl. *Korsch:* op. cit., S. 109 ff.
221 *Mannheim,* Karl: American Sociology, in: *Mannheim,* Karl: Essays on Sociology and Psychology, London 1953, S. 185 f.
222 *Dahrendorf,* Ralf: Die angewandte Aufklärung. Gesellschaft und Soziologie in Amerika, München 1963, S. 120.

223 Vgl. *Gorer*, Geoffrey: Die Amerikaner. Eine völkerpsychologische Studie, Hamburg 1956.

224 *Rosenmayr*, Leopold und Hilde, in der »Einleitung« zu *Hinkle* und *Hinkle:* Die Entwicklung der amerikanischen Soziologie, München 1960, S. 13.

225 *Rosenmayr:* op. cit., S. 15 ff.

226 Siehe *Sombart*, Werner: Warum gibt es in den USA keinen Sozialismus? 1906.

227 *Rosenmayr:* op. cit., S. 16.

228 *Predöhl*, Andreas: Außenwirtschaft, op. cit., S. 101.

229 *Faulkner*, Harold U.: Geschichte der amerikanischen Wirtschaft, Düsseldorf 1957, S. 454.

230 Vgl. *Dahrendorf*, Ralf: Die angewandte Aufklärung, op. cit., S. 13 ff.

231 *Hinkle*, R. L. und G. N.: Die Entwicklung der amerikanischen Soziologie, op. cit., S. 31.

232 *Maier*, J.: Lester Frank Ward, in: Internationales Soziologenlexikon, op. cit., S. 610.

233 *Hofstadter*, Richard: Social Darwinism in American Thought, New York 1959, S. 70.

234 *Hinkle*, R. L. und G. N.: op. cit., S. 36 f.; der vierte Grundsatz lautet: Das soziale Verhalten und die Gesellschaft beruhen auf dem individuellen Verhalten und sind aus diesem abzuleiten.

235 *Dahrendorf*, Ralf: Die angewandte Aufklärung, op. cit., S. 126.

236 *Madge*, John: The Origins of Scientific Sociology, New York 1965, S. 6.

237 *Cahnmann*, W. J.: Robert E. Park, in: Internationales Soziologenlexikon, op. cit., S. 432.

238 *Madge*, John: op. cit., S. 135.

239 Vgl. *Madge*, John: op. cit., S. 255 f.

240 op. cit., S. 524.

241 *Park*, Robert E., und *Burgess*, Ernest W.: Introduction to the Science of Sociology, Chicago 1924, S. 11, hier zitiert aus *Hinkle*, op. cit., S. 70.

242 Vgl. *Faulkner*, Harold U.: op. cit.,. S. 676 ff.

243 Vgl. dazu *Volkmann*, Dietrich: Technik und Gesellschaft bei William Fielding Ogburn, Dissertation F. U. Berlin 1964, S. 21 ff.

244 Vgl. *Kuhn*, Thomas S.: The Structure of Scientific Revolutions, Chicago und London 1962, passim. Dt.: Die Struktur wissenschaftlicher Revolutionen, Frankfurt am Main 1967.

245 *Maus*, Heinz: Bericht über die deutsche Soziologie 1933-45, in: Kölner Zeitschrift für Soziologie, XI (1959), H. 1, S. 72 ff.

246 Diese Debatte wird zusammengefaßt und kommentiert in dem Band: Der Positivismusstreit in der deutschen Soziologie, Neuwied und Berlin 1969. Man vgl. dazu auch die Protokolle des 16. Deutschen Soziologentages, Stuttgart 1969.

247 Vgl. hinsichtlich eines Versuchs des Autors, diese Frage zu beantworten: *Klages*, Helmut: Soziologie zwischen Wirklichkeit und Möglichkeit, Köln und Opladen 1968.

LITERATURHINWEISE

Diese Zusammenstellung beschränkt sich auf die Ausweisung weiterführender *allgemeiner* Literatur zur Soziologiegeschichte. Zur Informierung über spezielle Literatur zu einzelnen Positionen und Themengebieten ist insbesondere das bei H. Schoeck (vgl. unten) aufgeführte Literaturverzeichnis geeignet.

Eine ausgezeichnete Möglichkeit zur intensiveren Beschäftigung mit der Soziologiegeschichte im ganzen vermittelt das kürzlich erschienene vierbändige Werk von Friedrich *Jonas:* Geschichte der Soziologie (Band I-IV), Reinbek bei Hamburg 1968/69.

Das Werk umfaßt — im Sinn einer geisteswissenschaftlich angelegten Problemgeschichte — ungefähr denselben Zeitraum wie der vorliegende Band und weist eine ähnliche Abschnittsgliederung auf. Es ist mit gut ausgewählten Quellentexten versehen und enthält eine große Zahl von weiterführenden Literaturhinweisen.

Ein englischsprachiges Pendant zu dem Werk von Jonas ist Howard *Becker* und Harry Elmer *Barnes:* Social Thought from Lore to Science, New York, 3. Aufl. 1961.

Das Buch enthält neben einer allgemein angelegten geisteswissenschaftlichen Problemgeschichte eine sehr materialreiche Darstellung der Soziologieentwicklung in einzelnen Ländern einschließlich Lateinamerikas und anderer neuerer Entwicklungsstandorte der Soziologie.

Eine sehr gute Quelle zur komprimierten Information über eine große Zahl von Soziologiepositionen bis zu den dreißiger Jahren hin ist nach wie vor Harry Elmer *Barnes:* An Introduction to the History of Sociology, Chicago 1948.

Das Buch enthält eine lockere Folge von längeren Einzelabschnitten, die zuverlässige und textnahe Darstellungen liefern.

Eine primär nach Ländern gliedernde kurzgefaßte Darstellung liefert Heinz *Maus:* Geschichte der Soziologie, in: W. *Ziegenfuß* (Hg.): Handbuch der Soziologie, Stuttgart 1956 (englische Ausgabe: Heinz Maus: A Short History of Sociology, New York 1966).

Das Buch gibt einen schnellen Überblick aus der regionalen Gliederungsperspektive und bezieht auch die institutionelle Entwicklung der Soziologie in den einzelnen Ländern ein. Geringerer Nachdruck wird demgegenüber auf die problemgeschichtliche Systematik gelegt.

Ein gut gegliedertes, mit straffen Kommentaren versehenes Textbuch zur Soziologie liefert Helmut *Schoeck:* Soziologie. Geschichte ihrer Probleme, Freiburg-München 1952 (2. Aufl.: Die Soziologie und die Gesellschaften. Problemsicht und Problemlösung vom Beginn bis zur Gegenwart, Freiburg-München 1964).

Das Buch enthält vorwiegend sehr kurze, jedoch gut ausgewählte Textstücke, die von der vorchristlichen Antike bis zur Gegenwart reichen. Eine besonders wertvolle Hilfe und Ergänzung zur vorliegenden Darstellung stellt das glänzende, wörterbuchartig angeordnete und mehrere Hundert Titel umfassende Literaturverzeichnis dar.

Immer noch lesenswert ist der Abriß zur Soziologiegeschichte in Hans *Freyer:* Einleitung in die Soziologie, Leipzig 1931.

Das Buch ist besonders geeignet, problemgeschichtliche Zusammenhänge der Soziologieentwicklung seit dem Beginn der bürgerlichen Revolutionen sichtbar zu machen, während es wenig Material enthält und auf die Vermittlung von Detailkenntnissen zu einzelnen Positionen keinen Wert legt.

Das Buch von Don *Martindale:* The Nature and Types of Sociological Theory, Cambridge/Mass. 1960, zeichnet sich dagegen durch eine sehr reichhaltige, problemgeschichtlich reflektierte Gliederung und Materialdarbietung zum Gesamtbereich der Soziologiegeschichte aus. Es ist allerdings in seinem Aufbau eindeutig (und einseitig) von der »fortschrittsgeschichtlichen« Konzeption der Soziologiegeschichte geprägt. Daraus sind manche Schwierigkeiten erklärbar, so z. B. der Zwang zur manchmal verwirrenden mehrfachen Aufführung einzelner Autoren unter unterschiedlichen Zuordnungstiteln.

Ein »Klassiker« der Soziologiegeschichte ist nach wie vor Pitirim *Sorokin:* Soziologische Theorien im 19. und 20. Jahrhundert, München 1931 (= deutsche Ausgabe der amerikanischen Originalausgabe »Contemporary Sociological Theories«, 1928; neueste Auflage: Sociological Theories of Today, New York-London 1966).

Das Buch geht von der Grundidee aus, eine Gruppierung der soziologischen Positionen im 19. und 20. Jahrhundert nach »Schulen« vorzunehmen, die sich durch die — im Grenzfall monokausalen — Erklärungsprinzipien, die sie jeweils an die gesellschaftliche Wirklichkeit herantragen, unterscheiden. Das Buch erschließt damit interessante Aspekte, und Sorokin versteht es, den mit dem gewählten Gliederungsprinzip verbundenen Gefahren der einseitigen Betrachtungsweise in der Mehrzahl der Fälle durch die Lebendigkeit der Darstellung aus dem Wege zu gehen. Auch diesem Buch wird man allerdings über die »existentialgeschichtlichen« Aspekte der Soziologieentwicklung kaum etwas entnehmen können.

Ähnlich verhält es sich bei Leopold *von Wiese:* Soziologie. Geschichte und Hauptprobleme, Berlin 1950.

Dieses Buch ist zudem sehr stark von dem formalsoziologischen Systemansatz des Autors geprägt. Es hat insofern selbst mehr den Charakter eines soziologiegeschichtlichen Dokuments als eines Informationstextes zur Soziologiegeschichte.

Als »existentialgeschichtlich« angelegtes Buch hochinteressant ist dagegen Jakobus *Wössner:* Mensch und Gesellschaft. »Kollektivierung« und »Sozialisierung«. Ein Beitrag zum Phänomen der Vergesellschaftung im Aufstieg und in der sozialen Problematik des gegenwärtigen Zeitalters, Berlin 1963. Wössner glaubt, anders als die vorliegende Abhandlung, von einem »allgemeingeschichtlichen« Trend zu einer »Human-Gesellschaft« ausgehen zu können, der sich in der Soziologiegeschichte als dialektische Entwicklung zu einer abschließenden Einsicht in die Entsprechung zwischen Sozialnatur des Menschen und Sozialstruktur der Gesellschaft niederschlagen soll. Wer sich für den existentialgeschichtlichen Aspekt der Soziologiegeschichte näher interessiert, wird das Buch nicht übersehen dürfen.

Georg *Lukács* vertritt in: Die Zerstörung der Vernunft, Berlin 1954, Berlin und Neuwied 1962, die marxistische Version des existentialgeschichtlichen Ansatzes der Soziologiegeschichte. Er konzentriert sich auf eine Kritik des »bürgerlichen« Denkens seit dem Ende des 19. Jahrhunderts, wobei die Auseinandersetzung mit der deutschen Soziologie im Mittelpunkt steht.

Am Ende sei noch hingewiesen auf Wilhelm *Bernsdorf* (Hg.): Internationales Soziologenlexikon, Stuttgart 1959.

Das Buch enthält eine sehr große Zahl von kurzgefaßten Stichwortartikeln zu einzelnen Soziologen, die mit biographischen Daten und Literaturhinweisen ausgestattet sind.

PERSONENREGISTER